语言生活皮书

D005

世界语言生活状况报告
（2021）

国家语言文字工作委员会　组编

商务印书馆
创于1897 The Commercial Press

审　　订　陆俭明　周庆生　文秋芳
名誉主编　李宇明

编委会

主　　编　赵蓉晖
副 主 编　武春野
主编助理　张勇晨
委　　员　（按音序排列）
阿衣西仁·居马巴依　曹羽菲　陈林俊　戴曼纯
董洪杰　方小兵　冯健高　郭　瀚　郭　熙　侯　敏
黄　行　孔令涛　刘洪东　马　嫣　潘海英　王春辉
尹　悦　余桂林　张　琛　张日培　赵世举　赵守辉
赵　耀　周洪波　周庆生

作　　者　（按音序排列）
阿衣西仁·居马巴依　曹羽菲　陈安澜　陈旦娜
陈林俊　丁昕云　丁伊雯　杜宜阳　冯健高　顾晶姝
古丽孜依·白山　郭　瀚　郭沐涵　杭亚静　黄含笑
景　莹　孔令涛　李莲玉　李美玲　李心驰　李昕璐
李　媛　廉超群　刘洪东　卢　军　陆嘉宽　栾　婷
马小彦　马　嫣　宁　威　田艳秋　王陈欣　王　璐
王希孟　王億人　卫少梅　魏进红　吴　婷　尹　悦
于　漫　余　华　俞依敏　张　琛　张婧姝　张申威
张勇晨　赵　留　赵蓉晖　赵　耀　钟　芊

策　　划　教育部语言文字信息管理司
执　　行　国家语委中国外语战略研究中心（上海外国语大学）
国家语委中国语言资源开发应用中心（商务印书馆）

“语言生活皮书”说明

“语言生活皮书”由国家语言文字工作委员会组织编写，旨在贯彻落实《国家通用语言文字法》，提倡“语言服务”理念，贯彻“大语言文字工作”发展新思路，为语言文字事业更好服务国家发展需求做贡献。

“语言生活皮书”分A、B、C、D、E五个系列，各自连续编号发布出版。其中，A系列为《中国语言文字事业发展报告》（“白皮书”），B系列为《中国语言生活状况报告》（“绿皮书”），C系列为《中国语言政策研究报告》（“蓝皮书”），D系列为《世界语言生活状况报告》（“黄皮书”），E系列为语言文字规范草案（“规范类”）。

《中国语言生活状况报告》（“绿皮书”），2004年筹编，2006年出版，是国家语委最早组编的语言生活皮书，目前还出版了相应的英文版、韩文版、日文版和俄文版，并附带编纂了具有资政功能的《中国语言生活要况》。2016年，《中国语言文字政策研究发展报告》（后更名为《中国语言政策研究报告》，“蓝皮书”）出版。2016年，《世界语言生活状况》和《世界语言生活报告》（后合并更名为《世界语言生活状况报告》，“黄皮书”）出版。2017年，《中国语言文字事业发展报告》（“白皮书”）的出版，标志着国家语委的“白、绿、蓝、黄”皮书系列最终形成。

这些皮书各有侧重，相互配合，相得益彰。“绿皮书”主要反映我国语言生活的重大事件、热点问题及各种调查报告和实态数据，为语言研究和语言决策提供参考和服务。它还是其他皮书的“底盘”，在人才、资源、观念等方面为其他皮书提供支撑。“白皮书”主要宣传国家语言文字方针政策，以数据为支撑，记录、展示国家语言文字事业的发展成就。“蓝皮书”主要反映中国语言规划及相关学术研究的实际状况，并对该领域的研究进行评论和引导。“黄皮书”主要介绍世界各国和国际组织的语言生活状况，为我国的语言文字治理和语言政策研究提供参考借鉴，并努力在国际语言生活中发出中国声音。

“语言生活皮书”是开放的，发布的内容不仅局限于工作层面，也吸纳社会优秀成果。许嘉璐先生为“语言生活绿皮书”题字。国家语委历任领导都很关心“语言生活皮书”的编辑出版工作。相关课题组为皮书做出了贡献，一些出版单位和社会人士也给予了支持与关心。在此特致谢忱！

国家语言文字工作委员会

全球治理，语言助力

——序《世界语言生活状况报告（2021）》

李宇明

“一带一路”倡议，就是要建立“人类命运共同体”，秉持共商共建共享的原则，实现全球治理。语言是人类用于交际和思维的最为重要的符号系统，是文化最为重要的组成部分，是文化最为重要的负载者、阐释者和建构者。中国在积极参与全球治理体系的改革与建设中，在为全球治理不断贡献中国智慧和中国力量的过程中，必须充分重视语言的作用，充分发挥语言的作用。

一、语言沟通全世界

全球治理的前提和手段之一就是沟通。全球化、互联网、快速交通等只能缩短人类间的物理距离，只有沟通才能缩短人类间的心理距离；打开各民族的“心锁”，需有便于沟通的语言钥匙。语言有“通事”和“通心”之别。一般说来，外语主要“通事”，母语既能“通事”更能“通心”。全球治理，既需通事，更需通心。当前，全球交际中具有较大能量的语言（方言），约有 200 种，掌握了它们才能与世界各地人民进行有效沟通，真正拉近心理距离，实现全球善治。

海外华人华侨有 6000 万众，分布于世界 198 个国家和地区。通过汉语（在海外也称“华语”）可以与海外华人和华人社会“通事”“通心”。通过华人和华人社会来影响其他人和有关地区，也是重要的沟通方略。当然，汉语也是处在世界第二方阵的语言，世界汉语学习者据称近亿，来华留学人数每年已超 40 万，他们多数都能成为中国与世界沟通的津梁。

今天的世界正处在“互联网 +”时期，世界的语言沟通要注意利用互联网，注意运用现代语言技术。互联网条件下的现代语言技术，可以在信息的收集、研判、推送、翻译四个环节上发挥明显作用。海量信息通过互联网的语言搜索可“一网打尽”；具有语言统计分析功能的软件，可以对信息进行愈来愈可信的分析研判，为信息甄别和行为决策提供参考；信息可以通过设置自动推送、精准推送，把合适的信息及时送到合适人的手里；最重要的是自动翻译技术的发展，节约外语学习时间，节约翻译成本。虽然重大事项还需高级翻译家，而不敢过分依赖翻译机器，但现代语言技术的确对世界沟通发挥着巨大作用。

二、话语权和话语体系建设

话语权是大国参与全球治理的必要条件。通俗讲，话语权就是“有理说得出，说了传得开”。话语权不仅表现在国际的多边关系中，也表现在双边关系中；不仅表现在政府间的交往中，也表现在世界各国的民众交流中。新时代的全球治理，民间交流尤为重要，必须“重心下沉”，面向民众。

建构国际话语体系，获取国际话语权，要有耐心和恒心。话语是表达方式，也是一套概念体系。“一带一路”“人类命运共同体”“共商共建共享”等就是近来提出的具有世界意义的新概念，就是体现中国智慧的新话语。语言的力量就是能够构造新概念，传播新话语。研究国际话语体系，就要研究国际流行话语、特别是具有话语权的话语概念体系，并在此基础上或“重释”，或补加，从而演绎出新的话语体系。

设置话题是话语能力最重要的表现。在了解国际话语规则、树立积极话语态度、构造新概念、传播新话语的基础上，还要有强烈的设置话题意识，具备设置话题的能力。只有主动在全球治理中设置话题，才能变被动为主动，变应对为引领。当然，国际话语体系的建构和国际话语权的获取，是一个系统工程，既要有“软工程”，也要有机构、设备、人才等“硬工程”；既要有国家的“软实力”，也要依靠国家的“硬实力”。说到底是一个国际形象问题，是我们在国际上能够塑造一个什么样的“中国形象”的问题。

三、全球语言生活治理

全球语言生活治理，是全球治理的基础内容之一。当前，全球语言生活中存在的主要问题有语言冲突、语言濒危、一语独大、信息边缘化、语言智能、语言资源建设等，需要逐一研究解决。

（1）语言冲突。语言冲突是第二次世界大战之后愈来愈频发的问题。在新独立国家的国语选择过程中，在多语多方言国家发展到一定阶段时，常常发生各种语言矛盾，处理不当就会激化为语言冲突，甚至出现流血事件，爆发语言战争。正视语言矛盾，减缓语言冲突，避免语言战争，构建和谐的语言生活，是全球治理的一个重要任务。

（2）语言濒危。据专业人士估计，到21世纪末有90%的语言可能消亡。语言中贮存着各民族的世界认知，隐含着各民族的认知方式和发展历史，是人类不可复得的文化资产。人类的这些“世界知识”，有很多尚未进入当今“科学体系”。寻求应对语言濒危的方案，采取抢救濒危语言的有效举措，全力保存、保护人类的文化资产，是全球性的、最为急迫的语言问题。

（3）一语独大。英语“一语独大”，为人类沟通提供了很大方便，但问题也颇明显：其一，英语不断挤占其他语言的应用空间，传递着愈来愈大的“语言压力”，引发相关语言的不安，潜伏着语言冲突；其二，损害文化多样性。语言是思维工具，是思想成果的载体。如果人类都用英语来思维、人类的文化都用英语来表达的话，人类五彩缤纷的思想和文化就会被英语这一“语言滤网”过滤得异常单调，严重妨碍人类的进步。全球治理，必须探索“一语独大”的应对方略。

（4）信息边缘化。随着信息化特别是现代语言技术的发展，虚拟语言生活逐渐重要起来，它不仅是新词语的“主产地”、新话语的传播地，甚至还成为现实语言生活的引领者。长此以往，人类的信息将主要贮存于虚拟空间中，人类的语言生活将主要在虚拟空间中展开。一些国家、一些人群由于硬件和软件的限制，不能进入或不能顺利进入虚拟空间，没有或没有足够的虚拟语言生活，从而被信息边缘化。信息时代最大的不公平是信息不公平，信息边缘化必然带来贫穷落后，这是需要认真对待的社会问题。

（5）语言智能。工业时代延伸的是人类的体力，智慧时代延伸的是人类的脑力。而人工智能说到底主要是语言智能。全球治理，发展是硬道理，如何促进语言智能发展、迎接智慧时代的到来，是全球发展的时代课题。伴随着语言智能的发展，人与机器人共处共事的时代即将到来，这一方面会促进社会生产的智能化，另一方面也必然加快生产行业、生产方式的大调整，这种大调整必然会带来失业、再就业以及教育改革等社会动荡与社会适应。同时，机器人“入世”也会引发一系列伦理学问题，比如机器人玩偶问题、机器人对待人类的“善心”问题。语言智能带来的伦理学问题，是需要用国际公约来解决的。

（6）语言资源建设。语言是人类重要的文化资源，需要通过语言资源建设来应对语言濒危。世界有7000余种语言，语言保护非一人一国之力所能完成，需要国际社会的共同重视，建立科学的自然语言采集、标注、建库、共享等技术规范和社会规范。除了语言保护之外，语言资源建设还具有更为重要的意义。语言智能的发展是建立在语言大数据之上的，也就是说是建立在语言资源之上的。在语言智能的语境下，语言资源也是经济资源，进入生产力的范畴。与语言智能相关的语言数据管理，已经超出了语言学家、语料库学家的职责，成为社会应主动担当的不辞之责。

中国正在最大限度地接近世界舞台的中央。在共商共建共享的原则下参与全球治理，中国必须进一步提升国家的语言能力，加强语言学科建设，加强对世界语言生活的研究，做好国家语言规划，培养公民的多语能力，为全人类语言生活的和谐贡献中国智慧，发挥中国作用。

2021年3月

目　录

Contents

第一部分

政　策　篇

印度《联邦公务领域落实印地语使用计划（2020—2021）》

印度是一个多民族、多语种的国家。2011 年人口普查数据显示，印度使用人口超过 1 万的语言有 121 种，此外还有数以千计的方言。[①]2020 年 5 月，隶属于印度内政部的官方语言部发布了 2020—2021 年度《联邦公务领域落实印地语使用计划》（本文简称《计划》），再度引发各邦热议。

一　出台背景

（一）印度长期多语共存

印度素有“语言博物馆”之称。印度宪法规定的官方语言有 23 种，其中印地语和英语为联邦级官方语言，其余 21 种为邦级官方语言。历史上，印度屡遭外族入侵，在交融了多种异质文化的基础上形成了独特的多元文化特性。印度超过半数的邦有两种以上的官方语言，各地通行的各种方言更是数目庞大。

然而，无论是在独立运动初期的印地语国语化运动中，还是近年来莫迪政府推行的印地语优先政策，印度政府从未停止提高印地语地位的努力。2011 年的人口普查数据显示，在印度的 23 种官方语言中，印地语的使用人口比例是 43.63%，远高出使用人口第二的英语（14.67%）和第三的孟加拉语（8.03%）。而且，从印度历史上五次人口普查的数据看，印地语使用人口比例一直稳步上升，从 1971 年的 36.99% 上升至 2011 年的 43.63%。

① 信息来源：印度人口普查办公室官网（https://censusindia.gov.in）。

（二）1967 年《官方语言法》要求

1967 年 12 月，印度内政部颁布了《官方语言法》，要求印度政府制定一项更为全面、细致的方案，以推动印地语在印度联邦各种事务中的运用和传播。在此背景下，官方语言部于 1975 年 6 月成立，主要职责就是保障印度有关官方语言的法律得到有效实施，并促进印地语在印度联邦公务领域的使用。官方语言部每年都会提交一份《联邦公务领域落实印地语使用计划》，对政府官员印地语培训、激励机制等内容做出规定。印度政府以此为参考，拟将印地语推广至除公务领域以外的其他领域。

二 《计划》内容

由于印度的语言、民族情况复杂，每年的《计划》都会根据印地语在各地的流行程度，将全国划分为 A、B、C 三类地区，执行不同的印地语推广政策。其中，A 类地区印地语普及程度最高。

《计划》指出，尽管在官方事务中推进印地语的工作已经取得一定进展，但仍有大量工作使用英语进行。因此，该《计划》的目的是依据宪法精神，在所有政府事务中“最大限度”地推广印地语。

（一）《计划》具体内容

1. 明确印地语使用范围

需要使用印地语以及英语双语撰写的文件包括：各类政府文件、国际条约和协议，以及企业和银行的各类文件。所有政府部门（包括驻外办事处）的文具用品、铭牌、告示牌等也均应印刷印地语和英语双语。该文件规定，在政府部门的招聘考试中，除了必修科目英语之外，其他考试科目的试题卷应提供印地语和英语两种版本，考生在笔试和口试中都可以选择使用印地语回答。此外，《计划》特别指出，许多政府部门网站在不同程度上缺少印地语信息，因此应加强政府网站的印地语建设。

2. 加强官员的印地语素养

第一，印度官方语言部免费提供各种类型的印地语培训和工作坊，涵盖印地语打字、速记、翻译等内容。在培训课程中应合理使用多媒体投影仪、电脑等视听工具，加强课程生动性。第二，各部门应组建印地语咨询委员会，委员会做出的各项决议应得到充分遵守。第三，鼓励各部门定期举办印地语研讨会，加强办公人员实际使用印地语的能力。

3. 设立激励机制

第一，鼓励政府官员、企业职员使用印地语进行办公、科研和写作；第二，创办印地语杂志，宣传官方语言政策以及各部门举办的印地语活动；第三，设立“英迪拉·甘地官方语言奖”“官方语言荣耀奖”等一系列奖项，表彰在推广印地语中贡献巨大的政府部门、企业和个人。

4. 改善硬件设施

加强信息技术系统的开发，确保所有政府部门、企业的电脑系统可以使用印地语工作，并确保相关设备得到充分使用。同时，要为从事印地语培训工作的官员、职员提供良好的工作环境，保证他们能充分履行职责。

为进一步细化工作要求，官方语言部对每一项工作要求规定了具体指标。具体如表 1 所列：

表 1　对 A、B、C 三类地区不同工作内容的具体要求

编号	工作要求	指标要求		
		A 类地区	B 类地区	C 类地区
1	用印地语写信、电子邮件	A → A：100%	B → A：90%	C → A：55%
		A → B：100%	B → B：90%	C → B：55%
		A → C：65%	B → C：55%	C → C：55%
		A → A、B 类地区中的办公室或个人：100%	B → A、B 类地区中的办公室或个人：90%	C → A、B 类地区中的办公室或个人：55%
2	用印地语回复信件	100%	100%	100%
3	用印地语写评论	75%	50%	30%
4	运用印地语媒介开展培训	70%	60%	30%
5	招募印地语打字、速记员	80%	70%	40%
6	办公时用印地语打字	65%	55%	30%
7	开展印地语培训	100%	100%	100%
8	培训材料双语化	100%	100%	100%
9	购置印地语书籍	50%	50%	50%
10	购买支持双语系统的电子设备	100%	100%	100%
11	网站双语化建设	100%	100%	100%
12	面向公众的信息告知栏实现双语化	100%	100%	100%

（续表）

编号	工作要求	指标要求		
		A 类地区	B 类地区	C 类地区
13	政府部门地方办事处印地语使用情况考察	25%（最低）	25%（最低）	25%（最低）
	政府部门总部印地语使用情况考察	25%（最低）	25%（最低）	25%（最低）
	驻外机构印地语使用情况考察	至少一年一次		
14	召开印地语研讨会	一年 2 次	一年 2 次	一年 4 次
15	代码、表格、手册和程序性文件双语化	100%	100%	100%

此外，针对印度政府部门驻外办事处的印地语使用指标，《计划》文件在印地语通信等 7 个方面做出了具体规定（见表 2）：

表 2　对印度政府部门驻外办事处印地语使用具体要求

编号	工作内容	要求
1	用印地语通信	50%
2	用印地语进行文件标注	50%
3	城镇官方语言实施委员会召开印地语会议	一年 2 次
4	部门官方语言实施委员会召开印地语会议	一年 4 次
5	提供印地语和英语双语电子设备	100%
6	印地语速记、打字员	每个办公室至少一人
7	译员安排	每个驻外办事处配备地方语言—印地语译员

（二）新变化

与往年的工作文件相比，2020—2021 年度的《计划》更加重视印地语在科学信息技术领域的推广。

第一，《计划》要求政府各部门、企业和银行特别重视与官方语言有关的信息技术系统开发，确保所有工作计算机上安装“通过人工智能学印度语”等学习软件。此外，以上部门和单位还应使用印地语编写科学技术文献。《计划》指出，印度官方语言部开发了一个名为“熟记官方语”的翻译记忆系统，用于印地语和英语之间的文本翻译工作。该系统能够将所有已经翻译过的文本进行储存以便日后使用，能够大幅度减少翻译时间。此外，印度官方语言部还制定了各个专业工作领域的印地语—英语术语表，并建立简易印地语句库以及印地语—

英语翻译记忆库。

第二,《计划》对政府各部门官员接受印地语培训做出了更为严格的要求。《计划》规定，各部门应定期指定职员参加培训计划，接受印地语训练并认真参加考试。任何缺席培训或者考试的情况都必须严肃处理。

第三,《计划》对政府部门、企业、银行等完全使用印地语工作的单位比例做出了明确要求。根据该文件，A 类地区完全使用印地语工作的单位比例应达到 40% 以上，B 类地区应达到 30% 以上，C 类地区应达到 20% 以上。

三　实施情况

（一）实施机构及其职能

为落实联邦公务领域的印地语使用，印度政府在中央以及地方层面设立了不同级别的委员会，如中央印地语委员会、印地语咨询委员会等。中央印地语委员会为最高决策机构，由印度总理领导，为印地语作为官方语言的传播制定指导方针。印地语咨询委员会受中央印地语委员会指导，负责定期审查联邦政府各部门及办事处的印地语使用情况。此外，在地方设立了城镇官方语言实施员会。截至 2018 年，印度全国已经成立了 472 个城镇官方语言实施委员会。

各委员会需要履行多项职责，包括:（1）为政府官员和企业员工提供印地语指导，如印地语打字、速记和印地语信息技术工具的使用;（2）向政府部门、企业等提供有关官方语言政策的信息，组织工作坊，营造印地语语言环境，提高办公人员对印地语的认知和兴趣;（3）根据部门具体情况制定激励计划并实施;（4）监督官方语言政策在实际工作中的执行情况;（5）编写各部门季度报告、年度报告并提交至印度官方语言部，季度报告需在当季度结束前提交，年度报告需在每年 6 月 30 日前提交。

（二）执行措施

为落实《计划》，官方语言部开展了多项工作。在加强官员印地语素养方面，每年举行 4 次印地语研讨会。会议内容包括：讨论和展示与印地语相关的最新问题以及成果，如印地语字体系统、语音文本转换系统的开发等；向与会者讲授如何在计算机上用印地语进行工作。此外，组织印地语打字、速记、翻译及计算机课程，每年参与培训官员人数达 3 万人以上。

在提升官员对印地语关注度方面，印度官方语言部每年会编制一份印地语书单并发放给政府各部门，鼓励各部门加大印地语书籍购置力度。印度官方语言部在其网站上刊登了 100 篇著名印地语文学作品，同时附有文本音频，有助于培养官员以及民众的印地语文学素养。印度官方语言部还自 1978 年以来发行了一本名为《印度官方语》的季刊，刊登各种印地语学术文章以及官方语言部的各类文件。自发行以来，该杂志已经出版了 153 期。

在监督官方语言政策实施方面，印度官方语言部密切关注政府各部门的执行情况，并定期收取季度报告进行审核，提出改进意见；同时，也会定期对各部门进行视察，仅 2017—2018 年就视察考核了 1612 次。

四 社会反响

尽管印度政府为推行印地语一直不懈努力，但由于印度国内语言情况极其复杂，印地语的推行一直遭到个别邦的反对。2020 年 5 月，印度内政部发布《计划》之后，印度各邦对此褒贬不一。

（一）中央政府态度

莫迪领导的印度人民党政府自 2014 年上台以来，一直坚持印地语优先政策。印度联邦内政部部长阿米特·沙阿就是在印度全国推行印地语的坚定支持者。在 2019 年 9 月 14 日的“印地语日”上，阿米特·沙阿呼吁印地语应该成为全印度的通用语言。他认为，全国范围内使用统一的语言对于身份的标记与认同是非常重要的。他认为印地语完全有能力成为全国统一使用的国家语言。他补充指出，如果当今有一种语言能将全国人民团结在一起，那它必定是印地语，因为印地语是印度使用最为广泛的语言。

在 2020 年的“印地语日”上，阿米特·沙阿再次强调，人们通过地理位置和边界来识别一个国家，但是语言才是一个国家最重要的标志，印地语是印度文化不可分割的一部分，自 1857 年民族独立斗争以来，它一直是加强民族团结与认同的强有力的媒介。阿米特·沙阿进一步表示，随着国家教育政策和推广印地语政策的实施，印度其他语言也会得到同等水平的发展。他认为，印地语只是加强和补充印度其他语言，而不是形成一种竞争关系。

（二）地方政府态度

然而，许多非印地语邦都对《计划》文件表示了反对，认为对印地语的重视会伤害印度的其他语言。阿萨姆邦前警察署署长、作家哈里克里希纳·德卡认为，该文件体现了印地语的霸权主义。他认为中央政府的这份文件是具有强迫性质的，“如果官员不接受印地语培训，就将受到惩罚。这听上去更像是强迫性措施而非鼓励性政策”。德拉维达进步联盟也表示了对推行印地语政策的强烈反对。其发言人希亚加拉简甚至称该政策为一种“新型殖民主义”。他认为，在许多承认印地语为印度政府通用语的邦中，他们的母语已经消失了。而母语对本民族人民来说是至关重要的，同时，英语又能够使他们与世界相连。

西孟加拉邦首席部长玛玛塔·班纳吉的态度则较为温和。她认为，应该平等地尊重印度所有的语言和文化，我们可以学习多种语言，但永远不应忘记自己的母语。在2019年的“印地语日”上，玛玛塔·班纳吉分别用英语和印地语发送了推文，她写道：“西孟加拉邦是一片包容之地，通过我们的不懈努力，我们自豪地向人民灌输了泰戈尔‘多元统一’的价值观。西孟加拉邦政府认可包括印地语、孟加拉语、乌尔都语在内的多种印度语言，不断坚持包容性发展。我们希望中央政府也能这么做。”西孟加拉邦的一位部长帕尔塔·查特吉表示对中央政府采取的类似措施并不知情。他说，在西孟加拉邦，人们还是会照常使用自己的母语孟加拉语，并一起使用印地语和英语。

综上所述，《计划》的发布是印度政府提升印地语地位的又一次努力。《计划》文件从明确印地语使用范围、加强人员印地语素养、设立激励机制等多方面推进印地语的使用。此外，对比2020—2021年度《计划》文件与往年文件可以发现，印度政府更加重视运用科技推广印地语，且从日益细致化的规定中不难看出印度政府在联邦公务领域落实印地语使用的决心。尽管如此，在印度这样一个语言状况极其复杂的国家，每年《计划》文件的发布都会引起各邦的广泛热议，尤其会引发来自非印地语地区的反对。由此可见，印度国内反对印地语推广的阻力仍然持续存在。

（陈安澜）

柬埔寨《国家高棉语政策》

2019 年 8 月 2 日，柬埔寨政府内阁全体会议通过了《国家高棉语政策》[①]（本文简称《政策》）草案，旨在对高棉语语言和文字进行完善，促进高棉语的标准化、规范化和现代化。该草案是自 1993 年柬埔寨恢复君主立宪制以来，柬埔寨首次将官方语言高棉语[②]的保护与发展上升到国家政策层面，反映出政府提升高棉语地位、增强民族认同以及在语言文字领域实施改革的决心。与此同时，《政策》也是指导柬埔寨国家高棉语理事会[③]（本文简称“高棉语理事会”）以及相关部门和机构履行自身使命，完成《政策》规定的愿景、宗旨和目标的路线图。

一　出台经过

随着全球化与信息化带来的强大冲击，柬埔寨语言问题逐渐凸显，如书写不统一、不规范的现象，社会各领域对新词的需求量巨大导致外来语大量涌入，影响高棉语的纯洁等。

（一）出台背景

目前，柬埔寨国内面临的语言问题主要表现在以下 3 个方面：

1. 语言使用不统一

首先，在高棉语的使用中，拼写、拼读、语法、借词等方面尚未建立完整标准。由于高棉语语音系统及拼读规则复杂，产生了大量读音和词意相同，但写法不同的异形词，柬埔寨民众在使用中，尤其是小学生初学时容易混淆和误用。其次，全球化进程促使高棉语吸收了一大批外来词，但同一个词有的人用意译，有

---

① 信息来源：柬埔寨国家高棉语理事会官网（http://nckl.gov.kh）。

② 高棉语又称柬埔寨语，是柬埔寨现行宪法规定的官方语言。

③ 国家高棉语理事会前身是 2007 年成立的国家高棉语委员会（National Commission of Khmer Language），2011 年升级为国家高棉语理事会（National Council of Khmer Language），是柬埔寨管理语言事务的最高机构，现隶属于柬埔寨皇家科学院（The Royal Academy of Cambodia）。

的人用音译，意译或音译的标准也并不统一，致使一个外来词有三四种写法。

2. 语言使用错误多

虽然高棉语理事会已经汇编出版了十余册术语集，制定了一系列拼写、借词和造词的规则标准，但由于经费限制，印刷的资料数量有限。相关部门宣传的力度和范围也不够大，致使大众无法了解和学习这些术语和规则。因此，当前柬埔寨国内各类媒体，如报刊杂志、电视广播、互联网、社交网络，以及使用高棉语书写标识、招牌、机构名称、国家和地区名称时，甚至在政府公文和学校教材中，仍然存在很多词汇使用错误的情况。

3. 词典长期未修订

正如《政策》前言所述，柬埔寨佛学院 1967 年出版的《高棉语大词典》是目前柬埔寨最权威的词典，虽然已经重印了 5 版，但半个多世纪以来，这本词典一直未能与时俱进，推陈出新，根据当今社会对语言使用的需求对词汇进行修订。尤其是在贸易、旅游、环境、通信技术及新闻等领域，原有的高棉语词汇发展滞后，无法满足科学、技术、社会及经济的快速发展对语言的巨大需求。

虽然高棉语理事会在语言统一和语言规范领域开展了大量工作，依然未能解决上述难题，亟待出台一项全面、系统、科学的语言政策来解决当前柬埔寨社会中存在的各种语言问题。

（二）出台过程

柬埔寨现行宪法第 5 条规定，高棉语和高棉文是官方使用的语言和文字，政府有责任保护和发展高棉语。柬埔寨政府亦逐渐意识到只有将语言文字保护与发展的各项措施上升到国家政策层面，制定具体的语言政策，做好长远规划，才能使整个社会和广大民众更加关注和重视高棉语语言和文字的统一与规范。为此，柬埔寨政府于 2017 年 3 月成立了一个由高棉语理事会负责的高棉语和高棉文政策制定委员会。

2017 年 8 月，柬埔寨政府对高棉语理事会进行改组和整合，并将其移交内阁下辖的柬埔寨皇家科学院，2018 年 8 月 21 日颁布了《关于成立皇家科学院国家高棉语理事会高棉语政策制定委员会的决议》。该委员会职责主要包括：（1）以保护和发展为原则，制定政策草案，为高棉语的正确使用和在国内的统一确定方向；（2）根据国家社会目标以及现行的各项战略和政策，制定国家高棉语政策；（3）研究、收集、编辑相关资料，以制定准确、高效、实用并可以长期执行的政策;(4)组织研讨会和会议与相关各方磋商意见;(5)根据现行手续和程序制定政策草案，提交政府首脑审批;(6)履行高棉语理事会赋予的其他职责。

高棉语政策制定委员会成立之后开始启动相关工作，并组织了多次研讨会，与政府各级部门官员以及社会各界的专家学者就国家语言政策制定的各项工作展开研究和讨论。经过两年多的酝酿和筹备，高棉语理事会提交了《国家高棉语政策》草案，并于2019年8月2日在内阁全体会议上获得通过。

二 政策内容

柬埔寨政府发布的《国家高棉语政策》分为前言、愿景、宗旨、目标、战略、行动计划、监测与评估、结语，共八章，以及一个术语表，主要内容如下。

(一)愿景、宗旨和目标

《政策》明确提出了制定该政策的愿景，即提升高棉语的声望，使高棉语可持续发展，从而维护高棉民族身份认同。制定《政策》的宗旨则是：保护高棉语，并使之和谐发展。

《政策》制定的目标主要包括以下6个方面:(1)为保护和发展高棉语建立机制，制定原则;(2)加强高棉语的运用，使之成为更广泛地获取知识和技能的语言工具;(3)促进及推广高棉语词汇和术语的使用，同时促进借词和术语的使用，使之符合高棉语语言规则;(4)促进及加强高棉语广泛、正确地使用;(5)规定高棉语的使用原则及检查高棉语使用中的统一性;(6)促进并加强与高棉语相关资料的研究、收集、编撰、保护和宣传。

(二)战略

为实现上述愿景、宗旨和目标，同时使《政策》顺利高效执行，柬埔寨政府依据制定的6个目标，拟定了具体的实施战略。

为保护和发展高棉语建立机制，制定原则。主要措施包括:(1)增强与高棉语相关的各种机制框架的管理;(2)制定各种法律规范和机制，从而有效地执行该政策;(3)培训相关人员，以保护和发展高棉语;(4)规定私人学习机构应开设高棉语学习课程;(5)增强和扩大与高棉语相关的国内和国际合作。

加强高棉语的运用，使之成为更广泛地获取知识和技能的语言工具。具体内容包括:(1)促进高棉语资料的编撰、整编、写作和宣传;(2)鼓励将各种外语书籍和资料翻译成高棉语;(3)重视在科技领域使用高棉语。

促进及推广高棉语词汇和术语的使用，同时促进借词和借词中术语的使用，使之符合高棉语语言规则。主要内容有:(1)通过国家、私人宣传系统和其他各种途径宣传高棉语的使用，以及高棉语理事会的成果，使之广泛运用;(2)与各级国家部门、单位及私人机构一同协调创造高棉语词汇和术语;(3)规定使用高棉文转写外语读音及用拉丁文转写高棉语读音的规则。

促进及加强高棉语广泛、正确地使用。重点包括:(1)制定标准高棉语语法，更新高棉语词典和术语词汇表;(2)发展和创造各专业领域的新词汇;(3)监督高棉语和高棉文的使用情况，改正使用中的错误。

规定高棉语的使用原则及检查高棉语使用中的统一性。主要是:(1)统一规定高棉语使用中的各项原则;(2)检查高棉语和高棉文的使用情况，改正其中的错误。

促进及加强与高棉语相关的资料的研究、收集、编撰、保护和宣传。重点在3个方面:(1)提高与高棉语相关的资料的研究、收集和编撰;(2)保护与高棉语相关的资料;(3)扩大与高棉语相关资料的宣传。

（三）行动计划

针对上述战略，柬埔寨政府制定了5项相应的行动计划，详细内容如下:

建立机制。为了保障国家高棉语政策的实施,《政策》计划建立如下机制:(1)国家高棉语责任理事会，并设有一个总秘书处作为参谋;(2)技术委员会，以便根据需要开展工作;(3)跨部门委员会，负责监督高棉语和高棉文的使用工作;(4)任务工作小组。

建立法律框架。《政策》规定建立如下法律框架:(1)建立国家高棉语责任理事会的相关法律标准;(2)使用高棉语和高棉文的相关法律标准;(3)建立与高棉语和高棉文有关的委员会或工作组的相关法律标准。

财政支持。《政策》规定实施国家高棉语政策所需的财政资金主要来源于:(1)内阁办公厅的国家预算，或相关部门、机构的国家预算;(2)各种发展伙伴、非政府组织、私人领域及慈善人士的捐赠和捐献。

培训人力资源。在人力资源方面,《政策》计划招募和培养下列人士，同时做好相应培训。具体包括:(1)精通高棉语，在高棉语领域拥有丰富经验的知名人士；（2）与高棉语术语相关的各领域的专家；（3）体制内官员及/或合同官员；（4）培养、提升热爱国家语言的情怀，提高与高棉语相关的能力素质。

项目实施计划。《政策》规定在项目的实施过程中，应当制定每一项工作的行动计划，并将行动计划分成短期、中期及长期三类。

（四）监测与评估

为提高执行效率，《政策》设置了"监测与评估"一章，规定有关机构应：（1）建立针对《政策》执行工作的监测、整改和评估机制，以便分析工作成效，总结已经完成的工作成果，分析遇到的问题和影响因素，并提出继续执行的方向；（2）将评估的结果作为改善执行工作中的不足，以及解决各种面临问题的基础，以便制定合适的新工作计划；（3）在高棉语理事会及其管理架构下的各下属单位中开展工作评估。

（五）《政策》结语

结语中再次重申了制定《政策》的宗旨，即提高使用民族语言的优越感，通过保护和发展高棉语，来推动民族语言在书写、拼读、造词、借词等方面在使用中的统一性。同时，柬埔寨政府号召各相关部门和机构积极参与，在人力资源、物资和财政方面给予支持，使该政策能够顺利施行。

三 实施情况

《政策》推出前后，高棉语理事会及一些政府部门陆续开展了相关工作来推动保护和发展高棉语的各项政策在全国的实施。

高棉语理事会经过2017年8月的改组与整合之后，改进了工作方式，加强了工作宣传，拓宽了工作领域，在语言事务管理和语言政策制定工作中取得了一定成效和较好反响。截至2020年6月，高棉语理事会共发布了11期年报，11册术语词典，涵盖语言学和文学、政治学和外交、国家和首都名称、文化和艺术、医学与农业、科学与技术、地理和历史、经济学、医学、哲学及气候变化等11个领域。2020年，高棉语理事会还计划出版新的年报，推出文学术语词典、化学和物理学术语词典，并印发纸质版《国家高棉语政策手册》。[1] 当前，

① 信息来源：柬埔寨Fresh News新闻官网（http://www.freshnewsasia.com）。

高棉语理事会还承担了政府赋予的两项重任，一是修订柬埔寨佛学院 1967 年出版的《高棉语大词典》，二是制定《标志上的高棉语使用管理条例》。未来，高棉语理事会将继续与各部门、各机构合作，汇集整理、讨论审批并编辑出版更多领域的专业术语词典，以促进高棉语术语的推广和使用。

近年来，柬埔寨各级政府部门也推出了一系列举措，积极配合和推动高棉语语言和文字的保护和发展工作。早在 2017 年，柬埔寨环境部便与高棉语理事会和国家可持续发展理事会合作编辑出版了《气候变化词典》。该词典是政府部门和高棉语理事会合作整理、编译、审核、出版某一领域专业术语的显著成果。词典不仅满足了柬埔寨气候领域词汇使用的需求，而且高棉语理事会在审查和校对时依据高棉语语法规则，保证了语言使用中的一致性和正确性。

此外，柬埔寨政府各部门、各地政府自 2019 年 7 月开始，集中开展了店铺招牌文字整治行动。由于近年来赴柬埔寨投资的外商日益增多，很多商家在制作招牌时仅使用外文而未用高棉文，或使用谷歌翻译直接将外文翻译成高棉文，造成拼写和词义都有错误。为此，柬埔寨商务部、旅游部与金边市政府、西哈努克省政府等多部门、多地政府对所管辖的店铺进行检查，对有文字书写错误和使用不规范的门牌要求限时整改，如规定招牌上应写有正确的高棉文字，高棉文下方可以书写英文或其他外文，但字体大小不得超过高棉文的 1/2。

四　社会反响

《政策》草案通过后，柬埔寨内阁、高棉语理事会、柬埔寨教育以及青年和体育部等政府部门也将其全文在各自的官方网站上发布，供大众下载查阅。《政策》推出一年多来，在柬埔寨国内引起了一定反响。

（一）新闻媒体关注

该《政策》受到了柬埔寨国内媒体的广泛关注。柬埔寨新闻社 2019 年 8 月 2 日刊登新闻报道：柬埔寨政府发言人帕・西潘称，洪森首相主持了每周的内阁例会，会上通过了《国家高棉语政策》草案。帕・西潘强调该草案旨在通过促进民族语言高棉语在书写、阅读、借词方面的统一，来提升高棉语的声望，保持高棉民族身份认同。①《和平岛报》也于 2019 年 8 月 2 日发布新闻《政府通过

① 信息来源：柬埔寨新闻社官网（https://www.akp.gov.kh）。

〈国家高棉语政策〉提升高棉语》。文章称，通过《政策》草案，政府将促进高棉语作为社会和谐和经济增长的基础。文章还引用政府发言人的话称："近四十年来，区域内和世界上许多国家已将语言政策制度化，各种语言政策的制定已使本国语言积极转变为社会和谐和经济增长的基础。"[①]

（二）民间团体支持

《政策》也得到了各种教育机构，柬埔寨作家协会（本文简称"作协"）等民间团体的支持。作协在推广柬埔寨文学的同时，十分重视保持柬埔寨语言文字的纯洁性，在协会组织的各项文学竞赛中多次强调正确使用高棉语的重要性。作协为此开发出一套高棉语正字法软件，可以检查和校准使用电脑输入高棉语时出现的拼写错误。2019 年 8 月 6 日，作协理事长和主席率团拜访高棉语理事会，向高棉语理事会介绍该软件。双方还协商了其他合作事宜，并以"在文学创作中使用高棉语"为主题进行了座谈。座谈中，高棉语理事会主席赞扬作协为开发高棉语正字法软件所做的努力，认为软件将有助于检查高棉语使用中出现的拼写错误。作协也建议高棉语理事会将经其审批使用的新词录入软件，以扩充软件词汇量。[②]

（三）社会民众参与

与此同时，普通民众也积极响应《政策》号召，参与到保护和发展高棉语语言和文字的计划当中。一些网民在自己的社交账号或个人网站中转发了《政策》全文，使《政策》内容得到更广泛地传播。部分网民，尤其是年轻人乐于参与高棉语理事会组织的各种活动，如理事会举办的词语拼写、拼读、词义竞赛等。很多民众还响应高棉语理事会的号召，通过书信、电子邮件、社交网络等途径提供自己平时在生活和工作中遇到的新词，协助高棉语理事会扩充《高棉语大词典》的词条。此外，民众在发现标志牌、广告牌或店铺招牌上有高棉文字书写错误时，也会及时向有关部门举报以便改正，这也反映出柬埔寨大众的语言能力正不断提高，对民族语言文字的热爱正逐步提升。

（卢　军）

① 信息来源：柬埔寨和平岛报官网（https://kohsantepheapdaily.com.kh）。

② 信息来源：柬埔寨作家协会脸书账号（https://www.facebook.com/KhmerWritersAssociation）。

蒙古国《国家传统蒙古文大纲（三）》

2020 年 3 月 18 日，蒙古国政府颁布《国家传统蒙古文大纲（三）》[①]（本文简称《大纲（三）》），这是继 1995 年《国家传统蒙古文大纲（一）》、2008 年《国家传统蒙古文大纲（二）》颁布以来，蒙古国政府出台的第三部推广传统蒙古文的国家计划。《大纲（三）》明确了蒙古国将从 2025 年起同时使用西里尔蒙古文和传统蒙古文处理公文，为接下来全面使用传统蒙古文做好充足准备。

一　颁布背景

蒙古国的现行文字是 1946 年 1 月 1 日起正式使用的西里尔蒙古文[②]。20 世纪 90 年代初，蒙古国提倡恢复民族传统和发展民族文化，决定恢复传统蒙古文的使用。

1991 年国家小呼拉尔第 36 号《关于在蒙古人民共和国使用传统蒙古文处理公务并做好相应准备工作的决议》做出了自 1994 年起国家公务中使用传统蒙古文的决定，由于经费、师资力量、技术条件等诸多条件限制，该目标并没有实现。1994 年 7 月，蒙古国家大呼拉尔专门讨论了 1991 年国家小呼拉尔第 36 号决议执行情况，做出继续使用西里尔蒙古文、待条件成熟再讨论恢复使用传统蒙古文的决定。为推广和使用传统蒙古文，1995 年、2008 年蒙古国政府先后颁布《大纲（一）》《大纲（二）》，制定并实施恢复传统蒙古文使用的各项举措。

蒙古国总统就加强使用传统蒙古文颁布了相关法令。2010 年 8 月，总统查

① “Монгол бичгийн үндэсний хөтөлбөр Ⅲ”译为《国家传统蒙古文大纲（三）》,《大纲（三）》中“монгол бичиг”和“кирил бичиг”分别指“传统蒙古文”和“西里尔蒙古文”两种文字。

② 西里尔蒙古文是在俄文 33 个字母之上增加两个元音字母（ө，ү），由 35 个字母组成的、由左到右横向书写的文字体系，包括 13 个元音字母、20 个辅音字母和 2 个符号。由于该文字符号是由东正教传教士西里尔创造的，所以称为“西里尔蒙古文”。

希亚·额勒贝格道尔吉[①]颁布恢复和扩大传统蒙古文字使用的第155号总统令，要求蒙古国总统、国家大呼拉尔主席、总理及政府成员与外国同级别官员进行公文和信函往来时，必须使用传统蒙古文并附当事国或联合国某一工作语言的翻译文稿；蒙古国公民的出生证明、结婚证明、各级教育机构颁发的教育证明、学位证书、毕业证书等必须以传统蒙古文和西里尔蒙古文并行书写。2018年5月，蒙古国现任总统哈·巴特图勒嘎[②]签署了《关于加快推进增加传统蒙古文使用工作》的第46号总统令，要求各级政府机构和相关部门各司其职，如期完成恢复和扩大传统蒙古文使用的目标，确保2025年实现政府公文同时使用西里尔蒙古文和传统蒙古文书写。

2015年，蒙古国政府出台《蒙古语言法》界定“蒙古语言与文字指蒙古语、西里尔蒙古文和传统蒙古文”，同时明确提出自2025年1月1日起“国家机构和地方自治机构同时使用西里尔蒙古文和传统蒙古文处理公文”的目标。

目前，蒙古国全日制中小学自6年级起已开设传统蒙古文课；高等学校入学考试中设立传统蒙古文能力考试；公务员考试须通过传统蒙古文水平测试；公民证件、学历证书使用西里尔蒙古文和传统蒙古文双文字制作。

为进一步推广传统蒙古文，扩大传统蒙古文的使用，实现自2025年起同时使用西里尔蒙古文和传统蒙古文处理公文的目标，蒙古国政府于2020年3月颁布《大纲（三）》。

二 《大纲（三）》主要内容

《大纲（三）》由总则，目的、目标和时间周期，措施，成果和衡量指标，经费，监督、分析和评估6部分组成。

（一）总则

第一部分总则介绍传统蒙古文的地位及使用情况，总结《大纲（一）》和《大纲（二）》的实施效果，阐明政府颁布《大纲（三）》的法律基础和社会需求。

① 任职时间为2009年6月18日—2017年7月10日。

② 任职期间为2017年7月10日至今。

（二）目的、目标和时间周期

《大纲（三）》的目的是自2025年起同时使用西里尔蒙古文和传统蒙古文处理国家公务，为今后全面转入使用传统蒙古文做好充足准备。

《大纲（三）》设定4项目标，即全面构建传统蒙古文的使用环境；提升传统蒙古文教学水平和效果；构建双文字处理国家公务及今后全面转入使用传统蒙古文的法制环境和技术环境；完善传统蒙古文教学、研究和宣传工作的内容与形式。

《大纲（三）》的实施周期为2020—2024年。

（三）措施

第三部分具体措施部分紧扣4项目标提出46项具体措施，具体如下：

全面构建传统蒙古文的使用环境目标包含以下14项措施：完善传统蒙古文编码和标准；制定西里尔蒙古文和传统蒙古文双文字处理公务的标准；开办国家传统蒙古文门户网站；社交网络中推广传统蒙古文使用技术，丰富线上资源的种类与形式；在新教学法指导下出版与学习者年龄相适的传统蒙古文教材、词典和其他教学资料；制作和推广网络课程、网络教材、词典和教学资料；加强电子环境下传统蒙古文文案处理技能培训；保护和出版传统蒙古文历史文献；支持出版传统蒙古文文学作品；自2021年开始采用双文字出版《国家信息汇编》，做好自2023年起出版传统蒙古文单行版的准备工作；增加传统蒙古文报纸、杂志、期刊的数量并予以政策支持；报纸、杂志、社评、报道不低于30%的内容采用双文字刊发，书脊处以传统蒙古文书写书名；使用传统蒙古文书写机关、企业、建筑、街道广场的名称、地址、名片、商标、产品介绍、标识和广告；自2020年9月1日起国家公共电视台采用双文字字幕。

提升传统蒙古文教学水平和效果目标包含以下15项措施：每两年组织1次蒙古语文教师的区域研讨，每四年组织1次全国研讨；根据民众蒙古语言文字使用、评估调研，明确下一步工作任务和方法；教育科学院体制中增加传统蒙古文教学、研究、教学法组；优先转写全日制中小学中高年级蒙古语、蒙古历史、文学、公民教育、道德课程教材，分阶段转写出版其他课程教材和教辅资料；完善蒙古语言文字、文学课程教学法指导；构建培养境外蒙古国公民、青少年掌握传统蒙古文的法制环境和实施环境；开展教学活动的各种所有制学校必须开设蒙古语言文字课，对其组织实施予以监督；在师资培训的高等学校、专科学校的相关专业班次中开设传统蒙古文教学法课程；全日制中小学毕业生须参加蒙古语言文字考试，传统蒙古文内容不低于考试内容的30%，最低分数线为400分并分阶段提高；自2020—2021学年起高等学校、专科学校、职业培训生产中心须开设传统蒙古文课程；在校大学生须参加传统蒙古文能力考试，其成绩作为学位认证条件；改进传统蒙古文教学法和技术环境；自2021年起每年组织传统蒙古文国家奥林匹克竞赛；鼓励和支持开展传统蒙古文教学的个人和法人；鼓励单位和团体开展培训传统蒙古文的活动。

构建双文字处理国家公务进而全面使用传统蒙古文的法制环境和技术环境目标包含以下8项措施：国家公务委员会、语言政策委员会共同确定公务员传统蒙古文能力水平测试内容并进行水平认证；国家公务员申请表中增加标识传统蒙古文读写能力条目；公务员考试中蒙古语言文字考试不低于20%的内容为传统蒙古文测试内容；国家公务员岗位要求中增加传统蒙古文能力要求；国家机构在机构战略规划和执行规划、公务员培训计划中每年规划工作人员传统蒙古文能力专项培训；国家机构和私营机构在相关工作岗位描述中体现蒙古语言文字工作能力要求；创造国家机构自2022年起双文字处理国家公务的环境并开始试行；在各级行政长官施政纲领中体现《大纲（三）》的相关措施，奖励积极主动、成就突出的国家机构、地方自治机构、工作人员及个人。

完善传统蒙古文教学、研究和宣传工作的内容与形式目标包含以下9项措施：将传统蒙古文、文献研究作为蒙古学的独立方向，提升理论层次和方法水平；每年组织传统蒙古文教法研讨会和学术研讨会；每年由科学技术基金和其他经费资助蒙古语文献和文化遗产保护项目及教学研究推广项目；建立传统蒙古文遗产、民族文化思维保护和发展国家基金；国家政策支持传统蒙古文的资源建设并丰富其种类；调动民众学习和使用传统蒙古文的积极性；支持终身教育中心开展教授民众传统蒙古文的非正式教学活动；支持传统蒙古文研究和宣传活动；由蒙古国驻外外交代表处和蒙古学诸中心组织对外宣传传统蒙古文、组织传统蒙古文书法和传统蒙古文文化展、开展教授境外蒙古国公民和青少年学习传统蒙古文的活动。

（四）效果和衡量指标

《大纲（三）》的效果和衡量指标首次采取了表格方式呈现目标要求与量化

要求。表格共有4组7列，4组对应4大目标，每组分列条目。7列中第一列为序号；第二列为拟达到的效果；第三列为衡量指标；第四列为衡量指标单位；第五列为基础水平（2020年）；第六列为目标水平（2022年）；第七列为目标水平（2024年）。《大纲（三）》效果和衡量指标可量化，操作性强，目标水平分为2022年和2024年两项有利于中期评估和后续的调整修改。

（五）经费

项目实施的经费来源包括国家预算和地方预算；国外贷款和国外援助；国际组织项目资助和计划资助；个人、企业、机构的捐赠；法律未禁止的其他经费来源。

（六）监督、分析和评估

国家教育主管部门每年对《大纲（三）》实施情况进行监督、分析和评估并向政府报告；地方由省/首都、县、区行政长官组织实施并向国家教育主管部门报告；出版媒体机构向相关上级部门报告《大纲（三）》落实情况；根据大纲落实过程的监督、分析、评估报告和第三方评估的结论和建议，可对《大纲（三）》实施规划和指标进行增加或修改。

三　政策比较

《国家传统蒙古文大纲（一）》为蒙古国传统蒙古文十年计划（1995—2005），目的设定为将传统蒙古文教学纳入基础教育、全民学习传统蒙古文、形成传统蒙古文的使用环境。2005年该大纲到期，蒙古国政府认为传统蒙古文十年计划目标和任务基本实现，传统蒙古文已被赋予了蒙古文化的象征意义。

《国家传统蒙古文大纲（二）》计划周期为2008年—2015年，其目的是营造民众掌握和传承传统蒙古文的现实条件，提升传统蒙古文教学、研究、宣传层次，进而使传统蒙古文成为全民文字。

我们可以从时间周期、目标措施、实施部门三个角度对比蒙古国三份《大纲》：

由十年计划到八年计划再到五年计划，《大纲》的适用周期呈现逐渐缩短的趋势，说明蒙古国对传统蒙古文推广的重视，也表明随着各项政策措施的推动，蒙古国传统蒙古文的推广效果明显。

《大纲（一）》设有4项宏观措施、《大纲（二）》设有4项目标22项措施、《大纲（三）》设有4项目标46项措施。《大纲》推动传统蒙古文的措施越来越细化具体，可操作性更强。《大纲（一）》《大纲（二）》的实施，蒙古国基本实现传统蒙古文使用和推广的既定目标，但在“全民普及传统蒙古文、将传统蒙古文作为大众使用文字、营造使用环境”等目标完成的并不如人意。在对当前传统蒙古文教学、使用情况分析的基础上，《大纲（三）》认为应加强高等教育、职业教育、终身教育领域传统蒙古文教学；利用现代技术构建传统蒙古文使用环境；制定规范标准和使用规章；增加国家机关和非政府组织的合作与参与。

《大纲（一）》《大纲（二）》主要由国家教育主管部门、各级行政长官负责实施，《大纲（三）》更强调多部门联合，由文化、艺术、科学、出版及国家各级机构联合组织实施，具体涉及部门包括：通信技术局、标准计量局、科学院、语言文学研究所、国家注册局、出版机构、国家各级机构、教育机构、终身教育中心、各级行政长官、国家公务委员会、群众团体、文化科学中心、国外蒙古学中心。

四　实施举措

蒙古国政府，国家各级机构，教育、文化、艺术、科学、出版等领域采取各种措施积极推进《大纲（三）》落实。

蒙古国外交部成为第一个开展传统蒙古文推广落实的国家机关。2020年10月，蒙古国外交部开展“传统蒙古文学习月”活动，该活动分为两个阶段，第一阶段为初级和中级课程学习，重点在学习传统蒙古文字母、正字法规则，掌握读写；第二阶段为传统蒙古文书法学习。时任蒙古国外长尼·恩赫泰旺强调，自2021年起外交部部长、副部长、国务秘书的照会将以传统蒙古文发送。

2020年12月教育科学部通过《落实〈国家传统蒙古文大纲（三）〉措施规划》，规划包括64项推进措施。根据传统蒙古文教学的现实状况，蒙古国将在高等学校、职业教育、终身教育领域加强传统蒙古文教学。高等学校、专科学校、职业培训生产中心在校生从2021—2022学年起学习传统蒙古文，在校生参加传统蒙古文课程考试，考试成绩是学位认证的依据。

国家大呼拉尔办公厅主办的《国家信息汇编》2020年11月25日刊（第44

期）已落实《大纲（三）》要求，首次使用西里尔蒙古文和传统蒙古文两种文字出版发行。

2020 年 10 月，蒙古国国家语言政策委员会联合国家统计局计划开展为期两个月的调研，调查范围涉及全国 16 万公务员，以确认具备传统蒙古文处理国家公务能力的公务员数量。

2020 年 12 月，蒙古国总统哈·巴特图勒嘎录制传统蒙古文教学系列网课面向公众开放，号召民众学习掌握传统蒙古文，网络课程在网络媒体和多家电视台每周播出。

蒙古国各地、各单位纷纷组织与传统蒙古文推广相关的活动。以中戈壁省为例，2020 年 5 月，中戈壁省温都尔希勒县举行“我的传统蒙古文——2020”活动；2020 年 11 月，中戈壁省图书馆在国家公务员中首次组织“长生天的文字，最美书写者——2020”比赛；2020 年 10 月，中戈壁省呼勒德县“蒙古文——我们的未来”开放日活动向公民推广传统蒙古文。

总而言之，自 20 世纪 40 年代起全面使用西里尔蒙古文，到 20 世纪 90 年代以来为回归传统蒙古文的各种努力，再到传统蒙古文推广计划《大纲（一）》和《大纲（二）》的落实，又到 2012 年蒙古国国家标准委员会通过《西里尔蒙古文拉丁转写新标准》，以西里尔蒙古文拉丁转写 MNS 5217：2012 标准取代 MNS 5217：2003 标准，推行拉丁字母国家计划，说明蒙古国西里尔蒙古文、传统蒙古文、拉丁转写三文并存的趋势愈加明显。为落实《蒙古语言法》（2015），自 2025 年 1 月 1 日起以西里尔蒙古文和传统蒙古文处理公务的目标，2020 年，蒙古国政府颁布《大纲（三）》，传统蒙古文推广普及必然成为蒙古国语言文字政策的焦点问题。

（田艳秋）

卡塔尔《阿拉伯语保护法》

2019年1月14日，卡塔尔颁布2019年第7号法律《阿拉伯语保护法》（本文简称《保护法》），成为继约旦之后第二个颁布语言保护法的阿拉伯国家，也是海湾阿拉伯国家（本文简称“海湾国家”）中首个明确以专门法的形式保护和推广阿拉伯语的国家。

一 颁布背景

卡塔尔颁布《保护法》，是卡塔尔在国家建设过程中以语言与传统文化为中心巩固与加强国家和民族认同的关键举措，也是卡塔尔在“妙实力”（subtle power）[①]外交框架下通过文化软实力建设提升自身地区影响力的重要步骤。

（一）巩固与加强国家和民族认同

阿拉伯语是卡塔尔国家和民族认同的核心要素。卡塔尔宪法第一条规定：“卡塔尔是一个具有独立主权的阿拉伯国家……其官方语言为阿拉伯语，卡塔尔人民是阿拉伯民族的一部分。”[②]但卡塔尔“超级多样性”的语言状况对阿拉伯语作为卡塔尔官方语言与阿拉伯民族语言的地位构成了挑战。

1. 人口构成复杂多元导致语言状况“超级多样性”

卡塔尔复杂多元的常住人口构成是语言状况“超级多样性”的决定因素。2019年，卡塔尔共有常住人口约283万人[③]，根据常年追踪卡塔尔人口结构的“普利亚·德苏扎通函”2019年8月更新的迄今为止最全面的卡塔尔人口报告的估算，卡塔尔本国公民约占卡塔尔常住总人口的10.5%，其余为外籍侨民和劳

---

① “妙实力”是指“在幕后施加影响的实力”，具体来说，是指这样一种实力：在既有资源可以承受的前提下，通过赢取国际声望、操纵周遭局势、利用他国弱点等组合策略让自身受益；见Kamrava, M. 2013. Qatar: Small State, Big Politics. Ithaca, NY: Cornell University Press, pp. 60-61。

② 信息来源：卡塔尔法律门户网（https://almeezan.qa）。

③ 信息来源：美国Worldometer网（https://www.worldometers.info）。

工：约 16.5% 来自其他阿拉伯国家，其余来自印度、孟加拉国、尼泊尔等国。[①]在这样的人口结构下，卡塔尔的语言状况呈现出阿拉伯语标准语与方言并用、英语广泛流通和混合语盛行三个特征，挑战以阿拉伯语标准语为基石的国家和民族认同。

2.“双言”影响阿拉伯语标准语普及

在卡塔尔，使用阿拉伯语的主体人群是卡塔尔本国公民和来自其他阿拉伯国家的侨民和劳工。同阿拉伯语世界的其他国家、地区或社群一样，阿拉伯语在卡塔尔的使用呈现“双言”特征，即标准语与各类方言分别应用于正式与非正式言语交际领域，形成高变体与低变体二元共存的状况。卡塔尔的本土阿拉伯语方言同沙特阿拉伯、科威特、阿曼、阿联酋和巴林等国的本土方言一起划归海湾阿拉伯语方言，彼此之间相似程度较高。本土方言以外，由于海湾阿拉伯各国的居民之间接触和交流频繁，海湾地区流通着一种通用阿拉伯语方言，综合吸收了该地区各主要方言的特征。海湾阿拉伯各国电视访谈、娱乐节目和流行歌曲等主要使用通用阿拉伯语方言。[②]此外，来自埃及、叙利亚等其他阿拉伯国家的侨民和劳工在日常交际中也会使用各自的阿拉伯语方言，或转用海湾通用方言。上述“双言”现象被认为影响了阿拉伯语标准语在卡塔尔的普及和主体地位的构建。

3. 英语广泛流通与英语教育政策的调整

英语是卡塔尔的第一外语，也是有一定教育程度的卡塔尔本国公民和外籍侨民与劳工之间广泛使用的通用语，在能源、贸易、金融、教育和社会交往等诸多领域发挥着重要作用。卡塔尔非常重视英语教育。进入 21 世纪后，卡塔尔加大推进国家建设力度，积极推进国家的现代化并融入全球化进程。在这一理念下，培养达到国际水准的本土人才被认为是国家建设的关键。而英语作为知识获取与交流的全球性语言，受到特别重视。2002 年，卡塔尔与兰德公司合作，正式启动了一项雄心勃勃的教育改革和发展计划——“面向新时代的教育”，提出用英语取代阿拉伯语，作为基础教育（K-12）[③]中数学、科学和技术科目的教学用语。“2003 年，在卡塔尔基金会支持下，卡塔尔设立教育城项目，邀请乔治

① 信息来源：卡塔尔普利亚・德苏扎通函官网（https://priyadsouza.com）。

② Holes, C. 2007. Gulf states. In K. Versteegh (Ed.) *Encyclopedia of Arabic Language and Linguistics*. Vol 2. Kees Versteegh. Leiden: Brill, 215.

③ K-12 指从幼儿园到 12 年级（相当于我国的高中三年级）。

城、康奈尔、卡内基梅隆等多所欧美知名高校完全按照各自的教学计划和教育理念在卡塔尔办学。[①]2004 年，卡塔尔唯一的公立大学卡塔尔大学也在招生录取过程中明确提出英语水平要求。2008 年，在吸收兰德公司多项建议的基础上，卡塔尔发布《卡塔尔国家愿景 2030》，提出“提高卡塔尔各级学生的成绩，特别是在数学、科学和英语方面的成绩，并进而提升教育水平”的目标，[②]在官方政策层面明确鼓励英语教育。

但近年来，卡塔尔的英语教育政策发生了明显变化。2002 年教育改革实施后，由最高教育委员会组织的各年级全国考试结果显示，上述教育改革举措未能有效提高学生的成绩和教育水平。同时，对于英语在卡塔尔教育系统中的强势地位，卡塔尔教育界以及更广泛的社会公众忧心忡忡，担心英语会挤压阿拉伯语的空间，使卡塔尔的年轻一代阿拉伯语水平下降，并进而改变卡塔尔人未来的国家和民族认同。英语教育实际表现不佳更加深了这种广泛的焦虑，社会上针对此项教育改革政策的批评四起，甚至可能发展成社会不安定的动因。2011 年，多个阿拉伯国家发生政治动荡，在这一大背景下，卡塔尔政府迅速行动。2012 年初，卡塔尔最高教育委员会发布了一项法令，在基础教育和卡塔尔大学理工科目的教学中恢复使用阿拉伯语为教学用语。[③]2013 年，卡塔尔终止与兰德公司的合作。2014 年，多哈研究生院成立，全面使用阿拉伯语开展人文和社会科学领域的研究生教育。2016 年，受油价波动影响，卡塔尔政府决定削减卡塔尔基金会 40% 的预算，对教育城项目造成巨大冲击。在教育领域，卡塔尔官方语言政策从英语向阿拉伯语回归的倾向已经十分明确。

4. 混合语盛行与阿拉伯语教育的加强

阿语双言和英语的广泛流通尚不足以反映卡塔尔语言状况“超级多样性”的全貌，混合语盛行也是一个重要特征。在卡塔尔，绝大多数外籍劳工都是文化程度较低的劳动力。同阿联酋、科威特、巴林等其他海湾国家一样，这支劳动力主要来自印度、巴基斯坦和孟加拉国的贫困地区，几乎不懂英语。因日常交际的需要，在他们中间逐渐形成了由海湾阿拉伯语、乌尔都语和英语混合而成的、具有简化语法特征的混合语。这种混合语流传很广，甚至海湾国家本地

① 吴冰冰《卡塔尔外交政策的基本要素研究》,《新思路学刊》2019 年第 2 期，第 26 页。

② 信息来源：卡塔尔政府通信办公室网站（https://www.gco.gov.qa）。

③ Mustafawi, E. & Shaaban, K. 2019. Language policies in education in Qatar between 2003 and 2012: From local to global then back to local. Language Policy 18(2): 219.

的雇主同外来雇员之间也会使用。在海湾国家，这样的混合语被阿拉伯语母语使用者称为“蹩脚阿语”，并被认为对海湾各国的国家和民族认同构成了严重挑战。[①]这也是卡塔尔近年来加强阿拉伯语教育、推行重要部门“卡塔尔化”的重要原因之一。

（二）阿拉伯世界的文化影响力博弈

国家建设和认同构建之外，卡塔尔以小国的资源和体量，注重对外通过“妙实力”建设加强自身的国际和地区影响力，并同阿联酋、沙特阿拉伯等竞争在阿拉伯世界的影响力。通过在文化领域投入来打造国家品牌、塑造国家形象是“妙实力”建设的主要内容。[②]语言是“妙实力”建设与文化影响力博弈的关键要素。卡塔尔注重通过扶持阿拉伯语和阿拉伯—伊斯兰传统文化来提升自身在阿拉伯世界的文化影响力，并同阿联酋展开文化影响力竞争。例如，2013 年，卡塔尔决定集合阿拉伯世界的相关学术力量，编撰 20 世纪初以来阿拉伯学者梦寐以求却一直未能编成的阿拉伯语历史词典。卡塔尔的阿拉伯学术与政策研究中心正式设立《多哈阿拉伯语历史词典》项目，并于 2018 年年末先于阿联酋沙迦阿拉伯语语言学会主持的同类项目，发布《多哈阿拉伯语历史词典》第一部分的网络版本。

卡塔尔于 2019 年颁布的《保护法》既是近年来为巩固与加强国家和民族认同而采取带有阿拉伯语化倾向的语言政策的自然发展，也是通过“妙实力”建设同阿联酋、沙特阿拉伯竞争对阿拉伯世界的影响力的举措之一。2012 年 11 月，沙特阿拉伯商业与工业部（现沙特阿拉伯商业部）发布命令，要求商业机构在广告、票据、文书和其他各类印刷品中使用阿拉伯语，违反者将处最高 1000 沙特里亚尔（约合 1700 元人民币）的罚金。2014 年，沙特阿拉伯协商会议成立专门委员会讨论关于制定《阿拉伯语保护法》的提案，但未有后续进展。[③]2012 年，阿联酋政府发布《阿拉伯语宪章》，针对维护和提升阿拉伯语在阿联酋的主体地位，提出了一系列总体性指导方针，但此宪章并不具有法律约

① Hillman, S. & Eibenschutz, E. O. 2018. English, super-diversity, and identity in the State of Qatar. *World Englishes* 37(2): 234–235.

② 吴冰冰《卡塔尔外交政策的基本要素研究》,《新思路学刊》2019 年第 2 期，第 33 页。

③ 信息来源：英国新阿拉伯人官网（https://www.alaraby.co.uk）。

束力。[①]2016年，卡塔尔内阁通过《保护法》草案，[②]并于2019年正式颁布。卡塔尔在国家语言立法方面赢得先机。

二 法律内容

该项法律以卡塔尔宪法为依据，共包含15条，对政治外交、教学科研、商业经营活动中的语言使用进行了规定，并明确了惩罚措施，全文如下：[③]

第一条 所有政府和非政府机构都须在其开展的所有活动中保护和支持阿拉伯语。

第二条 各部委、其他政府机关、公共部门须在其会议和讨论中以及在其发布的所有决定、条例、指令、文件、合同、信函、标签、方案、出版物、视听或书面广告和其他交流媒介中使用阿拉伯语。该规定适用于私人协会和机构、私人公益机构以及由国家提供预算的机关。

第三条 国家各项法律以阿拉伯语表述，如果公共利益需要，可发布其他语言的译本。

第四条 阿拉伯语是与其他国家政府、地区与国际机构和组织以及正式会议进行对话、谈判、签订备忘录和通信的语言，这些机构所使用的语言的文本作为附件附上。此条款还规定，国家和其他国家、地区与国际机构和组织缔结的条约、协议和合同的书面文字采用阿拉伯语，也可以采用另一种语言，但必须附有阿拉伯语译本。

第五条 阿拉伯语是公立教育机构的教学语言，除非某些课程的性质要求使用另一种语言教学，但须根据教育和高等教育部的决定。此条款还规定私立教育机构须根据教育和高等教育部制定的规则和条例，在其教学大纲中把阿拉伯语设置为一门独立的核心课程。

第六条 国立大学和高等教育机构须使用阿拉伯语教学；部分学术课程可视情况使用另一种语言教学，但须由大学董事会或教育和高等教育部决定。

第七条 由政府和非政府机构资助的科研成果使用阿拉伯语发表；允许使用其他语言发表成果，但研究者必须提供阿拉伯语摘要。

---

① Suleiman, Y. 2014. Arab(ic) Language Anxiety. *al-ʿArabiyya* (47): 64.

② 信息来源：卡塔尔多哈新闻网（https://www.dohanews.co）。

③ 信息来源：卡塔尔法律门户网（https://almeezan.qa）。

第八条 带有商业、金融、产业、学术、娱乐或其他目的公司和企业以阿拉伯语命名；国际、国内的公司和企业，若其外语名称或其产品名称为国际知名注册名称，可以保留，但须在外语名称旁标注对应的阿拉伯语。

第九条 与卡塔尔制造的产品有关的数据和信息应以阿拉伯语书写，并可附上另一种语言的译文。

第十条 商标、商号、钱币、邮票、奖章等应以阿拉伯语书写，也可以使用其他语言书写对应的内容，但阿拉伯语须占据更突出位置。

第十一条 在不影响其他法律规定的更严厉处罚的前提下，对违反本法第二、五、八、九、十条者应处以不超过5万沙特里亚尔[①]的罚款。

第十二条 对违反本法规定的法人单位的实际管理责任人，违法事实清楚且违法行为是由于其不履行职责造成的，应按照违反本法规定的行为给予同等处罚。

第十三条 受本法规定约束的实体应在本法实施之日起6个月内，根据本法规定调整其语言政策，内阁可将这一期限再延长一次或多次。

第十四条 内阁应发布必要决定以执行本法。

第十五条 所有有关部门应在其各自管辖范围内执行本法，并在政府公报上公布。

三 社会反响

《保护法》颁布后，立即在卡塔尔国内和阿拉伯语社交媒体上引发反响。颁布第二天，伦敦发行卡塔尔背景的泛阿拉伯报纸《新阿拉伯人》整理了推特上的相关评论，其中有网友称阿拉伯语的单词数为英语的20倍，理应享有更高的语言地位，称赞《保护法》对阿拉伯语的支持，并呼吁采取更多类似举措；有网友说，若阿拉伯国家10年前就颁布这样的法律，如今阿拉伯人的阿拉伯语能力将大大提升；另有部分网友呼吁严格执行《保护法》，并以此为基础进一步加强对阿拉伯语的保护。[②]卡塔尔《东方报》称，《保护法》得到了卡塔尔知识界的广泛赞誉。该报采访的多位学者表示，《保护法》是卡塔尔长期以来努力复兴阿拉伯语的成果，是继推出《多哈阿拉伯语历史词典》这项史上服务阿拉伯语

① 约合9万人民币。

② 信息来源：英国新阿拉伯人官网（https://www.alaraby.co.uk）。

的最伟大工程之后又一项开创性成就。学者们强调，卡塔尔是第一个颁布阿拉伯语保护法的海湾国家，也是继约旦之后第二个颁布此类法律的阿拉伯国家。①

卡塔尔政界和知识界持续对《保护法》进行讨论。2019 年 4 月 20 日，卡塔尔国家图书馆举办题为“卡塔尔《阿拉伯语保护法》解读”的研讨会，与会者高度赞赏国家在保护阿拉伯语方面做出的巨大努力，讨论了与《保护法》有关的一些问题、政策和程序，旨在加强阿拉伯语在专业领域和官方出版物中的使用。研讨会还讨论了催生《保护法》的卡塔尔语言现状、《保护法》在执行过程中面临的突出问题和《保护法》颁布带来的希望。卡塔尔外交部发言人露娥露爱 · 哈提尔对采访研讨会的《东方报》称,《保护法》的颁布是卡塔尔领导层在清楚认识现实需求后做出的决定。她强调语言“哺育”认同，只有保护阿拉伯语，才能维护认同。她呼吁卡塔尔社会的每个成员以阿拉伯语为荣，共同参与保护和推广阿拉伯语。②

还有卡塔尔学者呼吁切实推行《保护法》。2020 年年末在“世界阿拉伯语日”到来之际，卡塔尔教育专家法特梅·优素福·安萨勒在《东方报》撰文指出，阿拉伯语是阿拉伯人在全世界面前引以为豪的美丽语言，颁布《保护法》是卡塔尔取得的重要成就，但颁布近两年以来，卡塔尔政府部门并没有积极推动该法的执行，未见发布任何后续的具体政令与法规。她强调家庭和学校教育应当正视阿拉伯语教育的重要性，而不能一味倾向外语教育；因为前者关乎培养有主体意识、有文化的新一代文明建设者，而后者不过是受市场驱动而已，只能服务于西方的经济利益与全球霸权。③

（廉超群）

①②③ 信息来源：卡塔尔东方报官网（https://al-sharq.com）。

日本颁布《日语教育推进法》*

2016年11月，以振兴日语及日语教育为目的的“日语教育推进议员联盟”成立，成员由30名左右的多党派参众议员组成，原文部科学省大臣河村建夫任联盟会长。2016—2018年，日语教育推进议员联盟听取了来自包括法务省、文部科学省、外务省、厚生劳动省、经济产业省等省厅以及国际交流基金会和国内七所日语教育团体等关于日语教育情况的介绍，形成了《日语教育推进法案》。该法案在2019年6月21日第198次国会上，以231票赞成、0票反对表决通过。[①]2019年6月28日，日本颁布令和元年法律第48号《日语教育推进法》（本文简称《推进法》），这是日本政府首次将日语教育问题法制化。

一 立法背景

少子化和老龄化使日本陷入劳动力资源不足的困局，促使政府加快引进外国劳动力资源。日本于1999年进入超少子化社会，2007年进入超老龄化社会。日本15—64岁劳动力人口资源不断减少，0—14岁潜在劳动力人口资源补给不足，严重影响日本经济可持续稳态发展。据计算，2016年日本劳动力人口数量为6648万人，预计2065年将降至3946万人。[②]面对持续严峻的少子化和老龄化困境，曾经反对接受外国劳动力的樱田义孝议员表示，“现在的经济形势不同了”。[③]

在引进外国劳动力方面，日本政府通过或扩充接受领域，或延长在日工作年限，或增补优待款项等手段，不断调控外国劳动力引进政策。2019年10月，

* 本文为2018年度国家社科基金项目“现代汉语新闻语篇复杂结构研究”（项目编号：18BYY184）的阶段性成果。

① 日本法律提案有两种渠道：各部委起草，经内阁会议讨论后，由内阁向国会提交法案，这种属于内阁提案；政党的专职委员会起草，由政党议员向国会提交法案，这种属于议员提案。

② 信息来源：日本MIZUHO综合研究所官网（https://www.mizuho-ri.co.jp/index.html）。

③ 信息来源：澎湃新闻网（https://www.thepaper.cn）。

在日外国劳动者数量约为 166 万人，同年年末，在日外国人数量约为 293 万人。[1] 在日外国劳动者数量增长，打破了日本传统的人口格局和语言格局，这些群体多数缺乏良好的日语能力。日语是日本社会学习、工作、生活的第一语言，日语能力的缺失，可能会造成这些群体在日生活陷于困境。

2017 年，海外日语学习者数量近 385 万人。[2] 同年 10 月，取得海外永久居留权及长期居住在海外的日本人数量约 135 万人。[3] 强化海外日语学习者的日语教育，有利于这些群体产生对日本的理解与关心，顺利实现就职日企或赴日留学。[4] 推进海外日本人的日语教育，不仅可以维系海外日本人的代际情感，还可以在海外日本人的影响辐射下，提升外国人对日本的理解与关心，进而产生亲近日本的情感。

日本的国语教育[5] 与日语教育存在着明显区别。国语教育主要面向国籍、年龄、母语等背景相近的群体，接受国语教育前，这些群体几乎已经掌握了良好的日语听说能力。国语教育主要在日本小学、中学开展，教学媒介语是日语。日语教育主要面向国籍、年龄、母语等背景多样的群体，接受日语教育前，这些群体往往尚未拥有良好的日语听说能力。日语教育主要在学校或教育机构开展，教学媒介语是日语或其他语言。教授内容方面，国语教育较日语教育更加复杂深刻。

推进日语教育，是日本社会发展的现实所需，但日本并未出台关于日语教育的总体指导政策。日本政府未在法律层面明确日语的语言地位，但在社会生活中，日语担任着最重要的国家语言功能。目前，日本设有独立讨论国语问题的行政机构“文化厅国语科”，将日语问题归属于文化厅国语科辖下讨论实施。国语教育依据《学习指导要领》开展推进，但日语教育缺乏规划文件指导。《推进法》的颁布，旨在促进海内外日语教育事业的发展，外显为推进日语教育的法律，实际可以内视为日本移民问题的又一个突破口。

①② 信息来源：日本文化厅官网（https://www.bunka.go.jp）。

③ 信息来源：日本外务省官网（https://www.mofa.go.jp）。

④ 信息来源：日本参议院官网（https://www.sangiin.go.jp）。

⑤ “国语教育”类似我国“语文教育”。

二 基本内容

《推进法》提出了法律的目的，界定了法律中“外国人等”“日语教育”的术语内涵，确定了《推进法》的基本理念，规定了国家、地方公共团体、用人单位等的各属责任，明晰了基本方针的制定主体和修订事宜，为推进日语教育实践指明了基本方向。

（1）主要目的。第 1 章第 1 条指出，推进日语教育，益于在日外国人与日本国民共生，益于完善日本日常生活与社会生活的和谐环境建设，益于加深其他国家或地区对日本的理解与关心。明确推进日语教育的基本理念，规定国家、地方公共团体、用人单位的相关责任，说明基本方针和措施的制定问题，利于日语教育的综合推进，利于尊重多元文化且充满活力的共生社会建设，利于国际交流和维系、发展国家间友好关系。

（2）术语界定。第 1 章第 2 条界定“外国人等”指不通日语的外国人以及不通日语并拥有日本国籍的日本人。“日语教育”指针对“外国人等”所实施的日语教育和其他相关活动，包括向“外国人等”开展的普及日语活动。

（3）基本理念。第 1 章第 3 条确定了 7 项基本理念：①依据具体情况或条件，向希望接受日语教育的“外国人等”，提供最大限度的日语学习机会；②持续提升日语教育水平；③结合外交政策，与“外国人等”的教育、工作、出入境管理及其他相关事务部门多方协作，综合推进；④在日语教育利于提升日本地区活力的认识基础上，推进日语教育；⑤开展海外日语教育，利于加深其他国家对日本的理解与关心，利于国际交流和维系、发展国家间友好关系；⑥考虑“外国人等”关于日语学习意义的理解与关心；⑦考虑拥有幼儿期和学龄期（6—15 岁）的在日“外国人等”家庭中，从事教育等行为时所用语言的重要性。

（4）相关责任方。第 1 章第 4—6 条规定，国家制定实施综合性日语教育推进政策。地方公共团体依据地区实情，制定实施日语教育推进政策。用人单位协助国家或地方公共团体开展日语教育推进实践，向雇用的“外国人等”及其家人提供日语学习机会，或支持其学习日语。第 7 条强调，国内方面，国家和地方公共团体推进切实有效的日语教育工作，相关行政省厅和组织、日语教育机构、“外国人等”用人单位、“外国人等”生活支援团体等强化协作。海外方面，国家持续推进切实有效的日语教育工作，国际交流基金会、日语教育机构同外国行政机构、教育机构强化协作。第 8、第 9 条提出，政府必须采取必要的法制或财政上的政策措施，同时以适当的方式，公开日语教育相关情况，公布推进日语教育的措施信息。

（5）基本方针。第 2 章第 10、第 11 条要求，国家制定日语教育推进基本方针，涉及日语教育推进的基本方向、内容及其他重要问题。制定主体为文部科学省大臣和外务省大臣。① 基本方针制定时，制定主体需与其他相关省厅长官协议商定，寻求内阁决议后，公开发布。根据日语教育环境、实践状况的调查分析，约每五年讨论修订基本方针。希望地方公共团体参照国家制定的基本方针，结合地区具体实情，努力制定适宜地方公共团体的基本方针。

三　主要措施

这是《推进法》的重要内容，依据该法的根本目的和基本理念，要求国家增加国内外日语教育机会，持续提升日语教育水平，开展日语教育调查研究，同时希望地方公共团体结合地区实情，制定相应措施。

扩充国内外日语教育机会。国内方面，第 3 章第 12—15 条规划了 4 类推进国内日语教育的对象，即儿童学生②、留学生、劳工和难民，指出国家开展日语教育推进措施。扩充儿童学生的生活类日语和学习类日语的教育机会，完善指导教师配置制度，加大教师培育研修，帮助学生就学，强化监护人关于儿童学生习得生活类日语必要性的认识。扩充留学生的职业类日语、升学类日语、学习研究类日语的教育机会。向那些为劳工提供日语教育机会，支持劳工开展专业领域的日语教育研修，及实施相应教材研发的用人单位提供帮助。扩充尚未就业的“外国人等”工作类日语的教育机会。扩充难民的基础生活类日语的教育机会。第 16 条要求国家扩充地区日语教育机会，支持地区日语教室的开设、运营，以及教师培育和教材研发，完善日语学习环境。第 17 条要求国家开展相关宣传，强化日本国民关于推进日语教育的理解与关心。

海外方面，第 3 章第 18 条要求国家依据各国的日语教育情况，持续推进适宜的日语教育工作，助力当地日语教育体制建设，培育日语教师，支持开展教

① 日本国内日语教育推进基本方针制定主体为文部科学省大臣，海外日语教育推进基本方针制定主体为外务省大臣。

② 主要为幼儿期和学龄期群体。

材研发和日语教育相关活动，向日语学习者提供帮助。向致力于接受日本大学教育的“外国人等”，提供大学水平的日语教育机会。第19条要求，国家推进海外日本人子孙的日语教育。

持续提升日语教育水平。第3章第20—23条规定，国家持续提升日语教育水平，提高日语教育机构教育水平，确保其从业教师的研修机会。提升日语教师的教学能力与资质，完善教师培育与研修体制，及国内日语教师资格制度，培育拥有高度专业知识和技能的国内日语教师，努力扶持、培养海外日语教师。制定日语教育课程方针和指导方法，进行教材研制和推广，开发日语能力评价方法。

开展日语教育调查研究。第3章第24、第25条规定，国家就日语教育实态、有效教育方法、日语能力评价方法等，实施调查研究。为使“外国人等”掌握日语教育相关信息，进行日语教育信息收集与网络化，同时建立完善日语教育咨询体制，向“外国人等”提供帮助。

地方公共团体相关措施。第26条提出，希望地方公共团体参照国家基本措施，结合地区具体实情，努力制定适宜地方公共团体的日语教育推进政策基本措施。

完善审议机制。第27条规定，为了实现文部科学省、外务省及其他相关行政机构相互协商，综合一体推进日语教育工作，政府设置日语教育推进会。相关行政机构在进行事项调整时，听取由日语教育专业人士、日语教育从业者、日语教育学习者组成的日语教育推进人士会议意见。第28条规定，允许地方公共团体为调查审议日语教育推进工作，设置地方性日语教育推进审议会，或其他商议机构。

强化机构建设。附则第2条规定，国家为提升日语教育机构的教育水平，商讨日语教育机构制度完善的内容，包括日语教育机构的类型、范围，关于掌握留学生动态发展的协作、责任，日语教育水平的评价方式，日语教育支援的方式和适应性问题。

四　社会反响

关于推进日语教育以实现多元共生问题，日本早已形成关注，并予以实践。《“作为生活者的外国人”问题综合对策》《日裔定居外国人政策行动计划》《外国人才接受・共生综合对策》等，都充分肯定了日语教育的重要作用，且进行部分日语教育实践。2019年6月21日，石原进表示，“《推进法》对于提升外国人的日语能力，将发挥重要作用……外国人与日本人实现顺利交际，是构建安定地区社会的重要要素……《推进法》的出台，使日本向建设共生社会迈进一大步。”[①]《推进法》的颁布，为推进日语教育提供了法律依据，表现出日本政府对日语教育的重视与认可。

目前，“外国人等”的日语教育需求与日语教育人才间出现矛盾。日语教师雇佣环境并未进入良性态势，日语教师薪资低廉，专职教师月薪约20万日元，这与刚毕业的大学生薪资相近，且薪资增长幅度不明显。2019年6月23日的《每日新闻》指出，“《推进法》的方向性是十分正确的……法律的基本理念如何在今后具体落实，将成为国家和地方自治体[②]讨论的问题……日语教师的数量和质量存在不稳定性，全国4万日语教师中，志愿者占六成。”[③]人才结构中，全职数量严重偏低，2018年，仅13.6%为全职教师，其余的55.4%、31.0%分别为志愿者、兼职教师。[④]《推进法》提出建立稳健的财政制度，可为日语教育人才培育提供基础的财力保障，日语教育人才的雇佣环境与结构有望逐步改善。

2017年，全球142个国家或地区进行着日语教育实践。[⑤]《推进法》出台当日，日语教育学会就《推进法》问题发表了意见，“推进海外日语教育，有利于培育世界各国的知日人士和亲日人士，有利于促使世界各国与我国保持长期往来。”[⑥]2017年，取得海外永久居留权及长期居住在海外的日本人群体当中，居于美国的占比32.0%，居于中国的占比9.2%。[⑦]因国家或地区的现实条件限制，海外日语教育效果和日语维持情况各异。日本依据各国或地区的现实情况，积极推进海外日语教育，是培育知日、亲日人士的重要途径。

为补充国内劳动力资源，日本政府持续加大外国劳动力引进力度，不同民族群体的移入，改变了原有的社会生态。语言沟通不畅，不利于日本社会和谐建设。《推进法》的颁布，是日语教育发展史上的重要事件，但作为一部指导性

① 信息来源：日本日语 LPAT 官网（http://www.nihongoplat.org）。

② 地方自治体在法律上称为“地方公共团体”，是具有独立法人资格的地区团体，实行地方自治。都道府县和市町村均属地方自治体，分别设有地方自治政府，享有地方自治权，中央政府只给予适当指导。

③ 信息来源：日本每日新闻网（https://mainichi.jp）。

④⑤ 信息来源：日本文化厅官网（https://www.bunka.go.jp）。

⑥ 信息来源：日本公益社团法人日语教育学会官网（http://www.nkg.or.jp）。

⑦ 王璐《日本语言政策研究》，北京语言大学2020年博士学位论文。

法律，其中尚有许多具体问题需要进一步细化讨论。2019 年 7 月 24 日，NPO 法人青少年自立援助中心的田中宝纪表示，“《推进法》是否能够结束长达 30 年的自治体独自实施日语教育的历史，使依靠志愿者开展日语教育的历史划上终止符……《推进法》是个‘理念法’，并非颁布后就能立刻解决所有问题……仅是终于站在起跑线上而已……《推进法》应在《移民基本法》的‘大框架’中，仅作为单独的一项法律，以长期愿景为基础进行规划是不可行的。”①《推进法》明确了日语教育的根本目的、基本理念、相关责任、基本方针，提出了部分主要措施，但如对实施日语教育的用人单位，国家将采取怎样的支援行动，应对“外国人等”的不同需求，日语教育推进工作采取怎样的实践措施，“外国人等”学习、工作、生活性日语能力评价机制，以及日语教育机构教育水平评审机制的开发研究等问题，仍需要分门别类深入规划。

（王　璐）

① 信息来源：日本杂志 wezzy 官网（https://wezz-y.com）。

法国《国际外语教育计划》

2020年2月18日，法国总统马克龙宣布终止《母语与文化教育计划》（本文简称《母语计划》），停止由仅受外国政府监管的外语教师对移民子女进行母语教育。从2020年秋季开始，法国便以《国际外语教育计划》（本文简称《外语计划》）替代《母语计划》，《外语计划》确保外语教师均熟练掌握法语，受法国教育系统监管。这项政策不仅是法国政府打击境内"极端分离主义"的实质性战略，更旨在将移民子女语言教育和文化纳入法国国民教育体系。

一 《外语计划》背景

法国是一个拥有众多移民的国家，截至2019年，法国有670万移民，约占总人口的10%。[①] 移民向法国输入了劳动力，帮助它在两次世界大战后重建，也为法国的社会经济发展做出了贡献，但移民子女的教育问题紧随其后，《母语计划》就是在这样的背景下产生的。1977年7月，欧洲共同体（本文简称"欧共体"）发布"针对移民子女教育的指令"[②]，为了响应欧共体指令，同年，法国分别与阿尔及利亚、克罗地亚、西班牙、意大利、摩洛哥、葡萄牙、塞尔维亚、突尼斯和土耳其共9个合作国家签署双边协定，实施《母语计划》。到2020年，参加该项目的学生有8万人。[③] 随着法国境内移民人数不断上升，加之近年来法国恐怖主义事件频发，移民教育和融入问题日渐凸显。对移民子女来说，"母语"概念也悄悄发生转变，法国在外语教育方面的一系列改革正是这种转变的政策体现。

---

① 信息来源：法国国家统计与经济研究所官网（https://www.insee.fr）。

② 1977年7月25日第77-486号针对移民工人的子女教育的欧共体指令。欧共体指令是一种立法，和"规章"不同，指令只要求欧共体成员国达成预定的目标，但并不限制其达成目标的方法。

③ 信息来源：法国星期日报官网（https://www.lejdd.fr）。

（一）移民问题与政教分离

法国移民来源多样，结构复杂，近一半的移民来自阿尔及利亚、摩洛哥、葡萄牙、突尼斯、意大利、土耳其和西班牙等 7 个国家。部分移民群体在法国的社会地位较低，与主流社会疏离，成为极端恐怖主义滋生的土壤。二代移民大多子承父业，难以突破圈层。移民融入是一个历史遗留问题，移民群体身份固化、社区封闭招致社群主义蔓延，极易受外国极端势力煽动。从 2015 年《查理周刊》枪击案、巴黎系列恐袭事件，到 2016 年尼斯卡车恐袭，再到 2020 年巴黎郊区历史教师斩首案和尼斯持刀袭击事件，恐怖主义威胁不断为法国的公共安全敲响警钟。

（二）《外语计划》理念与目标

早在 2011 年，法国思想智库“移民融合高级顾问委员会”就质疑《母语计划》的作用到底是“传承文化”还是“阻碍移民融合”。[①] 自 2016 年起，法国与外国政府逐一协商，计划由《外语计划》逐步替代《母语计划》，但由于政府换届，这项政策并未得以全面实施。2020 年 9 月，法国教育部颁布了包含《外语计划》在内的《法国现代外语和地区语言教育框架》（本文简称《框架》），为《母语计划》的终止和《外语计划》的全覆盖奠定基础。

1. 从“移民子女”到“年轻一代”

《母语计划》最初是为“移民子女”设计的。时过境迁，大多数移民家庭长期定居法国，并无返回故土的打算。《外语计划》将面向全法二至五年级的小学生开放，为年轻一代移民后裔和本土学生提供学习外语的路径，并致力于推动社会融合、学业成就与职业发展。

2. 从“母语”到“外语”

对于学生来说，《母语计划》所教授的语言不再是“母语”，而是“外语”，与法国宪法中规定的“共和国的语言是法语”呼应。[②] 诸如阿拉伯语、西班牙语、意大利语等原本被视为移民母语的语言，则被当成外语，他们都是法国“语言多样性”的重要组成部分，从而塑造统一的法国公民身份。

这也体现了教育政策和教育理念的转变。法国教育部要求教师在教授文明

① 信息来源：法国公共生活网（https://www.vie-publique.fr）。

② 见 1958 年法兰西第五共和国宪法第一章第二条。

史时，必须教会孩子们从历史到现状全面地了解自身文化。《母语计划》课程主要在课余时间进行，有时会跟课外活动冲突，降低了该项目的吸引力；课程信息传播范围有限，导致入学率逐年下降。《母语计划》往往将不同水平、不同年龄的学生安排在一起，却很少评估学生的学习进度，学习成果良莠不齐。虽然《母语计划》依然将作为课外选修课进行，但法国教育部将加大监管的强度和力度。从“母语”到“外语”，教学理念和范式的转变之路任重道远。

二 《外语计划》主要内容

法国把提高学生的语言能力视为当务之急，将为学生提供多样的、连贯的语言学习。根据《框架》，每位学生到高中毕业必须至少掌握两种现代语言（外语或地区语言）。外语教育从小学入学一直持续到高中毕业，各个年级优先考虑口语教学。《外语计划》将作为小学阶段外语教育的特别项目，充当法国外语教育承上启下的一环，法国也将不断提升外语教育在义务教育阶段的比重。

（一）教师招募标准提高

马克龙在 2020 年 2 月的讲话中说道：“(《母语计划》) 为我们国家带来了越来越多不讲法语的老师，越来越多与法国国民教育体系毫不相干的老师。”《母语计划》的首要问题是五花八门的教学方案和资质欠佳的外语教师。鉴于此，《外语计划》提高了教师的招募标准。

外语教师要求法语能力提升。《母语计划》教师的法语水平普遍较低，他们无法参加学校活动，也不能在培训和督导中获益，教师与教师之间也缺乏交流与合作。《外语计划》依然会从合作国招募外语教师，但要求其法语能力至少达到《欧洲语言共同参考框架》（本文简称《欧框》）B2 水平。

外语教师要求具备教学资格。《母语计划》教学内容专业性较低，和法国教育系统的语言教学要求有一定差距。阿尔及利亚的《母语计划》教师是在法国本土的移民和后裔中招募的，缺乏教学经历，亦无教学资格，由于长期在法国生活，有时他们的阿拉伯语水平无法胜任教学。[①] 法国要求各合作国在招募《外语计划》教师时，确保他们具备给 8 至 11 岁儿童授课的资质。

① 信息来源：法国教育部官网（https://www.education.gouv.fr）。

（二）课程受法国教育部监管

《母语计划》是一项宏观层面的国家计划，有两种方案。其一，由单一国家组织，如西班牙、葡萄牙和突尼斯基于本国教育系统来调整《母语计划》的培养模式。其二，以多国合作的形式，如阿尔及利亚和摩洛哥在课时、学制上进行本土化合作。

然而，计划实施比较依赖中观的地区层面和学校层面的计划与管理，尤其在资源配置、课程组织和教师培训等方面。《母语计划》教师的薪水由派出国支付，教师工资较低，有时还要自费置办课程材料。课程方案的多样化给项目监管带来了诸多困难。按照协议，法国各省应定期进行课程监督和教师培训，但大多数母语教师缺乏培训，每年接受督导的教师则不到 10%。[①]

《母语计划》本应覆盖小学和中学两个阶段，但部分语言的母语教学课程在中学阶段有缺失（如塞尔维亚语）。中学阶段，《母语计划》跟法国第二、第三语言[②]教学方案平行，西班牙语、意大利语等过去被认为是“移民语言”的欧洲语言在法国的教学比重日益上升，且主要作为第二语言进行教学，引起了混乱。

从 2020 年 9 月起，《外语计划》将由法国教育部监管并执行，各省每年制定一份联合督查计划，来监督相关外语教师。法国承诺开放并资助《外语计划》教师职位，但首先要确保他们精通法语。符合招募条件的教师在执教第一年期间必须接受督导，随后，督导频率变为每三年一次。学区督查会评估外语教师的教学质量，分析学生使用的学习工具，并对教师进行个性化指导。法国各省会委派一名督查，主要负责落实《外语计划》课程、与合作国代表交流沟通、组织外语教师培训并协调教师督查计划。对于课程内容，教育部门也将加强课程干预，以确保所有孩子都能够在法国教育体系的监督下，接受符合法兰西共和国价值观的现代语言教育。

（三）《外语计划》的学制与学时

法国《重建共和国学校的方向与规划法》[③]规定，所有学生从一年级开始到整个义务教育阶段，都必须学习一门现代外语。《外语计划》只对小学二年级到

---

① 90 名左右。见 Tardy, S. 2020. Des ELCO aux EILE : genèse et enjeux d’une transformation. *Administration & Éducation* 2(2), 107-113。

② 法国的现代语言 langue vivante 指外语或地区语言。

③ 信息来源：法国教育部官网（https://www.education.gouv.fr）。

五年级学生开放，不涉及初中及更高年级的学生。小学生可以在家长的要求下自主报名，参加《外语计划》，学生的学习成绩将被纳入学生档案。原先《母语计划》涉及的语言将在《外语计划》中作为外语，为法国学生现代外语的启蒙学习阶段提供更多语言选择。《外语计划》课程全免费，不论参加哪种语言课程，每周课时至少 1.5 小时，至多不超过 24 小时。由于是选修课，《外语计划》上课时间主要在课余时间进行，同一学区内甚至可以跨校选修。法国教育部要求小学五年级毕业生的第一外语能力必须达到《欧框》A1 水平，即能够与口齿清晰的说话者进行简单交流，学生参加《外语计划》所学的外语也受到认可。

三　实施及反响

马克龙对《外语计划》尤其是阿拉伯语教育雄心勃勃。他强调阿拉伯语对于法国来说是“一次机会”，外语教育可以让法国了解外国文学，推动法国文化传播，促进交流和贸易往来，使国家更加强大。[①] 这项政策引起了强烈的社会反响，巴黎的考松协会认为阿拉伯语教学是打破成见、促进社会包容的最好办法。[②] 但反对的声音也存在，如法国哲学家吕克·费里认为此举甚是荒诞，反而可能会加剧法国公立学校课堂的矛盾。

原先《母语计划》的合作国先后同法国签署合约，承诺在尊重法国共和价值观的前提下，向法国学校委派法语流利、资质合格的外语教师。目前 9 个合作国中，只有土耳其尚未与法国达成共识。法国表示，若没有寻得一致的解决方案，或土耳其拒绝接受《外语计划》，法国将从 2021 年秋季开始终止与土方相关的一切义务教育合作。

紧张的国际局势、恐怖主义的威胁、移民融入困难等诸多问题，引起了社会对《母语计划》的质疑。法国终止《母语计划》，不仅为了阻止极端主义对法国的渗透，防止其利用《母语计划》的特殊性来传播极端主义思想，更为了阻止分裂主义分子对法国社会稳定性的破坏，避免将年幼的孩子塑造成与法国共和价值观对立的敌对分子。

从《母语计划》到《外语计划》的转变是一个循序渐进的过程，《外语计

① 信息来源：法国 BFMTV 电视台官网（https://www.bfmtv.com）。

② 考松协会开设多门语言课程，聘请移民或难民来教外语。信息来源：法国蓝新闻网（https://www.francebleu.fr）。

划》的成效有待时间来考验。《外语计划》既是一项语言教育计划，也是一项外交计划，尤其对于以“文化外交”著称的法国，此计划更依赖它与合作国的平等对话、互相尊重和双边合作。《外语计划》标志着外语教育在法国国民教育体系中重要性的提升，也说明曾经的“移民学生”、现在的“年轻一代”的母语被纳入法国外语教育体系，不再将其当作特例对待。

（王億人）

摩洛哥《51.17号框架法》中的语言条款

在摩洛哥，阿拉伯语和塔玛齐格特语是官方语言，法语是通用语言，日常使用最多的是阿拉伯语摩洛哥方言[①]。2019 年 7 月 23 日，摩洛哥众议院通过了与教育、培训和科研系统相关的《51.17 号框架法》(本文简称《框架法》)[②]，该法有 10 章，共 60 条，内容以教育改革为主，包括提高教育质量、实现机会平等、发展外语教学与推进义务教育等一系列措施。其中，第 2 条与第 31 条允许使用法语教学，这不仅表明教育领域维持了 60 多年的"阿拉伯化"语言政策的结束，也显示出摩洛哥语言教育政策向法语"回归"的趋势。该法还明确支持多语教育，体现了该国国际化的发展思路。

一 《框架法》语言条款的立法背景

（一）法语在摩洛哥的地位

法语进入摩洛哥最早可追溯到 19 世纪末。摩洛哥 1956 年独立后，法语依然影响深远。1962 年，摩洛哥第一部宪法明确规定阿拉伯语是唯一的官方语言。法语地位虽然下降，但是仍然是第一外语，地位仅次于阿拉伯语。殖民者带来的法语和法国文化继续影响着摩洛哥人与摩洛哥社会。法语在经济、科技和旅游等领域占主导地位，是企业、银行和非阿拉伯国家领事的工作语言。法语报纸和法语文学作品也有着广泛的社会影响力，在 20 世纪 90 年代，法语图书的出版量在摩洛哥所有出版物中排名第三，法语也一直在科技、经济领域中占据主导地位。

目前，法语是摩洛哥高等教育、经济贸易、对外交流等领域的重要语言，

---

① 阿拉伯语摩洛哥方言，音译名字"达里加"(Darija)，主体是阿拉伯语变体，还混合着一些塔玛齐格特语、法语、西班牙语词汇。

② 信息来源：摩洛哥阿拉伯邮政官网(https://arabicpost.net)。

得到越来越多的重视。根据法语国家组织的数据，摩洛哥 2018 年有超过 1270 万人会说法语，约占该国总人口的 38%（2018 年 11 月摩洛哥人口总数约为 3336万）[①]。接受法语教育的摩洛哥人被称为“法国的孩子”，思想受到法国文化的影响，他们毕业后，可以通过资格考试进入各部委、机构担任职务，或者成为教育工作者，这些人成为保护法语利益的重要力量。

（二）高等教育对法语的依赖

1977 年以来，法语在高等教育中的地位突显。虽然教育部规定高中课程必须用阿拉伯语教学，但一些科学性、技术性强的大学学科，如理工科、医学等仍然用法语授课。路透社援引摩洛哥教育部的数据称，摩洛哥公立大学有近 2/3 的学生因为不会讲法语而无法完成学业[②]。为解决这一问题，有教育部官员建议重新使用法语教授全部的科学、数学和技术学科[③]。在就业市场中，掌握法语等外语的人更占优势，所以，学生更愿意学习对自己职业有帮助的法语，受过良好教育的人也多精通法语。

20 世纪 80 年代初，通过与精英教育紧密结合，法语教育得到了发展。首先，由于法语是获取社会资源和高薪职业的必要条件，即便在国家力推阿拉伯语政策之下，众多政府官员仍送子女就读法语学校，使其接受阿拉伯语—法语双语教育[④]。其次，大量留学法国或移民法国的摩洛哥人回国，又促进了法语的使用和传播。再次，随着全球化不断深化，教育部要求年轻人要参与到“全球化社会”中，那么掌握法语和学习欧洲文化就是一项重要的任务。

二　法律中有关语言的内容

《框架法》由国王批准，2019 年 7 月 23 日，众议院以 241 票赞成、4 票反对、21 票弃权通过[⑤]。该法是在《2015—2035 愿景》基础上制定的推动教育、培训及科研系统发展的法律，第 2、第 17、第 27、第 28、第 31、第 32 等条例与

① 信息来源：摩洛哥瑞苏尼教授官网（http://raissouni.net）。

② 信息来源：摩洛哥阿拉伯邮政官网（https://arabicpost.net）。

③ 信息来源：美国雅虎新闻网（https://www.yahoo.com/news）。

④ Boukous, A. 1999. *Dominance et différence. Essai sur les enjeux symboliques au Maroc*, Casablanca: Editions Le Fennec, 47.

⑤ 信息来源：摩洛哥自由网（https://www.alhurra.com/morocco）。

语言规划、教育语言政策相关，其中直接提出用外语进行教学的有第 2、第 31、第 32 条，内容如下[①]：

第 2 条 语言轮换：教学方法和教学选择逐渐地实现多语化，使用外语教授某些科目，尤其是科学技术科目，或用外语教授某些科目的部分内容，即母语与法语交替使用，从而实现教学语言多样化。

第 31 条 落实语言规划，即在教育、培训与科研系统的各个环节和各层次中推行语言政策，各门课程的授课大纲、授课计划、各种培训都要遵循该语言政策，原则如下：

——教学语言的首要功能，是建构国家认同，教授学习者知识和能力，助力国家对内发展、对外开放，保障国家经济、社会、文化和价值观与国际接轨。

——致力于让学生掌握两种官方语言和外语，特别是科学和技术专业的学生，要兼顾公平和机会平等的原则。

——阿拉伯语是基本教学语言，塔玛齐格特语是国家的官方语言，是所有摩洛哥人的共同财产，在符合宪法规定的国家工作框架内，提升塔玛齐格特语在学校中的地位。

——渐进式地培养学生的多语能力，保持各语言平衡，学生在获得学士学位的时候，要掌握阿拉伯语、塔玛齐格特语以及至少两门外语。

——如第 2 条所述，教学语言采取语言轮换原则，从而实现多语言交叉使用，互补教学。

——致力于培训学生的语言能力，使其尽早掌握外语。自该法生效之日起，要求外语学习者在最多 6 年内，要掌握使用外语的能力。

在摩洛哥王国与外国教育机构缔结国际双边协定的基础上，要求外国教育机构必须保证所有在摩洛哥接受教育的儿童都要学习阿拉伯语和塔玛齐格特语，同时要帮助学生建构国家认同。

在遵守上述原则和本法第 17 条规定的一般规则的框架内，在教育、培训与科研系统的各个环节和各层次中落实语言规划，各门课程的授课大纲、授课计划、各种培训都要遵循该语言政策，尤其是基础教育、小学教育、初级教育、中级教育、职业培训和高等教育。

第 32 条 在实施上述第 31 条所指的语言规划的纲要和内容时，应采取以

① 信息来源：摩洛哥伊本·扎赫尔大学官网（https://www.uiz.ac.ma）。

下措施：

——深入审查阿拉伯语教学课程和计划，并更新教学方法和教学工具。

——持续努力发展塔玛齐格特语，在学校中逐渐普及塔玛齐格特语。

——根据新的教育方法和教学手段，审查外语教学课程和计划。

——在高等教育各种学科、专业、培训和研究中提供多种语言选择，按照培训和研究需求，在大学单独实行用阿拉伯语、法语、英语和西班牙语进行教学。

——高等教育中用阿拉伯语授课的课程加入外语授课。

——除了对培训有特别的语言要求外，在专业教学与职业培训中加入英语培训。

——培养教学、培训和研究领域的多语人才，让他们能用多语授课。

三　摩洛哥语言地位的变化

（一）法语地位上升与多语发展

摩洛哥的语言生态一直是多元的，外语主要有法语、英语、西班牙语，在全球化趋势下，外语之间也有竞争[①]。《框架法》明确表示“高等教育中用阿拉伯语讲授的课程要加入外语授课”，鼓励使用外语教学，并要求“教学方法和教学选择逐渐实现多语化，使用外语教授某些科目”。根据摩洛哥政府之前公布的《2015—2030 愿景》的表述习惯，《框架法》中提出的外语，就是法语。该法的公布和执行，显示出法语在外语层面占有绝对主导的地位。

该法第 2 条提出了语言轮换制度，体现出国家对教育语言多元化的明确导向。考虑到摩洛哥经济发展的需求，英语、西班牙语、德语等语言的影响都将不断地扩大，虽然在一些领域，法语地位不可替代，但是英语地位不断上升。另外，摩洛哥已经开设了 3 所孔子学院，越来越多的年轻人开始学习汉语。同时掌握多种外语的摩洛哥人越来越多，再加上《框架法》的政策导向，摩洛哥的多语发展趋势会更加明显。

① 佳荷《马格里布阿马齐格语规范化探析——以摩洛哥、阿尔及利亚与突尼斯为例》，《语言规划学研究》2017 年第 2 期，第 54—62 页。

（二）阿拉伯语的官方地位不变

摩洛哥《宪法》（2011版）在序言部分规定："阿拉伯语是国家的官方语言，国家致力于保护和发展阿拉伯语，并开发阿拉伯语的用途。"虽然《框架法》提倡教育语言多元化，但第31、第32条也明确指出"阿拉伯语是基本教学语言""所有在摩洛哥接受教育的儿童要学习阿拉伯语和塔玛齐格特语"。可见，该法是建立在《宪法》基础之上并承认阿拉伯语与塔玛齐格特语的官方地位。

一方面，《框架法》明确阿拉伯语仍然是教育领域的第一语言。该法要求，"深入审查阿拉伯语教学课程和计划，并更新教学方法和教学工具"，此要求没有限制阿拉伯语使用范围和教学阶段，说明阿拉伯语依然是各阶段主要的教育语言。而且阿拉伯语教师的比例是最高的，阿拉伯语教材和用阿拉伯语编写的其他专业教材的种类和数量亦不断增加。所以，教育语言中阿拉伯语仍居首位。

另一方面，该法出台后阿拉伯语的处境会有新变化。虽然，阿拉伯语的首要地位和官方语地位不可取代，如宗教、基础教育、官方文件、电视新闻节目、公共场所等领域中，阿拉伯语地位从未动摇。但是，依托《框架法》实施的多语化教育语言政策，可能导致阿拉伯语在教育领域的竞争力有所减弱，阿拉伯语需要与其他语言和谐共存。

（三）塔玛齐格特语的发展有待推进

目前，摩洛哥政府网站均以阿拉伯语和塔玛齐格特语双语呈现[①]。《宪法》（2011版）规定："塔玛齐格特语也是国家官方语言，塔玛齐格特语是所有摩洛哥人的共同财富。"[②]但是，塔玛齐格特语只在阿马齐格人聚居地区或阿马齐格人家中使用较多，且只是口语形式较为常用；其书写体是后复原的，教师数量少，教学难度大，普及度低。由于使用范围受限制，会塔玛齐格特语的人在求职和从事商业活动时不具有明显的优势，所以，学生的学习意愿低。因此，塔玛齐格特语在教育、科研、行政、商业等领域的使用与普及困难重重[③]。

《框架法》强调了"持续努力发展塔玛齐格特语，在学校中逐渐普及塔玛齐格特语"，但是针对塔玛齐格特语使用率低、普及困难等问题，并没有给出具

① 信息来源：摩洛哥政府官网（http://www.men.gov.ma）。

② 信息来源：摩洛哥代表网（http://www.chambredesrepresentants.ma）。

③ Schwed, J. 2017. *The Power Dynamics of Language: An Analysis of the Positionality of Amazigh Language in Morocco*. Independent Study Project (ISP) Collection: 2632, 29–31.

体可行的建议和规划。目前，学习塔玛齐格特语的学生很难同时学好阿拉伯语、塔玛齐格特语与外语，因为学生的精力和时间是有限的，他们本来就更愿意学习普及度高且回报率高的外语，而该法从政策层面引导学生重视外语学习，可能会削弱塔玛齐格特语在教育领域与外语抗衡的能力，塔玛齐格特语的发展需要可行的规划。

四 《框架法》的社会反响

该法所要求的培养各个阶段学生的多语能力，在高等教育中加强以法语为代表的外语教学，并在阿拉伯语授课的课程中加入外语授课等要求，引起了巨大的争议，尤其是关于教学语言的争论，演变成对殖民与国家认同的讨论。

保守人士持抵触和反对情绪。众议院的投票中，正义与发展党以及保守的独立党中，多数代表投了弃权票①。其中有人指出，该法的通过是把摩洛哥未来15年的教育作为抵押，使阿拉伯语慢慢"消亡"②。前首相本·基兰就认为，该法是一个"阴谋"，是"对摩洛哥人民的犯罪""对机会平等原则的打击"。阿拉伯语国家联盟主席弗阿德·布阿勒博认为，"该法的出台说明国家政策制定的过程受到了亲法人士的影响，缺乏政治决策的独立性。"③ 教育规划顾问穆罕默德·阿提埃姆认为，"该法的'语言轮换'机制，实际上是为外语的推行提供借口，强行推广非官方语言"。④全国阿拉伯语联盟宣布拒绝该法，认为该法是对宪法和国家的彻底颠覆⑤。

支持者认为，推行法语教学和多语教学是国际化和现代化的选择，有助于帮助学生考入大学，并胜任科学类学科的学习⑥。2019年初，该法在草案讨论阶段，摩洛哥各大学校长曾纷纷表态，支持用法语和英语教授科学课程，并愿为今后的教学做好准备。摩洛哥教育部部长表示，他支持恢复法语教学，认为这有助于推动大学教育资源共享，实现公平就业。⑦

（张婧姝）

① 信息来源：摩洛哥自由网（https://www.alhurra.com/morocco）。

② 信息来源：全球网阿拉伯语学院官网（https://www.m-a-arabia.com）。

③④ 信息来源：英国新阿拉伯人官网（https://www.alaraby.co.uk）。

⑤ 信息来源：卡塔尔半岛电视台官网（https://www.aljazeera.net）。

⑥ 信息来源：伦敦阿拉伯圣报官网（https://www.alquds.co.uk）。

⑦ 信息来源：阿拉伯超声网（https://www.ultrasawt.com）。

联合国“国际本土语言年”*

为提升人们对濒危语言保护的认识和行动力，联合国将 2019 年定为“国际本土语言年”（本文简称“语言年”），众多国家的政府、民间及社会组织纷纷响应，举办一系列以语言保护和促进为主题的活动。语言年的设置、国际组织的语言政策制定和相关行动都值得关注。

一 相关背景

语言生态是近年来世界广泛关注的话题。据联合国统计，全球近 2680 种语言处于不同程度的濒危状态，约占现存 7000 多种语言的 38%，它们遍布 90 余个国家，涉及 5000 余种不同的土著文化和 370 万土著人口。① 许多土著语言② 活力指数较低，绝大多数既未进入学校教育体系，亦未在公共领域应用，这些语言的使用者往往也是最边缘化和最脆弱的社会群体。

为增进世界人民对土著群体文化和权益的了解，联合国先后确立国际土著居民年（1993 年）、国际土著居民十年（1994—2004 年）和第二个国际土著居民十年（2005—2015 年），并将每年 8 月 9 日定为“国际土著居民日”，形成了倡导尊重土著居民权益的国际日、国际年、国际十年主题活动机制。1999 年 11 月，教科文组织为推动全球普及母语读写能力，将每年 2 月 21 日定为“国际母语日”，从 2000 年启动该纪念日至今已有 22 年。

在人权理事会③ 的建议下，经济及社会理事会从 2000 年起设立土著问题常设论坛（本文称“常设论坛”），向理事会提交经济社会和医疗、文化教育与

---

* 本文为上海外国语大学大学生创新创业示范导向课题（X202010271730）的阶段性成果。

① 信息来源：“国际本土语言年”官网（https://en.iyil2019.org/）。

② 土著语言亦称为原住民语，指某个地区的土著居民原本使用的语言。信息来源：全国科学技术名词审定委员会“术语在线”网（https://www.termonline.cn）。

③ 联合国人权委员会在 2006 年撤建改组，被联合国人权理事会取代，该组织创设至今已有 75 年的历史，该机构工作职责之一便包括保护少数群体在种族、性别、语言或宗教等方面的权益。

语言等议题的报告及建议，从而维护土著居民在上述方面的权益与福祉。据第十五届常设论坛的意见，联合国在2016年通过关于土著人民权利的71/178号决议，提醒全世界重视本土的非官方语言、方言及少数族裔语言、濒危部落语言等，宣布2019年为“国际本土语言年”。为巩固语言年成果，联合国于2020年2月宣布启动国际本土语言十年（2022—2032年）。至此，联合国倡导保护语言多样性的国际日、国际年、国际十年均已确立。[①]

二　行动计划

联合国在第十八届常设论坛通过了《“2019国际本土语言年”组织行动计划》（本文简称《计划》）[②]，包括导言、指导框架、基本要素和附录四部分。教科文组织为语言年的领导机构。

（一）导言及指导框架

背景基于：（1）本土语言是建构人类未来、传播本土知识的基础，蕴含着不同人群独特的思维方式、含义与表达；（2）本土语言对地区环境理解、处理全球挑战至关重要，有助于促进全人类的素质教育、建设包容型知识社会；（3）语言权益是践行《世界人权宣言》《1989年土著和部落人民公约》《2030年可持续发展议程》等国际条约、标准、行动框架的先决条件之一，关乎不同语言使用者表达理念、获得教育和就业等信息的可能性与自由度；（4）围绕本土语言产生的不平等现象已在政治、司法、卫生、文化、通信等多领域有所体现，需要通过改善本土语言状况来缓解。

活动宗旨：（1）执行并落实联合国文件及常设论坛建议，促进各方协同；（2）促进会员国、土著居民、教科文组织及其他联合国机构间的密切合作，形成全面行动计划，公开征询大众意见；（3）鼓励会员国维护语言年精神，采取措施保护并促进土著语言发展；（4）充分借鉴联合国此前相关活动，向各方通报语言年间及后续活动的目标、原则和行动方案。

---

① 联合国2007年3月18日通过《保护和促进文化表现形式多样性公约》，于2008年举办国际语文年，吁请各会员国和秘书处共同促进全球语言文字的保存和保护工作，为语言年的举办积累了经验。

② 信息来源：“国际本土语言年”官网（https://en.iyil2019.org）。

主要原则：（1）遵循“不要做出我们没有参与的决定”[①]的呼吁，发展、振兴并向下一代传递以本土语言为载体的知识和见解；（2）遵守有关国际准则，保障相关群体的生存、尊严和幸福的最基本要求；（3）通过一揽子合作加强联合国系统内部联动，和各国家工作队开展协作，与有关各方建立伙伴关系，共同保证活动效果；（4）指导方针基于土著人民权益的法律框架及办法，兼顾文化敏感性、性别平等、残疾人权益、可持续发展等范式，加强与不同国际合作框架、多边和平进程及其他战略目标的协同；（5）努力实现语言年效果最大化。

“指导框架”交代了各利益攸关方的伙伴关系，以及指导委员会的作用。利益攸关方包括：会员国、土著居民代表、联合国有关土著问题的实体机构代表、联合国处理土著问题三方机制[②]、学术界、非政府组织、民间社会、公共机构与私营部门等。指导委员会负责提供指导并监督总体计划的运作，特设小组为工作开展提供咨询，合作伙伴帮助落实具体行动。

（二）基本要素及实现路径

《计划》从宏观上确定了语言年的主要目标及预期影响力，有意将它的影响延续到之后数年，从而在全球范围内争取对本土语言的广泛关注。

核心目标：（1）支持。尽可能多地利用语言技术提供材料及服务，改善本土语言使用状况，推广先进做法；（2）获取。针对不同语言的青少年儿童及成年人的需求，运用技术手段保存、改进并分享本土语言数据；（3）促进。应用特定技术及通信方法，吸引更多土著居民参与，传播其传统文化知识和价值观。

关键领域：领域一是增进不同语言文化间的认知、理解与国际合作；领域二是鼓励分享和传播本土语言的优良做法；领域三是将土著语言纳入政策标准的制定工作；领域四是通过语言能力建设为土著居民赋能；领域五是通过阐述新知识实现语言使用域的拓展。

---

① 原文为“Nothing About Us Without Us”，这句口号是残疾人国际在1981年于新加坡成立时确定的。后来，它被广泛应用在各类国际组织有关人民权益保护的倡议性活动之中，有力呼吁、保护并尊重了弱势和特殊群体的自我决定等相应权益，对促进国际社会活动从“慈善为先”到“权益为本”的转向产生深远影响。

② 该机制除前文提及的“土著问题常设论坛”，其他两方分别为土著人民权利问题特别报告员、土著人民权利专家。

预期成果及产出主要包括：(1)语言年视觉标志及宣传物料包；(2)官网、活动日历及在社交媒体传播的视听材料；(3)启动仪式、闭幕式和世界范围内的庆祝活动；(4)各地本土语言的纸质及数字出版物、土著传统文化知识的研究问题、统计数据及学术成果；(5)提名形象大使、语言倡导者和促进者；(6)邀请联合国机构的和平亲善大使、艺术家、土著居民中的奥运选手和传统体育从业者等代表，作为本土语言倡导者参与活动；(7)参与国际性、区域或国家性的会议和论坛，以及国际纪念日等活动；(8)展示本土语言课程、词典等，为语言师资培训设计研讨会，推出语言智能新技术；(9)探索启动新的国际性纪念活动等。①

"实现路径"即附录的《战略目标实施路线图》，以常设论坛为主要会议平台，拟定相应的行动计划并提供咨询，分年份、分类别地安排了 2016—2020 年的阶段性工作（表 1）。

① 联合国最终确定了"国际本土语言十年"的纪念活动，"土著语言日"的设立工作暂未启动。

表 1 语言年《战略目标实施路线图》[①]

<table>
<tr><th>2016 年</th><th>2017 年</th><th colspan="2">2018 年</th><th colspan="2">2019 年</th><th>2020 年</th></tr>
<tr><td rowspan="4">第一类
联合国大会关于举办语言年的 71/178 号决议</td><td>第二类
第十六届常设论坛
建议拟订《计划》
教科文组织公开协商
（5 月 2 日）</td><td colspan="2">第二类
第十七届常设论坛
建议实施《计划》</td><td colspan="2">第二类
第十八届常设论坛
关于执行《计划》的建议</td><td rowspan="4">第二类
第十九届常设论坛

关于提交联合国大会语言年执行情况报告决议的建议与核可（后续行动）

第一类
联合国大会第七十五届会议

审议关于语言年和决议执行情况的报告

（如果大会要求，将对后续行动做出决定）</td></tr>
<tr><td>第六类
专家机制第十届会议
就拟订《计划》提供咨询
教科文组织公开协商
（7 月 11 日）</td><td colspan="2">第六类
专家机制第十一届会议
就执行《计划》提供咨询</td><td colspan="2">第六类
专家机制第十二届会议
就执行《计划》提供咨询</td></tr>
<tr><td rowspan="2">第六类
就拟订《计划》提供咨询
指导委员会巴黎会议
（12 月 11—12 日）</td><td rowspan="2">其他活动：
第五类
发起语言年</td><td rowspan="2">成果：
就《计划》的执行提供咨询并促进和交流知识</td><td>其他活动：
第三类
第四类
第五类
第六类
第七类
第八类
第九至十五类</td><td>成果：
建议、促进并交流知识

其他形式</td></tr>
<tr><td colspan="2">第二类（国际会议）
成果文件：
关于编写语言年执行情况报告的建议</td></tr>
</table>

① 信息来源：“国际本土语言年”官网（https://en.iyil2019.org）。

三　关键产出

2019年1月28日，语言年全球启动仪式在联合国巴黎总部举办。按照《计划》，教科文组织在全球范围内建立战略伙伴关系，吸引多方参与，在78个国家开展相关主题活动，形成诸多关键产出成果。①

（一）社会活动及学术成果

据联合国统计，冠名语言年的社会活动共计882项。各类产出对照“关键领域”分列结果如下：领域一至五专门活动分别为77项、255项、20项、15项和33项，与其他领域交叉活动分别为297项、391项、192项、224项和297项，另有16项活动未归类。承办上述活动数量排名前10位的国家是：墨西哥（159项）、美国（108项）、澳大利亚（49项）、加拿大（48项）、菲律宾（46项）、英国（45项）、法国（45项）、挪威（36项）、巴西（24项）、德国（16项），占全年度世界主题活动总数的65%。

语言年的科研活动吸引了63个国家参与，成果颇丰。向语言年指导委员会提交濒危语言议题的论文284篇，数量排名前4位的国家分别为：墨西哥（48篇）、美国（31篇）、印度（25篇）、英国（15篇），其他进入前15位的国家共提交论文84篇，累计203篇，占总数的71%。行文语言方面，英语195篇（占70%），西班牙语77篇（占28%），法语6篇（占2%）。按教科文组织确定的写作主题划分：76篇文章以“语言与人道主义事务及和平建设”为话题（占12%）、167篇关于“本土语言教育和知识传播”（占28%）、46篇涉及“语言、科学与卫生”（占8%）、24篇有关“语言与性别平等”（占4%）、78篇探讨“语言与城市化及社会包容度”（占13%）、179篇讨论“语言文化遗产”（占30%）、33篇分析“语言技术和数字行动主义”（占5%）。

（二）全球传播战略

语言年全球传播战略的核心理念是“本土语言对人类社会的发展、和平与和解至关重要”，这也是2019年“国际母语日”的主题。教科文组织为此定制了按类别标注的全球活动日历，并附有文字说明及活动链接。教科文组织公布了语言年专属视觉设计系统，建立英文、法文、西班牙文三种文字的官网作为

① 信息来源：联合国教科文组织官网（https://en.unesco.org）。

归口平台[①]，开设“媒体中的语言年”专栏刊载全球媒体相关报道，有效拓展了相关倡议和主题活动的传播渠道。

教科文组织积极展开社交媒体传播和反馈的专项机制，在脸书、推特、照片墙等平台开通“IYIL2019”的认证账号[②]，并发起“#土著语言”“#Indigenous languages”“#WeAreIndigenous”等话题标签。一则便于信息分类，监测用户话题偏好，定向推送针对性强的文案，并为语言年收官的媒体分析积累数据；二来有效推广世界各地的语言年活动，鼓励全球网民参与平台互动，积极创建相关的分享内容。

联合国邮政为语言年公开发行 3 版世界语言纪念邮票（图 1），票面信息分别采用英文、法文、德文标注，每版 6 张邮票，版面上共印制了 41 种语言的问候语“你好”。在万国邮政联盟的积极推动下，澳大利亚、法国、白俄罗斯等国家专门推出了语言年纪念邮票。

图 1　联合国世界语言纪念邮票[③]

四　国际宣言

为迎接语言年，教科文组织与多国召开了 4 次区域性国际会议和 1 次高级别活动，形成了 5 份倡导语言多样性的国际宣言。

① 语言年官网分别为：https://en.iyil2019.org、https://fr.iyil2019.org 和 https://es.iyil2019.org。

② 社交媒体平台账号包括：脸书（https://www.facebook.com/IYIL2019）、推特（https://twitter.com/IYIL2019）和照片墙（https://www.instagram.com/indigenouslanguages）。

③ 图片来源：联合国邮票官网（https://unstamps.org）。

（一）《岳麓宣言》

本宣言在2018年9月的世界语言资源保护大会上形成草案，经各方代表一致通过，于2019年1月正式发布①。作为教科文组织首份致力于保护语言多样性的永久性文件，《岳麓宣言》有效推动了会员国将保护语言多样性纳入可持续发展目标并就此达成共识，也说明"中国语言资源保护工程"的理念和经验得到国际社会高度认可。中国在语言年也举办了其他活动，其中，上海外国语大学世界语言博物馆于2019年12月建成开馆，这是中国首座以世界语言多样性为主题的学术型实体博物馆，也是全球为数不多的语言文字博物馆之一。

（二）《维多利亚宣言》

2019年6月，北美及北冰洋地区会议的参会代表在加拿大通过了该宣言。会议以因纽特人的伊努克提图特语、萨米人的萨米语等北美土著语言为例，分析了本土语言对族群、部落文化和身份认同的影响，呼吁对北美土著语言的复兴、维护、使用和推广，并就土著语言进入教育体系、加强立法保障予以探讨。该宣言明确了语言年的三个关键目标：（1）承认世界各地本土语言的关键作用；（2）强调需要进一步认识本土语言对各领域的重要贡献；（3）敦促各方继续采取具体且可持续的措施，支持并推广世界各地本土语言。《维多利亚宣言》不仅是今后实施语言年全球行动的重要理论支点，还为北美及北冰洋地区的土著语言保护与复兴奠定了基础。

（三）《亚的斯亚贝巴宣言》

2019年7月，该宣言在埃塞俄比亚语言年非洲地区会议上发布。考虑到历史上的殖民主义及其遗产影响了非洲本土语言地位，亟须在英语、法语、葡萄牙语和西班牙语的强势传播下扩大非洲本土语言的发展空间。会议根据非洲联盟的《非洲语言行动计划》，重申非洲联盟创始国的愿景，就非洲本土语言文化进行建设性对话。宣言明确了学习和推广非洲本土语言、增强学习者语言能力的具体建议和行动计划，为各方建立了新的伙伴关系与合作网络，进一步推动了保护非洲本土语言文化、促进信息共享以及地区协作。

① 《岳麓宣言》英文版定稿于2019年1月，同时上线联合国官网，2月21日"国际母语日"在北京召开新闻发布会，会议由中国教育部、联合国教科文组织驻华代表处、中国联合国教科文组织全国委员会、国家语言文字工作委员会共同举办。

（四）《库斯科宣言》

2019年9月，该宣言在秘鲁举行的拉丁美洲及加勒比地区会议上正式发布。会议重点讨论获得拉丁美洲及加勒比地区本土语言知识与信息的新范式，分享该地区在促进、保护和发展本土语言及使用者权益方面取得的进展。这一宣言内容较为精练，仅有2页，共12项内容，和其他类似宣言有两点不同之处：（1）肯定新技术对本土语言发挥的作用，鼓励为散居在国外的本土语言使用者建立网络社区，形成数字化共同体；（2）提倡应审查学校在本土语言教育方面的影响，声明继续实施跨文化双语教育，以缩小两种文化之间的差距。

（五）《洛斯皮诺斯宣言》

2020年2月28日，该宣言在墨西哥"开创为本土语言行动的十年"高级别活动正式发布。活动提出了国际本土语言十年的口号——"没有我们就没有一切"，并以语言年的全球经验为依据，立足新冠肺炎疫情的世界形势，讨论了本土语言的疫情信息缺失所带来的不利影响。联合国处理土著问题三方机制的代表在会上指出，保护语言多样性事关土著居民参与社会生活的权益，否则容易使他们置身信息孤岛，加剧疫情对生命财产安全的冲击。这一宣言突出了本土语言在社会融合、健康和正义等方面的重要意义，将土著居民权益置于建议的核心，激励各方以语言年的战略成果为基础，进一步制定《2022　2032行动计划》。该计划将明确今后十年在全球范围内本土语言保护、传承与推广的举措（包括建成"世界语言地图"数据库），力争调动更多人力、物力和财力资源，支持和保障全球本土语言的可持续发展。

（赵　耀）

第二部分

动　态　篇

缅甸文编码趋向统一

缅甸文编码是实现缅甸文信息处理的前提，也是信息存储和交换的基石。在过去十余年中，涌现出多种缅甸文编码方案。为与国际惯例接轨，缅甸政府宣布缅甸文编码统一政策：自 2019 年 10 月 1 日起，全国开始使用万国码（Unicode），[①] 并将 2019 年 10 月 1 日这一天指定为"万国码日"（U-Day）。缅甸是世界上最后一个采用万国码的国家[②]，在此之前，85% 的缅甸民众都使用佐基码（Zawgyi）。缅甸政府大力推动缅甸文编码转型是缅甸语走向国际化的里程碑，这一举措引发了社会各界的广泛关注。

一　政策背景

随着计算机、手机等各种电子产品在缅甸普及，缅甸文信息处理技术迅速发展。从 2011 年 9 月开始，缅甸民众可以十分便捷地浏览脸书、推特和美国之音等境外网站。2013 年之后，大部分缅甸民众拥有了手机。仅 2015 年一年，缅甸移动电话市场增长了 300%，成为全球增长速度第三快的移动市场。截至 2020 年 1 月，缅甸手机使用率为 126%（6824 万，该国约 5400 万余人口），互联网用户达到 2200 万。[③] 但是，与电子产品、社交网络蓬勃发展不相适应的是落后的缅甸文编码系统。

为使缅甸文顺利输入计算机，首先要为每个缅甸文字符在计算机内部确立唯一的码，为其编一个"身份证号"（编码）。[④] 在信息处理过程中，缅甸文由于字形复杂，变化规则多，导致信息处理过程复杂。在众多缅甸计算机专家的共同努力下，缅甸出现了多种编码方案。这种"万码奔腾"的局面为缅甸文编码

① Unicode 在汉语中译为统一码、万国码、单一码等，本文将其称为"万国码"。

② 信息来源：日本日经亚洲网（https://asia.nikkei.com）。

③ 信息来源：全球数字洞察网（https://datareportal.com）。

④ 朱巧明、李培峰等《中文信息处理技术》，清华大学出版社 2005 年版。

技术的完善提供了基础。但与此同时，多种编码之间不兼容、乱码等情况也给缅甸文的传输、交换和搜索造成困扰：缅甸文网站经常显示乱码，缅甸民众需要不停地切换编码系统才能完整地浏览网页信息。多种编码系统并存不仅限制了缅甸语自身的发展，还制约着缅甸政治、经济、文化的发展。

信息时代，缅甸政府要想有效推行和落实各项政策行动，必须借助于统一的缅甸文编码。若缅甸政府官方网站使用万国码，则使用其他编码系统（如佐基码）的民众将无法读取信息。这就要求缅甸政府不断集中统一缅甸文编码，确保文字标准化。在对外经济交往中，多种编码系统共存导致民众在发送缅甸文电子邮件、录入账单时经常出现乱码，对发展在线购物、电子货币、电子客票和电子签证等造成了很大困扰。在外交方面，缅甸政府采用与国际惯例接轨的缅甸文编码，可以让世界各国民众更方便地使用缅甸文。因此，缅甸政府和民众迫切需要采用一套统一、智能的缅甸文编码来提高缅甸文信息处理效率。

二　缅甸文编码发展历史

缅甸文编码是缅甸文输入计算机的第一个环节，是缅甸文信息处理的关键技术之一。从 20 世纪 90 年代中期开始，缅甸的语言文字专家和计算机专家紧密合作，进行了大量的缅甸文编码的研究开发工作。

最早的缅甸文编码根据美国信息交换代码（American Standard Code for Information Interchange）采用较为简单的单字节编码，结合缅甸文打字机输入法系统研发，只有 255 个键码，通过替换拉丁字符来满足输入需要。这种输入法非常复杂且多有不便。如缅甸文中的叠字、变体字等特殊文字需用“Alt+ 四个数字”来输入，复杂程度不言而喻。

此后，缅甸计算机专家进一步改进缅甸文编码，发明佐基码。很多人认为“佐基”是一种字体，事实上，它还有同名的编码。[①] 在 2019 年之前，佐基码以及佐基字体在缅甸网站上大受欢迎。佐基码与万国码都使用（0x1000-0x109f）范围的代码点表示缅甸文字符，因此计算机无法同时显示这两种编码，二者互不兼容。

佐基码可以用多种不同的方式对同一个单词进行编码，元音代码点可以出现在辅音之前或之后，这使得基于佐基码的缅甸语文本语料库难以搜索和分析。

---

① 《缅甸语通常使用哪些其他编码》，信息来源：美国万国码官网（https://www.unicode.org）。

例如，使用佐基码键入“城市”（缅甸文）一词，将产生 96 种输入版本。语言学家贾斯汀・沃特金斯认为，佐基码会干扰计算机对缅甸语文本进行有效地排序、搜索、处理和分析，从而损害缅甸语。[①] 此外，佐基码不能显示少数民族语言，在字数统计、文字修改、转存时也会出现各种问题。

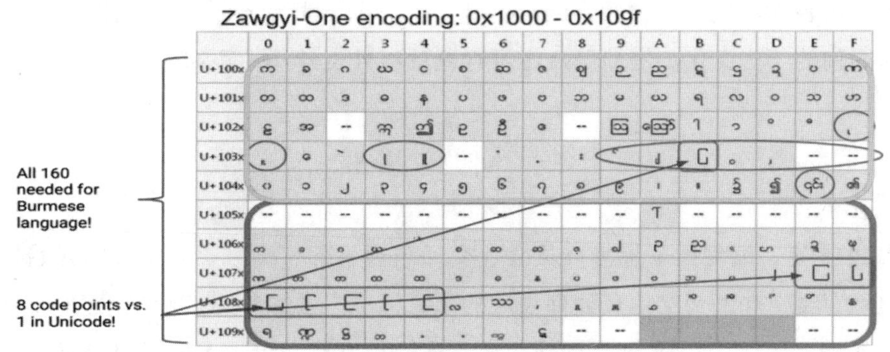

图 1　佐基码缅甸文字符集

图注：在佐基系统中，辅音“y”有 8 种变体。

1995 年，迈克尔・埃弗森在缅甸推出万国码，1998 年发布了缅甸文万国码 3.0 版。万国码是一种 16 位字节的内码，它通过定义 65 535 个码位与全球各国的语言文字进行映射，具有编码简单、容易实现等优点，深受业界的欢迎。[②]1991 年初，IBM、苹果、微软等十多家计算机硬软件、网络公司共同出资成立万国码联盟，负责万国码字符搜集、整理、编码等工作，推动万国码成为国际标准。2003 年，在缅甸政府的支持下，缅甸自然语言处理协会在缅甸计算机协会的主持下成立，该协会不断推动缅甸文万国码发展。2005 年，Myanmar 1 字体作为基于万国码的首个缅甸文字体发布，民众能够用缅甸文发送电子邮件。2006 年，万国码联盟对缅甸文编码进行了一次重大修订，随即发布了 Myanmar 2 字体。2007 年底，该联盟再次发布了 Myanmar 3 字体，该字体基于万国码 5.1 版本。经过 20 多年的持续发展，基于万国码的缅甸文输入法业已成熟，每个缅甸文字符都有一个对应的按键，且会随着文字需要而自动调整符号形状。缅甸文使用者无须再手动选择缅甸文字符变体。2012 年，微软 8 及以上版本引入了基于万国码的缅甸字体。

① Watkins, J. 2019. Why we should stop Zawgyi in its tracks. It harms others and ourselves. Use Unicode! University of London. 24 December.

② 朱巧明、李培峰等《中文信息处理技术》，清华大学出版社 2005 年版。

在缅甸文万国码字符集中，每个辅音、元音和修饰语都有唯一的代码点，元音始终跟随辅音，具有唯一顺序，便于信息搜索。同时缅甸文万国码还可支持缅甸其他少数民族语言。缅甸文万国码具有很强的兼容性，可跨平台、跨操作系统和编程语言使用，便于国际软件推出缅甸文版本。在翻译软件的帮助下，缅甸文可轻松转化为其他国家的语言文字，有助于世界各国的民众使用缅甸文，了解缅甸的历史文化。缅甸民众亦可轻松地将外文转译为缅甸文。

三　具体措施

2015 年，缅甸国家标准委员会、交通与通讯部、国家语委等部门开始加快制定语言文字和缅甸文信息处理领域的国家标准[①]。2017 年，缅甸宣传部号召各媒体使用万国码。2018 年，缅甸交通与通讯部发布政策，手机进口商须进口能够使用万国码的手机[②]。缅甸国家标准委员会于 2019 年 2 月 21 日将万国码设置为缅甸国家标准。

缅甸官方于 2019 年 10 月 1 日举行了缅甸万国码启动仪式，号召缅甸民众使用基于万国码的输入法和缅甸文字体，规定“联邦体”（Pyidaungsu Font）为官方缅甸文字体。联邦体是由缅甸计算机学界严格遵照万国码研发出来的第四代缅甸文字体。缅甸的电子政务发展指数[③]从 2016 年的世界排名第 169 位上升至 2020 年的第 145 位。

在该项措施发布之前，缅甸政府已经做了很多准备工作。2019 年 9 月 18 日在仰光举行的缅甸电信行业会议上，缅甸计算机联合会副主席通都雅特博士表示，截至 2019 年 4 月，所有政府部门网站均已成功迁移到万国码。缅甸计算机联合会和其他国内外知名专家将持续跟进，提高缅甸文在电子设备上的书写和阅读质量。[④]

缅甸政府还预先针对几个关键性群体下发了专门通知，如通信运营商、媒体、电子设备制造公司、社区技术服务中心等，并敦促他们向万国码过渡。

① 信息来源：美国万国码官网（https://www.unicode.org）。

② 信息来源：缅甸万国码官网（https://www.mmunicode.org）。

③ 联合国电子政务指数（EGDI）是反映世界各国之间电子政务发展相对高低水平的指数。联合国每两年对全球 190 多个国家的电子政务发展进程进行调查，并发布调查报告。

④ 信息来源：缅甸国际广播电台官网（http://miradio.com.mm）。

2019 年 9 月 6 日，缅甸交通与通讯部发送电子邮件至“前沿”等媒体公司，通知他们在发布缅甸文内容时应使用万国码[①]。

缅甸计算机专家佐突将缅甸官方统一缅甸文编码的措施描述为数十年的代码“战争”中的最后一场战役[②]。

四　社会反响

缅甸大众对这项举措的态度大致可分为支持、反对和中立三类。国际社会则对缅甸的编码改革持肯定态度。

（一）缅甸国内反响

1. 支持派：统一文字编码利国利民

缅甸计算机界和媒体对政府统一编码的举措表示肯定与支持，认为这是缅甸语走向现代化的开端。媒体、社交媒体网站、电信运营商等纷纷积极响应号召，在自己的领域进行调整。从 2015 年开始，缅甸的计算机界精英就已经认识到万国码的重要性，自发建立了各种论坛和组织推广缅甸文万国码。[③]电信运营商 Ooredoo，MPT 和 Telenor 表示，从 2019 年 10 月 1 日起，他们将使用万国码，并在其官方网站和社交媒体页面上发布了使用指南。另一家电信运营商 Mytel 表示将长期使用“万国码”和“佐基码”两种系统。[④]

2. 反对派：强制改变打乱生活

反对派认为，缅甸政府摒弃使用人数最多的佐基编码，强行推广万国码的行为令人迷惑，给生活带来了诸多不便。在 2019 年 10 月 1 日消息公布前，很多技术专家预估，政府推动使用万国码的举措会引起民众的抵制。尽管该举措将会带来巨大的进步，但对于许多缅甸人而言，这是一次令人颇感不便的转变。部分缅甸民众必须将其设备带到服务中心才能切换字体系统，因为需要升级手机的应用程序。据悉，约 10%—15% 的旧手机无法进行转换，安卓 4.0 系统或更早版本的手机不支持万国码。在万国码推出一个月后，仅有部分用户采用了

① 信息来源：缅甸前沿网（https://www.frontiermyanmar.net）。

② 信息来源：印度世界一体网（https://www.wionews.com）。

③ 信息来源：缅甸万国码官网（https://www.mmunicode.org）。

④ 信息来源：缅甸万国码官网（https://www.mmunicode.org）。

该编码。仰光街头小贩Mi Mi（35岁）表示，她听说过要转换为万国码，但不想更改。她说："我不知道该怎么做。"[①]

最受欢迎的佐基码在缅甸几乎无处不在。截至2019年10月31日，万国码用户约100万，而佐基码用户为850万[②]，还有许多人使用字体转换软件。"蒲甘键盘"（Bagan Keyboard）的开发商哥温图表示："缅甸至少需要两年时间才能完成万国码转换，至关重要的是，市场上的每部手机都必须支持新系统。"

3. 温和派：使用效果好即可

温和派认为无论采用哪种编码系统，只要能够顺利地阅读和使用缅甸文即可。对于这部分民众而言，他们并不理解为什么一定要使用万国码，他们只要能在脸书上阅读和输入即可。在2019年10月1日之后，不使用万国码的缅甸民众将无法从银行或通信运营商处读取消息。缅甸计算机联合会副主席通都雅特在谈到过渡期面临的挑战时表示："普通民众在这次转型中非常重要，我们称其为'包容性转型'。实际上，'佐基码'和'万国码'只是一个名称。用户将会选择使用舒适的系统。因此，手机生产商和通信运营商应当从技术角度提供帮助。媒体也起着重要的作用，民众将会意识到，如果不接受改变就无法阅读新闻。关键是让整个国家同时做出改变。那些不变的人将被抛在后面。"[③]

（二）国际社会反响

国际社会认为，在缅甸迈向国际化的过程中，缅甸文编码改革对缅甸加强与国际交流、适应全球化进程有着非常重要的作用。

"灵感创意"网页设计和开发公司的董事兼总经理托马斯·菲尔兹在接受"前沿"媒体采访时，对缅甸文编码转向万国码的举措表示欢迎。他表示："从技术角度来看，采用万国码绝对是缅甸语言发展的最佳选择。但是，目前缅甸文万国码尚未得到所有软件提供商的支持。但是我相信，今后这一状况将大大改善。"[④]

使用缅甸文万国码可以大大加速缅甸与国际社会的交往。网友们认为该措

① 信息来源：印度世界一体网（https://www.wionews.com）。

② 基于从超过1000万蒲甘键盘用户处收集到的数据。信息来源：缅甸时报官网（https://www.mmtimes.com）。

③ 信息来源：缅甸时报官网（https://www.mmtimes.com）。

④ 信息来源：缅甸前沿网（https://www.frontiermyanmar.net）。

施“利用互联网消除了地理、文化和语言障碍，从而促进了交流”[①]。社交媒体巨头脸书大力支持向万国码的转换。对于大多数缅甸用户来说，脸书是社交媒体的代名词。缅甸的脸书发言人表示：“脸书已经推出了字体转换功能，在该功能的帮助下，无论是使用佐基码还是万国码的用户均可任意切换字体，顺利阅读和发送缅甸文。”他补充说：“脸书将持续提供该转换工具，直到大多数缅甸人使用万国码。”[②]脸书还给出了支持万国码的两条理由：第一，它支持缅甸民众输入缅甸文以外的其他缅甸少数民族语言文字，如掸语和孟语，佐基码仅支持输入缅甸语文本；第二，它提供了缅甸文的规范化形式，大大提高搜索工具的性能，可以让脸书管理人员更方便地审查网页上是否有违反政策的内容。

随着缅甸文万国码的推广，全球高科技公司将更轻松地为缅甸民众提供服务。此前，代码标准的差异阻碍了技术市场的增长。2015 年之前，谷歌没有发布缅甸专用的应用，也没有在其产品中支持缅甸语。新加坡国立大学南亚研究所评论员陈佳豪将本次缅甸文编码改革称为“该国历史上最大的技术变革之一。否则，缅甸将错失成为亚洲关键数字化节点的良机”[③]。

（宁　威、吴　婷）

① 信息来源：英国软件测试网（https://www.globalapptesting.com）。

② 信息来源：美国脸书工程网（https://engineering.fb.com）。

③ 资料来源：日本日经亚洲网（https://asia.nikkei.com）。

俄罗斯加强国家语言的保护和发展

近年来，为了维护和发展俄语作为俄罗斯联邦国家语言的地位，俄罗斯联邦政府多次强调俄语的重要性，高度重视俄语在国家发展中的作用。在这一过程中，增强俄语地位、促进俄语应用成为国家语言政策的优先发展事项。

一　面临的问题

（一）俄语政策保障机制不完善

2019年，总统俄语委员会理事克罗帕切夫指出："《俄罗斯联邦国家语言法》（2005）规定，俄罗斯联邦公民应当了解和遵守现代俄语标准语的使用规范。然而，这部法律的执行机制尚且不够完善，政策的实践也尚无有效保障，许多关键条款并未落到实处。"[①] 总统顾问托尔斯泰也指出："在人文领域，我们还有很多工作要做，其中最重要的工作就是建立良好的管理机制。然而，在大多数情况下，这些活动没有统一的标准来衡量其结果。并且由于预算有限，各监管机构的职能几乎没有得到协调。"[②]

总统俄语委员会委员、国家杜马教育科学委员会副主席杜哈尼娜认为："《俄罗斯联邦国家语言法》和《俄罗斯联邦民族语言法》之间的内容存在矛盾。例如，虽然一些地区确立了主体民族语言的地位，但是一些民族语言并没有书面形式。此外，俄语的地位问题也存在矛盾之处。一方面，它是国家语言、交际的语言；另一方面，它也是一种母语，一种民族语言。因此，俄语和所有其他语言一样重要。《俄罗斯联邦教育法》试图解决这一矛盾，它确定每个孩子都有学习母语的权利，这其中也应包括俄语。因此，当前我们正面临着相当复杂的任务——协调俄语与其他语言的功能，协调语言政策中不同语言之间的

①② 信息来源：俄罗斯联邦总统办公室官网（http://www.kremlin.ru）。

关系。”[①]

（二）俄语使用标准不健全

苏联时期曾制定和发布过完整的俄语使用标准，但随着语言的发展和社会生活的变化，现有标准已不能满足实际的需要。俄罗斯联邦教育与科学部于2009年出台《关于批准现代俄语标准语作为俄罗斯联邦国家语言的语法、词典和参考书清单》（第195号法令），其中有四本词典被规定为俄语标准语的规范来源，它们分别是《俄语正字法词典》《俄语语法词典》《俄语重音词典》《俄语成语大词典》。然而，自该法令颁布以来，上述词典的内容并没有及时更新和完善。

2019年，总统俄语委员会理事克罗帕切夫指出：“正规文书中所使用的词汇含义往往不够明确。虽然教育与科学部于2009年将四种词典规定为俄语标准语的来源，但是我们至今都没有一本核心的俄语详解词典。随着语言规范的不断发展，现代俄语中的新旧规范之间需要相互适应。然而，我们仍然在使用1956年版本的正字法和标点法，新的正字法和标点符号使用规范至今没有得以审批。”此外，该委员会理事莫尔多万强调：“我们需要创建俄语词典信息系统，进一步提升公民的语言素养。”[②]

杜哈尼娜认为：“词汇与短语的滥用、公文语体与行话的混用、俄语的随意简化和扭曲、外来词的滥用已成为常见的现象，这将导致俄语的文化功能受到损害。因此，制定国家语言使用标准迫在眉睫。虽然政府已经将一些正字法、语法、成语和重音词典规定为国家语言使用标准，但是我们还没有一本明确权威的俄语释义词典。”[③]相关人士普遍呼吁，为政府机构、学校、媒体等编纂现代俄语标准词典集，有利于统一俄语使用规范，提升公民语言素养。

二　政策保障

2019年，普京在总统俄语委员会会议中提出：“当前我们面临两个重要的任务：第一，确保俄罗斯公民的知识文化水平，确保俄语的全球竞争力，即俄语

① 信息来源：俄罗斯联邦议会报官网（https://www.pnp.ru）。

② 信息来源：俄罗斯联邦总统办公室官网（http://www.kremlin.ru）。

③ 信息来源：俄罗斯联邦议会报官网（https://www.pnp.ru）。

作为现代的、充满活力的、日益发展的交际工具的魅力；第二，在信息、教育等人文领域为俄语创造良好的环境。规范俄语的主要目的是确立语言标准，促使我们的语言成为更加丰富多彩的、富有表现力的、简洁的、形象的、美丽的语言之一。我们的目标是形成一个积极的、系统性的语言政策，从而保障俄语在境内和境外的发展。"[①] 为达成上述目标，俄罗斯联邦推出系列政策，赋予不同政策主体以明确的任务，并提供相应的保障。

2019 年 8 月 12 日，普京签署《关于批准俄罗斯联邦总统俄语委员会成员》《关于批准俄罗斯联邦总统俄语委员会主席团成员》《关于俄罗斯联邦总统俄语委员会理事会活动方向和部门间委员会的负责人》等法令，不仅明确了机构组成人员名单，还将教师协会代表、文学家、历史学家、文学博物馆馆长、作家、出版商吸纳为理事会成员，使其参与语言决策。此外，俄罗斯联邦政府被赋予相应的权责，其主要任务有：在政策层面保障俄语作为国家语言的使用标准；确保俄语标准语作为俄罗斯联邦国家语言的使用规范，鉴定俄语正字法、标点符号规则、语法、词典等；制定和批准《俄罗斯联邦支持和促进境外俄语计划》；完善旨在支持和促进境外俄语教育的政策法规，等等。[②]

在政策内容层面，普京强调："语言政策对俄罗斯和其他多民族国家来说都是国家层面的优先事项和社会敏感问题。因此，我们在制定语言政策时必须深思熟虑，使政策能够切合实际，能够对一些变化做出灵活反应。我们应当对现行的相关法律做合理分析，并且对 2005 年颁布的《俄罗斯联邦国家语言法》和《俄罗斯联邦民族语言法》进行调整。这项工作应由总统俄语委员会执行。"[③]

2019 年，俄罗斯联邦教育部发布《2019—2025 年俄罗斯联邦俄语和民族语言教学方法和人员配备目标框架》，其主要任务是：在了解各民族语言发展现状的基础上，建立一套有效的国家语言政策机制；扩大俄语在境外的文化和教育空间；为俄语教育领域的师资发展创造一切必要条件，等等。该政策拟实现以下目标：促使俄语发展为俄罗斯公民身份的象征；通过增强师资培训力度，改善俄语作为俄罗斯联邦国家语言运作和发展的条件，到 2025 年，培训人数计划达到 17.3 万人次；增加旨在增强俄语地位的活动数量，加强境外俄语教育和文化的普及力度，到 2025 年活动数量计划达到 768 项；促使俄语成为俄罗斯联邦人民文化统一和教育统一的基础，巩固和完善俄语教学体系，增加俄语文化

①②③ 信息来源：俄罗斯联邦总统办公室官网（http://www.kremlin.ru）。

教学、科研活动的数量，到2025年相关活动数量计划达到651项；充实互联网俄语教学资源；建立文化、人道主义、科学和教育合作的基础设施，等等。[①]

2020年，俄罗斯联邦政府、总统俄语委员会、俄罗斯联邦总统国际关系委员会共同建议，拟定俄罗斯联邦国家语言政策构想，建立国家语言职能和法律规范监测系统，保障公民使用俄罗斯联邦国家语言、各联邦主体国家语言和母语的权利。为进一步完善俄语作为国家语言的保障机制，监督公民使用俄语标准语情况，2020年3月，俄罗斯联邦政府向国家杜马提交了《〈俄罗斯联邦国家语言法〉修正案》（本文简称《修正案》），拟对2005年《俄罗斯联邦国家语言法》进行修订，并且进一步完善相关的法律内容。

《俄罗斯联邦国家语言法》于2005年5月20日由俄罗斯联邦杜马颁布。俄罗斯联邦杜马颁布这部法律的目的在于从法律层面保障俄语作为国家语言的地位和使用范围，保障公民使用国家语言的权利。相比之下，本次《修正案》的内容更加强调俄语使用规范问题，并且明确了负责审定俄语使用规范的职权部门。

该《修正案》修改的内容举几例如下：原第1款第2条中“使用俄罗斯联邦国家语言”被替换为“研究和使用现代俄语标准语”；原第1款第3条中“俄语被作为俄罗斯联邦国家语言使用时，现代俄语标准语规范、俄语拼写规则和标点符号使用规则的审批程序由俄罗斯联邦政府确定”被修改为“俄语被作为俄罗斯联邦国家语言使用时，现代俄语标准语规范的审批程序由俄罗斯联邦政府确定。现代俄语标准语规范的语法书、词典和手册以及俄语拼写规则和标点符号使用规则均须经俄罗斯联邦政府依据程序组成的政府委员会批准。该委员会由俄罗斯联邦相关行政部门、俄罗斯联邦主体行政机关以及教育与科学部组织的代表组成”；第2款在“俄罗斯联邦关于国家语言的立法以《俄罗斯联邦宪法》、公认的国际法为原则和规范，俄联邦国际条约为基础，由联邦法律和其他法律、《俄罗斯联邦民族语言法》（第1807-1号）以及俄联邦规范语言问题的其他规范性法规组成”的基础上将“俄联邦规范语言问题的其他规范性法规组成”改为“俄联邦规范语言问题以及相关俄联邦国家语言强制使用领域的其他规范性法规组成”[②]。

除此以外，该《修正案》还对国家语言的使用领域进行细化，并且规定：

① 信息来源：俄罗斯联邦法律、法规、规章官网（https://legalacts.ru）。

② 信息来源：俄罗斯文件与信息争议语言学家协会官网（http://rusexpert.ru）。

“应为公共行政体系中现代俄语规范的使用创造必要条件”“国家以及市政级的信息系统必须使用俄语”“所有权力机关及其下属组织应当为官员遵守俄语标准语规范创造条件”“国家权力机关公布活动信息时必须使用俄语”。[①] 上述修正内容被认为有利于提升公民的俄语读写水平、监督政府雇员使用规范的国家语言，确保语法、词典、参考书、语料库的质量。

三　具体行动

2019 年，普京在总统俄语委员会会议上强调：“我们所讨论的关于母语、俄语和俄罗斯国家语言的问题，毫无疑问，对整个国家来说是最重要的。这对每一位公民、我们的同胞和世界范围内使用俄语的人来说也同样重要。独一无二、丰富的俄语是世界文化遗产中不可或缺的组成部分。俄语是上百个民族在精神上、历史上共同生存的基础，它在很大程度上保障了俄罗斯的主权、统一和身份认同。我们应承担起保存、发展和传播俄语的巨大责任。在完善法律的同时，还需要着手准备统一的词汇表、语言手册和语法教科书，包括俄语作为国家语言的使用规范等内容，它们应成为行政、司法等国家机关和学校、媒体都必须遵守的强制性文件。”[②]2019—2020 年，俄联邦政府采取系列措施保障上述政策的执行。

（一）成立俄语保存、保护与发展委员会

2019 年，俄罗斯联邦教育部部长瓦西里耶娃签署命令，成立俄语保存、保护和发展委员会，其主要任务是收集和分析俄语保护与发展的相关信息、规范，俄语使用、培训俄语专业人员、与媒体合作促进俄语知识普及、协调有关部门之间的活动。[③] 该委员会 2019 年的主要目标是“保持俄语全球竞争力，加强俄语传播力度，提升教师培训质量，在人文领域建立有效的俄语推广体系”。

根据《2019—2025 年俄罗斯联邦俄语和民族语言教学方法和人员配备目标框架》，俄语保存、保护和发展委员会于 2019 年实施 50 多个旨在增强俄语在境外地位的大型项目，其中包括对外俄语教师技能培训。莫斯科大学、莫斯科

① 信息来源：俄罗斯文件与信息争议语言学家协会官网（http://rusexpert.ru）。

② 信息来源：俄罗斯联邦总统办公室官网（http://www.kremlin.ru）。

③ 信息来源：俄罗斯联邦教育部官网（https://edu.gov.ru）。

国立人文大学、俄罗斯国立人文大学、赫尔岑师范大学、莫斯科师范大学成为组织俄语师资培训、教学法编纂、俄语竞赛和文化教育类活动的重要院校。委员会还在希腊、埃及、吉尔吉斯斯坦、乌兹别克斯坦、芬兰、叙利亚、塞尔维亚、捷克、蒙古、喀麦隆和印度尼西亚等国家成立开放式俄语教学中心，为学员提供免费俄语培训。2019 年底，位于波黑、越南的开放式俄语教学中心正式投入运营。此外，委员会已举办多个国际俄语奥林匹克线上竞赛、境外国际考察等活动。

（二）成立政府俄语委员会

普京要求，在 2020 年 6 月 15 日之前成立联邦政府管辖的政府俄语委员会（本文简称“俄语委员会”）。[①]2020 年 8 月 8 日，俄联邦政府发布第 1198 号法令，对 2006 年 11 月 23 日《关于批准现代俄语标准语作为俄罗斯联邦国语时的规范程序、俄语拼写和标点符号规则》（第 714 号）更改如下：将“确定俄联邦教育与科学部根据俄语跨部门委员会的建议：批准包含现代俄语标准语规范的语法、词典和参考书清单，依据鉴定结果将其用作俄联邦国家语言的标准以及俄语拼写和标点符号使用的规则”中的部门名称更改为“确定俄联邦政府根据政府俄语委员会的建议……”。此外，该法令中还增加以下两个条款，即“批准《俄罗斯联邦国家语言政策构想》”“批准现代俄语标准语作为俄罗斯联邦标准时，对词典汇编的要求”。[②]

2020 年 8 月，俄罗斯联邦政府在《关于政府俄语委员会》决议中明确：俄语委员会是一个协调机构，其主要任务是确保俄联邦行政机关与各联邦主体行政机关之间的互动，形成旨在保存、保护和发展俄语的统一的国家政策；该委员会的活动受俄联邦《宪法》、俄联邦总统以及俄联邦政府法律的指导和制约。当月，俄联邦总理米舒斯京宣布正式成立政府俄语委员会，并批准了成员名单。该委员会被赋予的权力有：要求联邦行政机构、各联邦主体行政机构和组织就其职权范围内的问题提供相关信息和材料；在委员会及其工作机构会议上听取联邦执行机构、各联邦主体执行机构的意见，了解旨在保存、保护和发展俄语作为俄联邦国家语言的政策实施情况等。[③]

① 信息来源：俄罗斯新闻社官网（https://ria.ru）。

② 信息来源：俄罗斯联邦政府官网（http://government.ru）。

③ 信息来源：俄罗斯联邦国家法律信息系统官网（http://publication.pravo.gov.ru）。

2020年10月26日，教育部部长克拉夫佐夫被任命为俄语委员会主席，其他成员包括政府人员、高校校长、学者、教师以及记者等不同身份人员。委员会的主要工作包括：审议保护和发展俄语作为国家语言的有关问题；收集和分析关于俄语地位的信息，为国家语言的保存、保护和发展以及统一政策的制定提供建议；制定国家语言使用情况检查程序；对语法、词典和参考书进行检查和鉴定，其中包含针对俄语拼写、标点符号使用规则的建议；监测语言的发展状况；参与制定和审查委员会职权范围内的法律草案，等等。①

（三）完善俄语数据库

1. 建立国家词汇库

在普京的要求下，俄罗斯科学院俄语研究所从2020年开始建设"国家词汇库"，其主要任务是将不同类型的字典数字化，并将其整合为统一的系统。这个系统预计于2022年投入使用。项目发起人之一杰日维扬科指出："目前，学校非常需要现代化的、高质量的纸质或数字词典。项目的规模十分庞大，它不仅需要将现有的纸质词典数字化，还需要创建一个整合词典数据的新系统。我们计划在这一项目中使用人工智能技术，项目的实施预计花费至少4年时间。国家词汇库的内容将随着现代俄语的变化而不断地扩充。在词汇库建立之后，不同领域的研究者可以在该库中添加新数据，并且基于不同素材创建通用词典条目。这将为词典的编纂或者更新提供资源支持。"②

2. 完善俄语国家语料库

俄语国家语料库于2004年4月29日投入使用，是俄罗斯最权威的俄语文本在线语料库之一。2019年，俄语国家语料库补充了内容，如将18、19世纪的文本纳入语料库中，词汇总字数为100万个；改进语料库中的形态学分析器、搜索系统；纠正错别字和错误注释；筹备戏剧言语子语料库，词汇总数为1.5万个；添加"作者阅读"和"艺术阅读"区域，词汇总数为2万个。

截至2020年，主语料库已扩展到3.22亿字符，新增加的内容包括18—21世纪的期刊，其中包括俄罗斯移民期刊、现代文学杂志、日记和回忆录、小说以及不同时期的新闻、书籍等。③此外，该语料库在多媒体语料库中增加了150

① 信息来源：俄罗斯联邦教育部官网（https://edu.gov.ru）。

② 信息来源：俄塔社官网（https://tass.ru）。

③ 信息来源：俄语国家语料库官网（https://ruscorpora.ru）。

万字符的语料，其中有会议演讲、访谈、新闻发布会、集会演讲等；报纸语料库中增加了 2014—2018 年的媒体文本。[①]

俄罗斯一直将俄语视为国家统一和文化统一的基础和保障。近年来，俄罗斯的语言政策始终围绕“发展和支持俄语作为俄罗斯人民的族际交际语和俄罗斯联邦的国家语言”这一核心任务展开，尤为关注俄语在境内外的地位和语言使用等问题。近两年，语言政策的决策者致力于在政策制定及实施层面为国家语言功能的完善和使用规范的制定提供保障，以确保俄语在世界和俄罗斯国内的地位及应用。

（阿衣西仁·居马巴依、王希孟）

① 信息来源：俄罗斯科学院俄语研究所官网（http://www.ruslang.ru）。

德语语言性别平等新举措引热议

自2019年1月1日起，德国《民事身份登记法》最新修正案正式生效，其中第22条第3款规定，如果新生儿无法被归为男性或者女性，可以登记为“多元”[①]。这意味着德国在法律上正式认可了“第三性别”的存在，这对人们传统认知中“男性与女性”的性别二元框架提出了挑战，同时也引发了一系列语言变革。早在20世纪，就有德国女性主义者指出，女性在德语语言体系中遭遇性别歧视，尤其是在指称体系中存在被隐去或处于男性的从属地位的情况，由此发展出了众多争取语言中的性别平等的策略。如今，为了在德语表达中兼顾“多元”这一“第三性别”，在原有的两性平等做法的基础上，催生出了以“性别星号”为代表的一系列新兴语言使用策略，以达到多元性别语境下语言性别平等的要求。而德国各界尤其是行政部门也相继推出了相关的德语使用建议和指南。伴随着这些新举措的应用，各方热议的声音也纷至沓来。

一　德语中的性别

德语的语法性别即性范畴[②]，有阳性、阴性和中性三种，所有德语名词都可归入一种性范畴中。[③]对于现代德语中名词性范畴的分配，有些并无规律可循。例如，桌子（der Tisch）是阳性的，门（die Tür）是阴性的，窗子（das Fenster）是中性的。但在人称称谓方面，词汇性属的规律是清晰的。指称女性的名词为阴性，指称男性的名词为阳性。

但在实际使用中，阳性人称称谓实际上有两种功能。它既可指称男性，也可用作泛指同时表示男性和女性，而阴性人称称谓却只能指称女性。语言学家

① 德国《民事身份登记法》，信息来源：德国法律在线网（http://www.gesetze-im-internet.de）。

② 即我国一般德语教学实践中所称的名词“词性”，但由于该提法与语言学中另一“词性”概念产生竞合，为避免误解，本文使用“性范畴”的提法。

③ Eisenberg, P. 2013. *Grundriss der deutschen Grammatik. Band 2: Der Satz*. Stuttgart/Weimar: J. B. Metzler, 133.

将这种阳性人称词的用法称为“阳性泛指”。例如，德语中的man意为某人或泛指人们，不分男女都可用其指称，但是该词的语义原形却为“男人”。这种阳性泛指的用法多年来一直为女性主义者所诟病。他们认为，女性在这里只被隐性地提及，当人们使用一个阳性人称称谓时，无法分辨女性是否被包含在指称之内，从而导致了对女性的语言歧视。

除阳性泛指外，德语动词名词化为职业称谓的过程中，也存在阳性主导的特点。例如，职业称谓往往以阳性称谓作为原形，阴性称谓只是派生形式。如德语动词“说”（sprechen）名词化为职业称谓“发言人”时，首先构成的是加了代表男性的后缀“-er”（der Sprecher），而后才在此基础上加上代表女性的后缀“-in”，构成“女发言人”（die Sprecherin）。

二　德语两性平等的语言策略

1968年以来，女性主义运动在德国兴起，在语言领域也产生了深远的影响。为了提高女性在德语中的可见度，并在一定程度上消除女性在语言中的从属性，针对被称为“男性语言”的德语[①]，女性主义者开展了一系列语言改革。

1980年，德国女性主义语言学家路易丝·普施和其同事共同出版了《规避性别歧视语言应用准则》一书[②]，这是德国首部讨论如何在德语中规避性别歧视的著作。这部作品定义了何为性别歧视语言，提出去歧视化的语言使用替代形式。此后，在德语国家公共生活、政治、教育和职业等领域，有关规避性别歧视的政策、指南的制定与推广工作也逐步开展起来。

多项实证研究表明，阳性泛指并非真的起到了“泛指”的作用，超过50%的人看到阳性称谓词时，脑海中联想的是男性，而并不是无性别特指的[③]。增强称谓名词中的性别差异是针对阳性泛指的语言改革锚点。新造“-in”后缀的派生词或者“-frau”[④]后缀的复合词，提高女性在语言中的可见度，是女性主义者在这个问题上采取的主要方法之一。此外，女性可见化策略还有以下5种常见的类别：一是成对指称，即将阴性和阳性称谓的全称平行列出，并将阴性称谓

---

① 信息来源：德国汉诺威汇报官网（https://www.haz.de）。

② Klann-Delius, G. 2005. *Sprache und Geschlecht.* Stuttgart/Weimar: J. B. Metzler, 182.

③ 张智《德语中的阳性泛指及其心理表征》,《解放军外国语学院学报》2010年第2期，第19页。

④ 原形为“女人”词缀“-frau”与原形为“男人”的词缀“-mann”相对。

前置，例如“病人”可以如此表达：Patientinnen（女病人）und（和）Patienten（男病人）；二是缩写，即通过斜杠或者斜杠加短杠的形式将阴性和阳性称谓合为一体，例如：Patient/innen 或 Patient/-innen（泛指“病人们”，以下例子同理）；三是使用括号，例如：Patient(innen)；四是内部大写 I，即以阴性称谓词为基础，将后缀“-in”的首字母大写，以表示该词并不仅仅指称女性，而是泛指男女，例如：PatientInnen；五是“阴性泛指”，即直接使用阴性称谓泛指两性，这是对阳性泛指彻底的颠覆。

不过，以上形式都采用了女性后缀“-in”，对此许多人不甚满意，因为这种情况下，阴性称谓还是从阳性称谓里派生而来，因而隐含了女性地位的从属性。于是，中性化的语言策略应运而生，主要有两种：第一种仍是在人称称谓上下功夫，例如，使用性别中立名词和性别中立的代词，又如用中性的动词名词化形式代替带“-er”后缀的形式，“学习者”不称“Lerner”而称“Lernende”。第二种则是直接使用替代形式，如被动式、分词形式、形容词形式、集合名词等，从而避免人称称谓的使用，这种策略常常出现在招聘启事中。例如，用“Wer sich bewirbt, sollte...”（那些前来求职的人，应该……）来替代“Bewerber sollte...”（求职者应该……）。

二　从性别二元走向多元的尝试

语言性别平等在社会开放多元化发展过程中有了新的追求。少数群体与其需求逐步走进大众视野，从而也推进了相关法律的完善。德国《民事身份登记法》中对于“第三性别”法律地位的认定，促使语言中的性别突破其传统的二元框架，探寻一条适合性别多元的路径。

（一）“第三性别”获法律认可

前文提到德语的语法性别与自然性别的关系，传统上认为人的自然性别非男即女。然而医学上存在孩子出生后无法确定性别的案例。在德国，每年有300—400个“双性人”出生[①]。出生证明上非男即女的性别选项给家长出了难题，而在法理上，这一群体理应在登记时就拥有性别确认和认同的权利。

① 张慰《第三性别的法律地位——德国民事身份登记立法之变》，《德国研究》2013年第4期，第31页。

对此，德国《民事身份登记法》2013 年修正案中增加了出生证明上性别的“空白选项”，性别可留待日后决定。当时许多人对于这一法条的解读还较为保守，认为它并没有打破原有的性别二元框架，并不意味着“第三性别”的确定。而 2019 年《民事身份登记法》的再次修正，将空白选项改为“多元”选项，则真正意味着法律上“第三性别”的到来。德国也成为推出这一选项的首个欧洲国家[①]。世界范围内，还有澳大利亚、新西兰、印度、巴西等国也有类似的规定[②]。

（二）多元性别平等语言策略推陈出新

虽然《民事身份登记法》修正的主要动因是解决医学上存在第三类性征的问题，德国媒体也在这一话题中惯用“第三性别”的表述，但是法条中“多元”[③]这一语言表达，蕴含的不仅是“第三”，更是在男性和女性之外众多的可能性。这一现象在社会性别的话语范畴中则更为显著，例如，社交平台脸书就为用户提供了几十种性别选择的可能，这一分类考虑到出生时的生理性别、个人的社会性别认同、变性手术等多种情况。为了兼顾多元性别人群在语言中的平等需求，德语中出现了许多创造性策略。

多元性别平等策略的构思基本上沿袭了两性平等的语言思路，即中性化和可见化。中性化做法与原有的策略相同，即不在语言中显性体现任一性别。可采用复数形式来指代所有性别的人，还可使用字母“x”规避显性的语言表征，如将“大学生”称作“Studierx”，既不使用男性后缀也不使用女性后缀，只用“x”表示。

如果确实找不到中性替代形式，必须使用人称称谓的话，人们还发明了人称中加入“性别星号”的方法，即用星号“*”代表除了男性和女性之外的所有性别。例如，在表达“工程师”时，用“der*die Ingenieur*in”的书写方式。可以看到这里的冠词和名词都由三个部分组成，即代表男性的冠词“der”和词缀“-(e)r”、代表女性的冠词“die”和词缀“-in”，以及中间代表多元性别的性别星号“*”。这一方式让多元性别在语言中可见，是之前女性可见化语言平等策

① 信息来源：德国《明镜》周刊官网（https://www.spiegel.de）。

② 张慰《第三性别的法律地位——德国民事身份登记立法之变》,《德国研究》2013 年第 4 期，第 25 页。

③ 在确定《民事身份登记法》中继男性和女性的第三个选项的用语的过程中，有“多元”性别、“中间”性别（inter）和“无”性别（offen）等多种方案，最终敲定为“多元”这一提法。

略的延伸。

性别星号在当今德语语言性别平等议题下应用最多，因此也是被讨论最多的形式。一个重要的原因在于它在现代通信媒体中一直被作为通配符使用，在正则表达式中代表一个或多个字符。这种使用方式是通用且公认的，因而容易被大众所理解进而接纳。此外，它的形状“*”呈现向所有方向展开的姿态，与多元的理念不谋而合，更增添了使用它的趣味性。

而除了性别星号以外，人们还创造出了一系列使多元性别可见的新办法。其中比较常见的是“性别空位”，即将下划线短杠替代性别星号的位置，表示可填入任意性别。另外，人们还创造出五花八门的语言变体，如将性别星号替代女性词缀“-in”的字母“i”上的小点、将多种语言变体策略组合使用，等等。

以上讨论主要聚焦在书面语上，怎样在口语中显性地表现出多元性别一直是个难题。2020 年 6 月，德国记者安妮·威尔在德国电视一台（ARD）她的同名节目中首次采用了“性别停顿”做法，即在口语表达中，在书面语性别星号的位置做短暂的停顿。性别停顿是目前较多被提及的德语口语性别平等策略。此外，有学者提出，可以使用喉塞音 [ʔ] 表示多元性别[①]。

（三）语言性别平等指南相继出台

是否要在德语的语言体系中体现多元性别，尤其是将其在相关规定中确定下来？如果是，又该如何体现？这是新法出台后被广泛热议的两个问题。对第一个问题，德国下萨克森州首府汉诺威政府率先给出了肯定答案，并交出了针对第二个问题的答卷。2019 年 1 月 18 日，汉诺威政府出台了《行政语言性别平等建议书》[②]，规定该地所有官方文件的用词必须保证性别平等。中性化和复数形式是首选形式，实在不能实现时，推荐使用性别星号。

继汉诺威之后，柏林、波茨坦、慕尼黑等地也纷纷出台了类似指南，以适应新的性别平等需求。其中，性别星号最具代表性，在各地指南中均有所提及。不过，并不是所有地方都积极支持性别星号的应用。例如，在巴伐利亚州的第二大城市奥格斯堡，政府指南中明确指出，不能在官方行政文件中使用性别星号，同时被禁止的还有传统的内部大写 I 和斜杠法[③]，这或与此类用法尚未正式

① 信息来源：德国语言学日志网（http://www.sprachlog.de）。

② 信息来源：德国汉诺威城市官网（https://www.hannover.de）。

③ 信息来源：德国奥格斯堡城市官网（https://www.augsburg.de）。

进入德语正字法体系有关。

除了地方性文件，联邦层面上的政策有联邦反歧视局2019年10月颁布的《公平职场！去歧视化招聘流程指南》①。指南要求，在招聘启事中对职位的需求描述应穷尽所有性别，以“m/w/d”的形式表示，m、w和d分别指男性、女性和多元性别。或因属非官方文件，该指南对性别星号等其他语言变体的使用持包容态度。德国各大学也发布了语言性别平等指南，如柏林自由大学、柏林工业大学、慕尼黑大学等。上述指南多采取对比的方法描述其语言建议，分别列出不推荐的表达形式以及与之相对的性别友好的替代形式。

四 语言性别平等新举措的反响

（一）公共话语领域应用激增

语言性别平等指南的出台，直接影响到指南所管辖的行政、教育领域。除此之外，响应最积极的要属大众媒体了。根据德国德语研究所一项基于大型媒体语料库的研究，2012—2019年，在众多性别平等语言变体中，性别星号占比从2012—2013年的零激增到2019年的30.4%，这表明社会尤其是媒体对性别星号的广泛应用。在该研究横跨的8年间，内部大写I的变体策略的使用率一直很高，历年占比均在40%以上②，这体现了语言使用中经济性和简洁性的偏好。

然而，部分语言性别平等策略在媒体中的广泛使用并不意味着大众的广泛接受。《世界报（周日版）》进行的一项调查显示，56%的受访者反对在新闻中大量使用性别星号、下划线短杠形式的性别空位，甚至反对内部大写I③。

（二）正字法委员会不做“过早”规范

语言学界对一系列新兴的性别平等语言变体持谨慎或批评立场。早在2018年，《民事身份登记法》修正案尚未生效时，德国联邦宪法法院就已经向德语正

① 信息来源：德国联邦反歧视局官网（https://www.antidiskriminierungsstelle.de）。

② Krome, S. 2020. Zwischen gesellschaftlichem Diskurs und Rechtschreibnormierung Geschlechtergerechte Schreibung als Herausforderung für gelungene Textrealisation. *Der Sprachdienst* 2(1), 35.

③ 信息来源：德国世界报官网（https://www.welt.de）。

字法委员会提出，希望其给出指导性建议，来推进相应语言变革，以适应法律中肯定“第三性别”存在的情况。当年 11 月，正字法委员会回复，承认“那些不认为自己属于男性或女性性别的人有权获得适当的语言表达”。针对民间已然创造和兴起的、纷繁的多元性别标记，正字法委员会的评价是，性别星号、性别空位等策略都在“不同程度上符合性别友好型写作的标准”。然而，虽然正字法委员会在一定程度上认可了这些新的语言变体的功能，却并没有把它们正式在德语正字法中确认下来。理由在于，这一语言发展尚处于初期阶段，对此“德语正字法委员不应过早做出建议和规定”[①]。

（三）众多语言相关人士联名反对

著名语言学家彼得·艾森贝格对性别星号表示强烈反对。他认为性别星号是政治和意识形态的产物，“是一种私人的发明，是一种撕毁、污损文字的丑恶之物”[②]。而且，几十种非传统性别，同样隐匿在星号之后，没有真正可见，从这个角度看，使用性别星号的目的最终还是落空了。在他看来，不应让政治影响语言，不应对语言的发展进行强制性的人为干预。

同样持有反对立场的还有德语协会。2019 年 3 月，100 位语言学家、科学家、媒体人和作家通过该协会发表了题为《终止性别闹剧》[③]的联名公开信，呼吁大众和学界理性对待名词性范畴、性别星号使用的讨论。公开信指出，现今针对德语性别平等的一系列举措会导致大量荒谬的语言结构的产生，这些用法发展不可持续，而且也无法真正助益妇女社会地位的提升。截至 2020 年 12 月，该联名信已获得 78 000 余个签名。不过，语言学家加布里埃莱·迪瓦尔德则质疑了这封公开信的内容，她认为这是出于个人的好恶而提出的反对意见，缺少学术上扎实的理据作为支持[④]。

（四）德语语言协会倡导优劣区分

另一民间语言组织德语语言协会则不同意一些极端反对者关于阳性泛指与自然性别无关的论调。在其 2020 年发布的《德语语言协会关于性别平等可行性

① 信息来源：德语正字法委员会官网（https://www.rechtschreibrat.com）。

② Eisenberg, P. 2020. Die Vermeidung sprachlicher Diskriminierung im Deutschen. *Der Sprachdienst* 2(1), 22.

③ 信息来源：德国德语协会官网（https://vds-ev.de）。

④ Diewald, G. 2020. »Alles ändert sich, aber nichts von allein« Eine Standortbestimmung zum Thema geschlechtergerechte Sprache. *Der Sprachdienst* 2(1), 5.

的指导方针》[①]中，对现存的所有中性化、女性可见化以及针对多元性别的性别平等语言策略进行了优劣性的判断。性别星号、性别空位以及口语中的性别停顿都不在推荐之列。理由在于，性别星号并不是当前正字法规范的一部分，并且有些成对出现的男性和女性称谓词不能简单通过星号实现连接。性别星号还有可能与星号在印刷中原有的功能（如做注释符号）发生混淆，导致误解。此外，在书面语中，德语语言协会也不推荐使用被广泛应用的内部大写 I，而是更推荐成对指称或中性替代形式。成对指称也被推荐在口语中使用。

（李心驰、李　媛）

① 信息来源：德国德语语言协会官网（https://gfds.de）。

法兰西学术院发布《职业与职务名词阴性形式报告》

法兰西学术院成立于1635年。其成立之初就肩负着规范法语语言表达和使用的使命。2019年2月28日，法兰西学术院召开会议并以绝大多数票数通过了《职业与职务名词阴性形式报告》①（本文简称《报告》）。这是法兰西学术院首次就这一问题发布报告，再次将人们的视线聚焦在这一问题上。

一　历史背景

进入21世纪以来，全球女性的社会地位得到迅速和普遍的提升。女性在职场中涉足更多的行业领域，她们所从事的职业、所担任的职务都呈现出多元化的特点。然而，面对全世界倡导性别平等的大趋势，法语在女性的职业、职位称谓上未能完全满足时代和社会的需求。法国近十多年来在经历社会变革的同时，也在职业与职务名词的语言称谓上做出了相应的改变。然而，在实际的语言使用和实践中仍有诸多不确定性，缺乏普适的规则。法国政府于20世纪80年代和90年代都曾试图解决法语中职业与职务名词阴性形式问题，然而均反响平平。在20世纪80年代，法国政府就已关注到，在法语中不少以前唯有男性从事与担任的职业与职务名词并无阴性形式的问题。1984年，时任总理皮埃尔·莫鲁瓦通过法令设立了女性职业活动词汇术语委员会，专门研究头衔与职务阴性形式问题，以填补法语在这方面的不足。这一举措在当时招致了众多批评，这其中就包括法兰西学术院。法兰西学术院当时所秉持的观点是，法语中的阳性形式是无标记的，能够无差别地指称男性和女性；而阴性形式则是有标记的形式，使用职业和职务名词阴性形式反而会在法语中产生性别歧视现象。此外，法兰西学术院还对政府直接插手语言事物来影响语言的使用持保留态度。政府

① 法兰西学术院全会投票结果显示，有2票反对票。

与女性职业活动词汇术语委员会顶着压力开展了将近两年的调研工作，编制了一份法语阴性形式构成规则，附在 1986 年 3 月 16 日关于官方文本和行政机关中职业、职务、官阶和头衔名词阴性形式的政府决议提案之中。但该决议最终被降格为政府通报，其影响力甚微。

1997 年 12 月，时任总理利昂内尔・若斯潘政府中的女性成员主张实现语言平等，要求部长头衔拥有阴性形式。利昂内尔・若斯潘总理于 1998 年 3 月 6 日责成当时的术语与新词总委员会根据法语国家和地区具体的语言使用状况就职业和职务名词阴性形式问题进行研判；他同时还委托当时的法国国立法语学院和法国国家科学研究中心为广大法语使用者编制一本职业与职务名词的阴性形式指南。术语与新词总委员会于当年 10 月向利昂内尔・若斯潘总理提交了相关工作报告。工作报告认为，应对职业名词与职务名词的阴性形式问题加以区分：前者在原则上没有任何障碍，在语言使用中，绝大部分职业名词已拥有相应的阴性形式；而职务名词的阴性形式需要考虑到诸如司法严密性和安全性以及可能引发大量职务地位的重写问题，不宜统一操作。在 1999 年 6 月在法国文献出版社出版的《女士，我书写你的名字——职业、头衔、官阶和职务名词阴性形式指南》中，利昂内尔・若斯潘总理为其作序，全力支持使用职业与职务名词的阴性形式。术语与新词总委员会的工作报告与总理的立场并非完全一致，加之法兰西学术院对政府插手语言规范事务所持的保留态度和语言实际使用的复杂情况，这项议题在经历一番争论后又不了了之。

法兰西学术院多次在其全会上提出法语职业与职务名词的阴性形式问题，并最终决定委托专门委员会来研究法语职业与职务名词的使用问题，并由专门委员会向法兰西学术院提交建议。

二 《报告》框架与内容

专门委员会成员中有四名法兰西学术院院士。本着务实的态度和遵循语言正确规范使用的原则，专门委员会共召开了九次工作会议，最终向法兰西学术院提交了长达 20 页的《报告》。《报告》共分为四部分：起草背景、撰写方法、职业名词问题和职务、头衔、官阶名词问题。

（一）背景与语料搜集

《报告》首先简要介绍了职业与职务阴性名词问题的社会背景以及报告起草的语料搜集依据。《报告》认为，当今女性逐渐开始涉足男性所从事的行业，加速了职业名词阴性形式的出现和使用。专门委员会查阅了法国国家图书馆馆藏、法国政府各部委、议会两院、2010 年以来的数百家法语新闻媒体网站等语料后发现，女性进入传统男性职业的比例在近十年来有加速增长的趋势，然而语言的实际使用未能完全体现这一社会变化，这无疑反映出语言与社会生活间的差距。其实早在 1935 年编纂完成的《法兰西学术院词典》（第八版）中，法兰西学术院就收录了大量在日常生活中早已被广泛使用并符合语言规范的职业名词的阴性形式[①]。在其他各类法语词典中，几乎所有职业称谓都有一个阴性形式。当然，就此断言法语职业名词可以随意阴性形式，这就将问题简单化了。语言的实际使用情况十分复杂，还须考虑到语言发展中的一些阻力：一些名词阴性形式不符合语言的基本规律，一些阴性形式的使用又会引起从业者心理的不适或者抗拒。

（二）职业名词

专门委员会认为，采用职业名词的阴性形式在原则上没有任何阻碍，只要符合语言基本规律、不扰乱语言体系，在语言层面上体现女性社会地位的语言变化均可予以考虑和讨论。法兰西学术院就职业名词阴性形式的变化范围做出说明，对职业名词阴性形式具体使用案例所遇到的困难、异议、迟疑等情况做了统计，不会强行公布职业名词阴性形式的规则，亦不会泛泛地囊括所有职业名词的所有阴性形式。《报告》对法语中职业名词可采取的常用阴性形式会做了说明：

（1）由不发音的字母 e 结尾的职业名词，可通过冠词或形容词、动词指明阴性，名词本身阳性与阴性同形。例如：architecte（建筑师）、artiste（艺术家）、juge（法官）、comptable（会计员）等通过冠词就可区分阴性和阳性。

（2）以辅音字母结尾的阳性职业名词，其阴性形式常常在词尾添加字母 e。例如：un artisan-une artisane（手工艺者）、un cheminot-une cheminote（铁路工人）。

① 正在编纂并在线同步出版中的《法兰西学术院词典》（第九版）目前也收录了数百个职业名词的阴性形式。

（3）以 er、ien 和 teur 结尾的阳性职业名词，其阴性形式一般以 ère、ienne 和 trice 结尾。例如：un jardinier-une jardinière（园丁）、un mécanicien-une mécanicienne（机械师）、un compositeur-une compositrice（作曲家）。

（4）少数例外，例如：un médecin-une médecin（医生）、un marin-une femme marin（水手）等。

此外，《报告》还详细讨论了以 eur 结尾的阳性职业名词和个别极具争议的职业名词。

首先，法语中以 eur 结尾的阳性职业名词的阴性形式可以有几种词尾形式：euse、esse、eresse、eure，如今普遍使用的是 euse 和 eure 两种词尾形式。当职业名词有对应的动词形式，一般采用 euse 作为阴性词尾；而当职业名词原本没有阴性形式，则这些名词如今更多地采用 eure 作为阴性词尾，这一词尾既相对简单，也没发生音变。例如：un professeur-une professeure（教师）。以 esse 结尾的阴性形式源自一种古老的阴性形式，如今更多地被视为带有歧视的阴性形式，在职业名词阴性形式过程中逐渐被弃用。这其中，较为棘手的个案是 auteur（作家、创造者）的阴性形式问题。该词有过多种阴性形式表示“女作家”，如 authoresse、autoresse、autrice、auteure。《报告》认为，尽管词尾 eure 如今更多地为使用者所接受，但大学教师们更青睐 autrice，而不太愿意使用 auteure。这也反映出阴性词尾 trice 在法语中更受使用者垂青。

其次，chef（首脑、长官、首领）这个名词的阴性形式也备受争议。chef 一词被用于许多短语中，职业名称也不尽相同，出现了不少阴性形式：chèfe、cheffessse、cheftaine、cheffe[①]。虽然 cheffe 的接受度更高，亦符合语言的规范，但是使用其他阴性形式也不少。《报告》指出，在法语中，对于社会上层的职业，其名词阴性形式较少，甚至不使用阴性形式，这与普通的职业有所不同。

《报告》重申法兰西学术院强调语言使用的自由权，将职业名词阴性形式作为规则强制使用会适得其反，也是对某些职业女性保留其职业阳性形式愿望的蔑视。

① 上述职业名词的阴性形式与其对应的阳性名词在词义上没有发生变化。

（三）职务、头衔和官阶名词

《报告》认为，长期以来，从事一项职业与被授予职务和职位、取得的头衔和持有的官阶有所区别。在公共领域，职位本身与其任职者有所区别，与任职者的性别无关。职位是反映社会角色的，可以是临时性的，也可能是会消失的。职务则规定了任职者需完成的使命和所承担的社会角色。任职者是充任该职位，而非等同于职位。官阶与官阶持有者也同样有所区别，官阶是地位和身份的象征，对应着等级制度中的级别，与其持有人无关。持有者等级的升降，不会影响到客观存在的官阶体系。随着女性纷纷开始担任传统上由男性担任的职务，职务、头衔与官阶与其持有者的上述区别更为凸显。但这并不意味着上述区别是职务、头衔和官阶名词阴性形式的一大阻碍，法语书面语中已开始大量使用职务、头衔与官阶名词的阴性形式。《报告》强调，强行改变语言的使用并不能加速社会的变革。《报告》还提醒要斟酌职务、头衔和官阶名词阴性形式可能带来的法律后果。因为在法律文本中，对于职务、头衔与官阶名词的命名受到国家标准和建制原则的严格约束。

与职业名词的讨论内容相似，《报告》也就法语职务、头衔和官阶名词阴性形式的情况以及一些棘手个案和争议问题进行了论述。

首先，相较于低级别的职务名词，高级别职务名词的阴性形式问题和争议较大。长期以来，法语中一些传统上仅有男性所任职位的名词，其词形上相对应的阴性形式表示的是男性的配偶，也是对后者社会地位予以承认的一种象征，而非阳性职位名词对应的阴性职位名词。例如，从 16 世纪末开始使用的 ambassadrice 一词长时间被用作“大使夫人”之意，而非 ambassadeur（大使）在职位上对应的阴性形式“女大使”之意。有鉴于此，一些女大使不希望使用 ambassadrice 来称呼自己。但随着时代的发展，越来越多的女性开始担任外交官，甚至是外交高官，《报告》认为 ambassadrice 表示“女大使”职务称谓会越来越为语言使用者所接受和使用。

其次，在不同的行政机构和公共领域，对职务、头衔和官阶名词阴性形式的使用情况有差异。法国在主要国家机关（如财政稽核总局、内政监察总局）和最高司法机构（如宪法委员会、最高法院）中基本都已使用相关职务、头衔和官阶名词的阴性形式，例如：inspectrice（女监察员）、auditrice（女稽查员）、

conseillère（女专家）[①]。但在某些情况下，对职务、头衔和官阶名词阴性形式的使用仍持有保留意见。比如在政府公报中，会使用法国荣誉军团勋章勋位 chevalière（女骑士）、officière（女军官）、commandeure（女统帅）[②] 的阴性形式，然而它们在语言实际使用中尚未被接纳。军队中也逐步使用职务、头衔和官阶名词的阴性形式，但也有一些特殊情况。例如，major（副官、少校）没有相应的阴性形式，一些职务一直以来只有阴性形式，比如 recrue（新兵）、sentinelle（哨兵）、vigie（瞭望水手）等，却并没有为它们创造对应阳性形式的呼声。

《报告》最后指出，国家政府高层，尤其是政府内阁成员职务、头衔名称的阴性形式已经被普遍使用，ministre（部长）、secrétaire d'État（国务秘书）等只需改变冠词即可。如果未来法国迎来女总理、女总统，Première ministre（女总理）、présidente（女总统）都是可以使用的阴性形式，更何况法语中将默克尔女士的职务称为 la chancelière allemande（德国总理）。当然，在使用阴性名词之前也不能忽视当事人的意愿。[③]

三　报告反响

法国各大主流媒体都争相报道了法兰西学术院发布的这份《报告》。不少专家学者通过接受采访或网络平台发表了各自的看法。

法国《世界报》认为，尽管《报告》措辞审慎，不乏外交辞令，但于法兰西学术院而言，能够再次审视这一长期以来被其视为禁忌的议题，并能够在确认名词的阴性形式上走得那么远，着实是一次“革命”。《解放报》报道称，法兰西学术院在 20 世纪 90 年代坚决反对使用 la ministre（女部长）、la députée（女国民议会议员），在职业与职务名词阴性形式问题上显得畏首畏尾，这是落伍的表现。如今，法兰西学术院在对法语职业与职务名词形式全面梳理的基础上，采纳了此份《报告》，这是法兰西学术院的一次“小革命”。《报告》虽没有法律约束力，但《解放报》认为《报告》中坚持尊重语言实际使用情况、不专断的立场令人称道。

---

① 这里是指法国审计法院的专家。

② 法国荣誉军团勋位共分为五个等级，级别由高到低分别为：大十字、大军官、统帅、军官和骑士。

③ 法国历史上首任，也是迄今唯一的一位女总理埃迪特·克勒松（Édit Cresson）女士在其任期内（1991 年 5 月—1992 年 4 月）坚持使用总理的阳性形式 le Premier ministre。

法国电视五台在《报告》通过之际，采访了巴黎第七大学教授、著名语言学家贝尔纳·塞尔基里尼先生。他认为这是一则大好消息。法语在中世纪时期就采用职业与职务名词的阴性形式，现在不是创新，而是某些职业与职务名词阴性形式回归到语言之中，这也体现了语言的平等性。此外，在加拿大、比利时、瑞士、卢森堡等国的法语区早已使用职业与职务名词的阴性形式，法国在这方面已经落后了。语言学家、作家埃利亚内·维耶诺女士则认为任何职业和职务名词阴性形式都没有障碍，她还专门就《报告》内容撰文对其进行详细解读。

作为“法语守护者”，法兰西学术院通过的此项《报告》又再一次将法国民众、法语学习者和爱好者聚焦到法语语言问题上来，并引发热议。随着时代和社会的变化发展，语言也在不断发展变化。语言的发展既体现了语言自身的变化，也反映了社会的发展变迁，跟上时代的步伐、尊重语言自身固有的规律和语言使用的实际都是语言生活中不可忽视的问题。

（马小彦）

法国《全球法语大词典》上线*

2019年11月15日，由法国文化部法语与法国境内语言总司牵头，法国里昂三大法语国家国际研究院负责实施的《全球法语大词典》网络版上线[①]。2021年3月16日，该词典在手机、平板电脑等移动客户端推出相应的应用程序，免费供公众查询使用。《全球法语大词典》收录了全球五大洲不同的法语变体，目的在于向世界展示法语的丰富性与多样性，促进不同法语国家与地区之间法语的使用与交流。目前，《全球法语大词典》共收录了来自52个国家112个地区的50多万个词条以及60万条释义，其中有18 000个词条来自非洲。

一　实施背景

法语是世界通用语之一，根据法语国家组织2019年发布的《全球法语现状》，截至2018年，全球法语使用人数达到3亿人，且人数仍在持续增加。法语遍布全球五大洲，是32个国家及地区的官方语言，另有36个国家及地区的8000多万人将法语作为教学语言。

由于法语在全球范围内分布广泛，根据地域、文化背景和表达习惯的不同，法语在对外传播以及与其他语言交流碰撞的过程中，不断吸收外来词汇，产生了不同的法语变体。不同区域的法语在词汇含义、发音以及表达方式上有很大差别，同一种含义可能对应着两种完全不同的表达方式，而同一种表达方式也可能蕴含着不同的含义。非洲作为法语使用者最多的大陆，不同国家使用的法语各有不同，法语变体可大致分为三类：非洲西部、中部、东部的黑色人种使用的法语，非洲西北部的马格里布法语，以及印度洋留尼汪、毛里求斯等地使

* 本文为教育部社科基金规划项目《法国对外语言推广政策及其借鉴意义研究》（15YJC740044）的阶段性成果。

① 信息来源：全球法语大词典在线查询网站（https://www.dictionnairedesfrancophones.org）。

用的克里奥尔法语[①]，非洲法语中有较多从当地语言借用的词汇。加拿大阿卡迪亚法语保留着很多中古法语的发音方式、语法规则以及词汇表达，使得法国本土和加拿大其他地区（如魁北克）的法语使用者理解起来有一定的困难。法语在全球的不同变体，体现出法语语言文字的丰富多样性，但在一定程度上阻碍了不同法语国家与地区之间的沟通交流，不利于全球法语共同体的构建。

2017 年 11 月 28 日，法国总统马克龙在布基纳法索首都瓦加杜古发表演讲，提出法国应积极倡导实施数字化“全球法语大词典”项目，以促进法语的多样性与多元化发展。2018 年 3 月 20 日，法国总统马克龙在法兰西学术院发表演讲，提出“法语与多语愿景行动计划”[②]，希望进一步巩固和发展法语的语言地位。他指出，目前法语作为全球第五大语言，使用人数与日俱增，但仍面临一系列难题，如何使其成为未来世界最主要的语言之一，是值得深思的问题。为此，马克龙从“学习”“交流”和“创造”三个方面提出 33 条措施，以期促进法语在全世界的推广和全球语言多元化战略的实施。马克龙指出，一门语言只有在国际交往中被使用的时候，才能显示出强大的生命力和影响力。而目前法语国家与地区存在的挑战之一就是法语的使用交流问题。为实现使法语成为 21 世纪全球三大语言之一的愿景，必须在互联网、全球大众传媒等方面采取措施，促进法语国家与地区之间的有效互动沟通。马克龙提出，加强法语在互联网中地位的措施之一就是实施共建共享的数字化“全球法语大词典”项目，以此来反映不同法语变体与表达方式的多样化，并希冀能够在 2019 年 9 月份上线。

二　发展过程

《全球法语大词典》网站由法语与法国境内语言总司牵头，法国里昂三大法语国家国际研究院负责实施。该项目得到法国文化部、外交部、法语国家组织、法国海外科学院、法国电视五台以及法语国家大学协会的支持，是一部由多个法语国家与机构进行合作的数字化词典。

创建《全球法语大词典》在线查询网站的想法有其历史渊源。早在 20 世纪 60 年代，比利时语言学家阿尔贝·多帕涅和莫里斯·皮龙就曾主张建立“通用法

① 翁善钢《法国本土外的法语方言》，《法国研究》2012 年第 2 期。

② 信息来源：法国外交部官网（https://www.diplomatie.gouv.fr）。

语”[①]，通过吸收高质量的法语方言来丰富法国本土法语。1994年，在法语国家高等教育与研究署[②]的赞助支持下，来自多个法语国家的研究团队联合打造“泛法语词典数据库”，收录整理了比利时、布隆迪、摩洛哥、加拿大魁北克省等20个法语国家与地区具有代表性的法语词汇。该数据库于2004年3月18日上线，是《法语在线宝典》的重要补充。2018年，魁北克法语局和法语与法国境内语言总司联合出版《全球法语商务词汇》，收录了涵盖全球80多个法语国家和地区，共计2000多个商务术语及释义。该词典为英法双语，可用于解释经济、管理、商务等领域内的不同词汇概念，有利于各个法语国家与地区之间开展经贸、商务往来。

随着经济全球化以及互联网技术的发展，法国法语的去中心化趋势日益明显，正如马克龙所说，“法语已经从法国解放出来了，是一门世界性的语言”[③]。因此，创建一部收录全球法语国家与地区不同法语变体及词汇的数字化词典的构想应运而生。

2019年3月，全球法语大词典科学委员会在法国爱丽舍宫成立，负责主持词条收录工作。巴黎大学语言学名誉教授贝尔纳·塞克利尼受马克龙委托，担任《全球法语大词典》科学委员会主席。来自全球不同法语国家与地区的15位语言学专家齐聚一堂，采取类似于维基百科的技术，将全球各地不同法语区域词汇进行收录、整理、汇编，同时对公众提供的词汇建议进行审核评估，确保其收录的质量。

法国里昂三大法语国家国际研究院负责对现有的法语词典数据库进行在线整合，诺埃·加斯帕里尼和塞巴斯蒂安·加捷为主要负责人。该项目整合“泛法语词典数据库”，具体包括《魁北克法语历史词典》《法语在线宝典》《法兰西学术院词典》《比利时法语汇编》和《非洲法语汇编》等词典数据资源。魁北克法语局编制的《术语大词典》也被纳入其中。

2019年5月，法国文化部在优兔网上发布《全球法语大词典》宣传片，对词典的在线查询网站进行宣传。该视频介绍了加拿大魁北克、刚果民主共和国、比利时以及科特迪瓦四个不同法语国家和地区特有的法语词汇，公众可以通过《全球法语大词典》迅速锁定词汇所属地区范围，进行精确的在线释义查询。这些词语或是时代变迁中的现代化词汇，抑或是当地特有的习惯表达，反映出语

① 信息来源：加拿大义务报官网（https://plus.lesoir.be）。

② 1994年，法语及部分法语国家大学协会与法语大学网络合并为法语国家高等教育与研究署。该机构是1998年成立的法语国家大学协会的前身。

③ 信息来源：法国爱丽舍宫官网（https://www.elysee.fr）。

言的动态化进程。

2019 年 11 月 15 日,《全球法语大词典》正式上线。秉持共建共享的原则，该词典积极接受来自超 3 亿法语使用者的建议，允许公众在线提供新的词汇，这些使用者分布在全球五大洲的 88 个国家与地区。贝尔纳・塞克利尼指出，提出创建《全球法语大词典》在线查询网站这一构想，是基于法语是一门属于所有人的语言的大前提。《全球法语大词典》的命名也恰如其分地反映出这一愿景，即让它成为一部可供所有人使用的词典，而不仅仅是法国人的词典。因此，在前期整合语料库资源的基础上，词典同异兼收，面向公众征集世界各法语国家与地区特有的词汇，在展示丰富多样的法语词汇的同时，描绘出法语在不同国家与地区范围内的语言生态。

2019 年 12 月，法国海外教育署、法语与法国境内语言总司以及法国电视五台联合策划，发起了面向全球法语学习者的法语词汇短视频展示大赛。大赛主题为“你最喜欢的法语表达是什么”[①]，旨在激励法语学习者积极参与到词典的汇编中，为词典提供高质量词汇，突出法语的丰富性与美感。

2021 年 3 月 16 日，法国文化部召开《全球法语大词典》官方启动仪式，宣布词典移动客户端应用程序正式上线，并向全球公众免费开放。法国文化部指出,《全球法语大词典》需要进一步发展和完善，除了将不断增加新词资源之外，后续还将逐步实现一系列新功能，例如，添加单词朗读功能供法语学习者使用，实现高级检索以及离线查询等功能。

三　主要特点

数字化、科学化以及公众广泛参与是《全球法语大词典》这一在线查询平台的主要特征。贝尔纳・塞克利尼提出:“数字化是《全球法语大词典》所构建出的全球合作伙伴关系的象征，这将是一个累积性和参与式的平台。”[②]

《全球法语大词典》采用数字化手段，运用维基百科技术，通过语料库和人工智能，实现法语数据的挖掘、分析和呈现。项目平台能够呈现来自全球五大洲的不同法语变体，使各个法语国家与地区的数千种语料资源，能够在同一个界面进行快速查询。作为一种信息技术工具，词典收录世界上不同法语国家与

① 信息来源：法国海外教育署官网（https://www.aefe.fr）。

② 信息来源：加拿大广播公司官网（https://ici.radio-canada.ca）。

地区特有的法语词汇及俗语，涵盖其使用的全部词汇的不同含义，可以同时查询不同地理、文化及社会环境背景下不同法语的表达方式。这一数字化资源在很大程度上满足了不同法语国家与地区法语使用者的交流需求，加深了对彼此之间语言与文化的了解。该词典与 2002 年 12 月上线的词源查询网站有相似之处。词源查询网站为虚拟多媒体视听资源网站，不仅收录全球各种语言的在线和电子版词典，还拥有众多国家与地区概况、文学作品等网站链接，公众可以免费进行查询并下载所需资源[①]。

《全球法语大词典》项目的实施遵循科学化原则，确保收录词汇的准确性与科学性。该在线词典是在贝尔纳·塞克利尼和全球多个法语区语言学专家的共同合作完成的，整合吸收了已有的较为权威的法语词典语料库资源，形成了涵盖全球法语不同变体与表达方式的大词典数据库。此外，对于从社会各界收集来的词汇，全球法语大词典科学委员会还会进行评估筛查，以保证收录的词汇准确无误，具有科学的依据及来源。

《全球法语大词典》数据库基于共建共享和动态性原则，具有社会公众广泛参与的特点。词典给予公众参与的开放空间，面向高校及社会各界法语使用人士在线征集法语特有的词汇，允许公众添加词汇定义或者增加新词，将自己所在国家、地区或者与职业息息相关的词汇和表达方式纳入到词典当中，对词典内容进行丰富补充。

四　社会反响

《全球法语大词典》项目的实施引起了一些社会反响，许多机构负责人和语言学家对这一项目的创建表示赞同和期待。法语与法国境内语言总司司长保罗·德西内蒂认为,《全球法语大词典》项目的进展非常迅速，词典从上线到接受公众投稿和提议，距离总统在 2018 年 3 月提出这一建议仅用了不到两年的时间[②]。

贝尔纳·塞克利尼对于各所高校机构都能积极地参与到词典的汇编感到惊喜。他认为其背后的原因在于，前期各个法语国家与地区的法语词典语料库已经非常丰富，各项准备工作也较为完备,《全球法语大词典》的创建是民心所向，符合公众的法语使用需求。他期望在已有词条数目的基础上，词典能够进

① 信息来源：词源查询网站（https://www.lexilogos.com）。

② 信息来源：加拿大义务报官网（https://plus.lesoir.be）。

一步丰富发展，最终收录100万个词条。词典设计的理念与维基百科有很多相似之处，目的在于能够让公众更迅速便捷地进行词汇查询。[①]

渥太华大学著名教授、语言学家弗朗斯·马蒂诺对这一创造性举措表示赞赏。但她同时指出，希望词典项目团队能够警惕那些阻碍词典推广普及的因素，词典项目的推进必须建立在严谨科学分析的基础上，严格保证区域法语的多样性。她认为将不同的表达形式放到相应的语境中，是确保这一数字化工具准确性的最佳方法。弗朗斯·马蒂诺以阿卡迪亚地区法语为例说明道，“如果阿卡迪亚的法语使用者看到他们并不常用的阿卡迪亚表达方式被词典收录为通用词语，那么我们其实就是在意识形态上将这种表达方式强加给了众人”[②]。因此为了确保词典项目的成功，她希望贝尔纳·赛克利尼及其团队能够在搭建在线词典平台之外，做进一步的深入调研工作。

显然，这样一部聚合各种词典数据库、同时收集广大公众供稿的词典，会在一定程度上导致词典质量上的缺陷，因此需要语言学家不断地研究、评估。针对这一问题，贝尔纳·赛克利尼答复说，公众在提供特有词汇时，需要填写一份表格，内容包括词汇的定义和举例，同时还需写明该词的性、数及使用的环境背景、职业行话、家庭用语表达、邻里关系表达等。在核查新增内容是否准确方面，首先通过类似于维基百科的流程，即优先采用用户之间的自纠和修正，之后再交由词典科学委员会开展第二阶段工作，进一步进行评估、验证，确保收录的词汇准确无误。

加拿大记者、《义务报》法语国家与地区专栏创始人让-伯努瓦·纳多认为，《全球法语大词典》在线查询网站的创建，对于法语语言和法语国家与地区来说是一个极好的消息。这部数字化词典标志着法语在历史上的一个重要转变，最高当局终于意识到，法语正在从法国解放出来。这也让人们从学术和语言纯洁主义的概念中脱离出来，进一步突出语言学在实际应用领域中的地位，扩大词典在语言生活中的功能。《全球法语大词典》向人们充分展示出法语的丰富性、现代化和创造性[③]。

（刘洪东、魏进红）

① 信息来源：加拿大义务报官网（https://plus.lesoir.be）。

② 信息来源：加拿大广播公司官网（https://ici.radio-canada.ca）。

③ 信息来源：加拿大义务报官网（https://plus.lesoir.be）。

挪威公布新版《语言法》提案

2020年5月12日，挪威文化与平等部（本文简称“文化部”）向议会提交了新版《语言法》提案（本文简称“提案”），[①]并在提案内以报告形式做了详细的解读。挪威现行的语言法是1980年4月11日以来一直沿用的《行政部门语言使用法》，内容主要关于布克摩尔挪威语和尼诺斯克挪威语平等的问题。此次提案标志着挪威历史上第一部全面的语言法进入实质论证阶段，[②]对其未来的语言政策具有重要历史意义。

一 相关背景

挪威的人口虽然只有500多万，[③]但其境内的语言状况却并不简单。挪威的官方语言是挪威语和萨米语，挪威语有两套书面语系统：布克摩尔挪威语和尼诺斯克挪威语，萨米语则是萨米族的通用语。挪威还有一些少数族群的语言，包括克文语、罗姆语、芬兰语等。挪威政府也特别重视手语，在法律上承认了手语的地位，并给听障人士提供了相应的手语服务和教育。此外，挪威还有大量的移民语言，根据挪威官方的统计数据，截至2020年1月，移民占挪威总人口的14.7%。[④]

北欧的另外四个国家都有较为全面的语言法[⑤]，而在本次提案之前，挪威还没有一部系统、全面的语言法，相关规定分布在不同的语言法案及政策文件中，比如：1980年修订的《行政部门语言使用法》确定了布克摩尔挪威语和尼诺斯克挪威语具有同等的地位；1987年颁布的《萨米法案》确定了萨米语和挪威语

① 信息来源：挪威政府官网（https://www.regjeringen.no）。

② 信息来源：挪威国家语言理事会官网（https://www.sprakradet.no）。

③ 信息来源：挪威数据网（https://www.ssb.no）。

④ 信息来源：挪威数据网（https://www.ssb.no）。

⑤ 北欧颁布语言法的国家和时间分别是：丹麦（1997年）、芬兰（2004年）、瑞典（2009年）、冰岛（2011年）。

具有同等的地位；[①]1988年通过的《挪威宪法》（本文简称《宪法》）明确了萨米族人有权利保护和发展他们的语言、文化以及生活方式；1992年颁布的《萨米语言法案》[②]确认了萨米语的官方语言地位；1999年通过的《教育法案》明确了萨米族的学生有接受萨米语教育的权利；2008年，文化部向议会提交了报告《语言与意义——一个全面的挪威语言政策》[③]，其核心思想就是加强挪威语在社会各领域的使用。

在启动本次立法之前，挪威政府也做了一系列准备工作：2016年，政府批准了《萨米语言的立法、措施和计划》[④]，为更多的萨米语使用者提供帮助；2017年，文化部下属的挪威国家语言理事会（本文简称“理事会”）成立了专家委员会，对挪威的语言现状以及公众的语言态度进行了调查，并发布了调查报告《挪威的语言——文化和基础设施》[⑤]和《语言地位调查报告2017》[⑥]；2018年春，挪威政府出台《政府机构和萨米议会的协商程序》[⑦]，增强了萨米人在政策制定与实施过程中的地位；2018年年末，文化部向议会提交白皮书《文化的力量：未来的文化政策》[⑧]，指出“文化政策的一个重要目的就是加强挪威语的社会责任”。[⑨]

二　主要内容

提案总共19章，除第1章为内容概要，余下内容可以分为“解读报告”（第2—10章）与“法律”（第11—19章）两个部分。

（一）解读报告部分

解读报告主要阐释制定这部语言法的核心思想，并结合社会现实情况解释采取这些措施的原因。它首先描述了多语主义在挪威社会的重要意义，随后解释了为什么语言政策需要多个部门参与，最后指出语言政策在一些领域中应该发挥的作用。

1. 多语主义在挪威社会具有重要意义

提案认为，语言是文化的载体，它能够反映出挪威社会的基本结构以及语

①②③④　信息来源：挪威政府官网（https://www.regjeringen.no）。
⑤⑥　信息来源：挪威国家语言理事会官网（https://www.sprakradet.no）。
⑦⑧⑨　信息来源：挪威政府官网（https://www.regjeringen.no）。

言使用者的身份认同。在挪威社会中，挪威本国的语言（包括挪威语的两个书写系统、挪威手语、萨米语以及其他少数民族的语言）是最重要的身份认同标记，联结了不同的言语社区。因此，提案认为，在拥有丰富的文化和语言多样性的挪威社会，实行多语主义是十分必要的，并且需要在社会各领域推行这项语言政策，保障各个群体的语言权利。

2. 语言政策需要多部门的参与

提案认为，在挪威社会的各个领域，无论是医院、学校、政府机构、法院、企业、高校等公共场域，还是家庭这样的私人场域，语言都是十分重要的交际工具。因此，语言政策的顺利推行，需要各部门共同努力。

对于政府的各部门而言，必须要通过不同语言让公民知道自己的权利和义务，为公民提供保障。一方面要保证不同语言的使用，另一方面也要提高翻译的质量，让公民和群体不管是在线下还是线上寻求服务时，都能够得到有效的帮助。

3. 语言政策在不同领域中的应用

提案指出，语言政策需要涉及社会生活中的不同领域，包括：

第一，文化和艺术。主要针对不同场景下的语言使用问题，比如图书馆、博物馆、档案馆等公共场所，或者剧院表演和文学作品等艺术创作领域。

第二，信息技术。要想使用信息技术来帮助读写有困难的公民，首先需要解决挪威语的两个书写系统在信息技术中的应用问题。

第三，基础教育。在学校中，不同语言背景的学生都应该拥有平等的受教育权利，学校有义务为他们的语言学习提供帮助。对于移民学生而言，学习挪威语也是他们融入挪威社会的重要方式。

第四，高等教育和学术研究。高等教育和学术研究具有很高的社会声望，因此，研究人员的语言使用对于社会其他领域的语言发展具有重要的影响，但目前为止，这一领域的语言使用仍以英语为主，挪威语的使用比较少。

第五，语言规范。要想保证挪威语在社会各个领域中的使用，首先需要在各个领域实现语言标准化，这有待于语言学研究人员的努力。比如，组织编纂词典，以辅助语言的学习和使用；规范人名和地名，减少交际中的信息差；规范科技术语使用，减少研究人员在使用挪威语交流时可能存在的障碍等。

（二）法律部分

法律部分主要从语言法制定的目的出发，确立挪威语和其他少数民族语言的法律地位，明确公共机构的语言职责，突出理事会的监管和指导作用，介绍公民和群体语言权利的内涵。

1. 各语言的法律地位

针对挪威国内的语言情况，提案在法律上明确了各语言的法律地位：

第一，确定并保护挪威语作为主要国家语言的地位，其两个书写系统的地位是平等的。

第二，确定萨米语为挪威的原住民语言，和挪威语享有平等地位。

第三，明确了克文语、罗姆语等少数民族语言的地位。

第四，明确了挪威手语的官方语言地位。

第五，瑞典语、丹麦语以及其他斯堪的纳维亚半岛语言的使用者，在国家公共机构有权接受母语的服务。

2. 公共机构的语言使用要求

提案在三个方面对公共机构的语言使用提出了具体要求：

第一，语言使用的要求。国家公共机构的行政人员需要使用布克摩尔挪威语、尼诺斯克挪威语和萨米语，并且要保护和宣传克文语、罗姆语以及挪威手语等。但同时，公共部门中使用布克摩尔挪威语或者尼诺斯克挪威语书写的文件比例至少要达到 25%。

第二，语言表达的要求。公共机构必须能够使用布克摩尔挪威语、尼诺斯克挪威语和萨米语，并且要实现有效沟通，包括清晰的语言表达、符合布克摩尔挪威语和尼诺斯克挪威语规范的拼写、能让目标人群听懂的语句表述等。

第三，语言规范的要求。国家机关的文件以及学校使用的教科书、教学媒介语必须按照挪威语的规范标准来拼写。

3. 公共机构的语言服务

提案中规定，公共机构需要发展和强化布克摩尔挪威语和尼诺斯克挪威语的使用，具体包括以下 5 个方面：

第一，按照提案的规定，公共机构在为个人提供公共服务时（包括自助服务的系统、相关的表格和文件），可以同时使用布克摩尔挪威语或尼诺斯克挪威语，同时也要保障学校的教材教具、相关通知与文件使用布克摩尔挪威语和尼诺斯克挪威语。

第二，州和县市政府在不知道所涉人员的语言使用意愿时，有权自由选择布克摩尔挪威语或尼诺斯克挪威语来进行口头或书面的答复。此外，也可根据受援城市政府的要求，使用布克摩尔挪威语或尼诺斯克挪威语进行书面答复。

第三，公共机构的公务人员在工作场合需要使用布克摩尔挪威语或尼诺斯克挪威语，这是最基本的语言要求。

第四，当公共机构违反了语言服务的规定时，如发布文件中书面语使用不正确、拒绝提供相应语言的服务等，公民有权提起上诉，保障自己的正当权益。

第五，依据《公共行政法》的要求，公共机构有义务为语言能力有限的人群提供相应的教学和指导。

4. 公共机构的语言管理

提案指出，理事会是语言法实施过程中的主要监督管理单位，其职责主要包括：

第一，监督公共机构的语言使用情况，发挥其指导和监督的职责，并协调好与各部门之间的关系。

第二，定期统计布克摩尔挪威语和尼诺斯克挪威语的使用情况，并在理事会官网发布与语言相关的新闻、信息、调查数据等内容。

第三，理事会为公共机构的公务人员提供免费的挪威语课程，提高他们的语言能力。此外，理事会还需要为县市提供两种书面语相关信函模版，提高工作效率，保证其与公民的顺畅交流。

第四，根据《行政部门语言使用法》和《城市名称法》，理事会也需要负责监督城市名称的拼写问题。

此外，提案也强调，挪威本国语言的使用是所有公共部门和机构的责任，语言法只有在各机构和部门的配合之下，才能顺利实施。

5. 公民的语言权利

提案指出，挪威是一个文化丰富和语言多样性的国家，因此，提案的核心目的是保护公民的语言权利，这包括两个方面：

第一，公民和群体有权使用自己的母语和国家通用语公开发表自己言论。

第二，公民和群体有权使用多种语言和方言。

三　社会反响

提案的公布引发了挪威国内的热议，很多国家部门、地方公共行政机构、各领域协会以及新闻媒体等都纷纷发声响应。委员会官网连续多日发文对新版《语言法》的条例进行解读，回应公众关心的问题。挪威文化部部长阿比德·拉贾在接受专访时表示，新版《语言法》最重要的目的是维护挪威本国语言的地位，这是文化、历史和身份认同的重要体现。挪威克文语协会也发文支持新版《语言法》，同时呼吁要加强对克文语的保护。[①]

默勒和鲁姆斯达尔郡发文支持新版《语言法》，指出要加强对挪威语（尤其是尼诺斯克挪威语）的使用，并结合自身发展制定出了执行的方案。[②] 此外，出版行业、戏曲管弦乐协会、博物馆协会等也发声响应新版《语言法》，并从自己所在领域出发，提出了一些具体实施方案，比如在舞台演出、作品封面、展品中体现出挪威的语言多样性。

但也有一些声音对新版《语言法》的内容提出质疑。他们认为新版《语言法》并没有明确规定“接受过学校教育的人必须掌握两种书写系统”，[③] 语言标准化的过程也不应该是让尼诺斯克挪威语和布克摩尔挪威语更加类似。此外，新版《语言法》也需要用更明确的法律条例来规定公职人员的语言使用，增强他们在公共服务时对不同语言的使用能力。[④]

目前，提案已经提交给议会，进入实质论证的阶段，根据挪威的立法流程，提案还需接受议会的三轮审阅[⑤]，经议会批准后会正式施行，届时也将废除1980年的《行政部门语言使用法》。

（张　琛、张勇晨）

① 信息来源：挪威克文语协会官网（https://kvener.no）。

② 信息来源：默勒和鲁姆斯达尔郡事务网（https://einnsyn.mrfylke.no）。

③④ 信息来源：挪威霍格诺斯克协会网（https://hognorsk.no）。

⑤ 信息来源：挪威议会官网（https://www.stortinget.no）。

意大利秕糠学会工作新进展

1582年，在佛罗伦萨成立的意大利秕糠学会[①]（本文简称“学会”）是致力于研究和推广意大利语的最重要的科研中心之一。学会不仅在全球化和欧洲多语政策的背景下积极参与语言规范、推广和语言政策实践，还围绕文献、词典学和语言学等方向致力于意大利语相关的社会研究。2019—2020年，除了长期战略项目外，秕糠学会的工作主要围绕但丁逝世700周年纪念活动、意大利语言博物馆和新冠肺炎疫情下的语言服务来进行。

一　迈入现代的秕糠学会

16世纪，在亚平宁半岛长期处于分裂割据的政治形势下，佛罗伦萨的新兴资本主义试图通过规划语言来证明其社会地位，并提升身份认同感——抛弃代表教廷的拉丁语，选择回归14世纪文艺复兴时期的佛罗伦萨方言。于是，以维护佛罗伦萨方言[②]的纯洁性为宗旨进行语言规范和词典编纂工作的秕糠学会应运而生。

学会的成立对欧洲乃至世界的语言规范工作影响巨大。在秕糠学会之后，法国于1635年成立法兰西学术院。18世纪至19世纪，西班牙、瑞典、匈牙利等国为规范语言和编纂词典也成立了类似作用的学术机构。

（一）组织架构

现代秕糠学会的组织架构更为严谨清晰，由主席、荣誉主席、理事会、学术委员会和审计委员会组成，下设四大研究中心。学会的常任学者至少有20

---

① 秕糠学会这一名称来源于学会保护语言纯洁性的初衷：若将语言比作面粉，学会的作用是将细面粉（官方语言）与麸皮区分开来（separare il fior di farina dalla crusca）。

② 学会建立之初是为维护佛罗伦萨方言，后期（意大利建国后）宗旨改为维护意大利语方言。

名，理事会由主席、副主席、秘书和顾问组成，另有5名监事予以支持[①]。学会现任主席是克劳迪奥·马拉齐尼。

学会的四大研究中心从20世纪开始逐步成立，分别是意大利语语言学研究中心[②]、意大利词典学研究中心[③]、意大利语法研究中心[④]、当代意大利语咨询中心[⑤]。

学会得到了众多政府机构和基金会的资金支持，与意大利国内外学术机构、协会和大学研究中心都保持密切的合作关系。

（二）主要工作

学会在现代化的进程中不断加强与欧洲和世界的学术联系，但建立初期的核心宗旨“维护佛罗伦萨方言的纯洁性”已经随着意大利统一等社会环境的变化，在20世纪转变为“维护意大利语语言的纯洁性”[⑥]，并日益强调对意大利语的推广。

21世纪以来，学会除了围绕语法、文献、词典学和语言学等方向进行语言规范工作外，也积极推广意大利语。学会一方面继续进行编辑工作，向公众开放其专业图书馆及档案馆，另一方面与国际语言研究机构和语言保护学会保持密切联系，组织有关意大利语的研讨会和圆桌会议[⑦]，并在欧洲语言政策领域发挥积极作用。学会持续研究意大利语言的词汇、语法、句法、文献，并编纂词典、出版意大利语语言文化相关书籍。另外，学会还支持世界意大利语文化周活动、开设政府人员和媒体从业者语言培训课程、与议会协商法律语言规范、

---

① 信息来源：意大利秕糠学会官网（https://accademiadellacrusca.it）。

② 学会于1937年成立了意大利语语言学研究中心，其目的是推进对古代文献和19世纪以前的文学作品的研究。

③ 学会从1612年起就陆续编撰出版了5部意大利语字典，成为欧洲学术界的词典学典范。意大利词典学研究中心于1969年创建，其目的是促进对意大利词典学的研究和词典编纂。

④ 意大利语法研究中心于1969年创建，目的是推动历史语法研究，及描述性、规范性的意大利语研究。

⑤ 当代意大利语咨询中心于2001年1月创建，其成员由不同学科各个专业领域的专家学者组成，主要目的是通过大众媒体与公共机构，激发人们对当代意大利语中特色语言现象的思考，并将其研究成果传播给公众。

⑥ 秕糠学会一直奉为宗旨的“以14世纪伟大作品来维护佛罗伦萨方言的纯洁性”，反映了乡土主义的局限性，难以为日益统一的意大利提供国家认同感。

⑦ 秕糠学会在历史上多次组织相关会议，如1953年在英国剑桥举行了第一届国际意大利语研讨会；1971年，在学会倡议下，召开了国际词典学圆桌会议，帮助与会者之间建立联系，为将来的合作和交流奠定基础。

建设语料库、维护数据库、构建城市语言广场、提供语言咨询服务，同时定期举办各种语言相关的学术会议、研讨、讲座等。学会在保护意大利语纯洁性的同时，也致力于研究如何在数字时代向世界传播和推广意大利语。

二　长期战略项目的新进展

2019—2020 年，仍在进行中的长期战略项目主要有意大利语观测站项目（OIM）、现代意大利语的动态词典项目（VoDIM）和全球意大利语语言文化周项目。

（一）意大利语观测站项目①

全球化进程下，移民浪潮加强了语言接触，意大利语也在世界范围内传播、变异。意大利语观测站项目旨在收集其他语言中的意大利语单词并建立线上数据库，通过研究世界语言实践中的意大利语，掌握意大利语言文化在全球的传播情况。

该项目在 2008 年编纂并上线了英、法、德语中对意大利语借用情况的汇总词典。该项目 2019 年 10 月已将西班牙语、加泰罗尼亚语、葡萄牙语、希腊语、匈牙利语和波兰语纳入研究范围，并在两次学术研讨会中进行展示。2020 年及以后的研究项目中包括阿尔巴尼亚语、马耳他语、俄语，以及其他重要的非欧洲语言，如阿拉伯语和汉语。关于汉语部分的研究，项目组计划与南开大学展开合作。

（二）现代意大利语的动态词典项目②

现代意大利语的动态词典项目于 2015 年正式启动，目的是建立能提供咨询服务的现代意大利语在线词典大全。现代意大利语是指 1861 年意大利统一后使用的语言。该项目与八所大学合作，通过计算语言学、统计学、语料库语言学来建立动态词典语料库。

该项目的子产品之一是在 2019 年 3 月发布的、被誉为“20 世纪最伟大的意大利语词典”的《意大利语大词典》免费电子版。该词典的编纂历时 40 年，是意大利有史以来词汇量最大的词典，包含大量的科学、政治、法律专业词汇，拓展了现代意大利语的动态词典项目中相关领域的词汇。

① 信息来源：意大利语观测站项目官网（http://www.italianismi.org）。

② 信息来源：意大利秕糠学会官网（https://accademiadellacrusca.it）。

2020 年，现代意大利语的动态词典项目基本完成主体部分后，又致力于非日常领域的术语拓展，范围包括议会文本、法律文本、艺术术语、生物学术语、烹饪术语、漫画语言等[①]。

（三）全球意大利语言文化周项目

意大利语言文化周诞生于 2001 年，由意大利外交部与糠秕学会联合发起，在意大利文化部、领事馆和国内外学府的意大利语研究会的配合下，致力于在全世界范围内将意大利语作为古典文化和当代文化的载体进行推广。

2020 年 10 月，第 20 届意大利语言文化周以“文字与图像中的意大利语”为主题在中国拉开帷幕。活动以线下讲座、展览、歌剧电影赏析会、学术会议等，结合线上直播的形式，探索但丁及其作品在中国语境中的解释与重构。

三　但丁逝世 700 周年纪念活动

2021 年为意大利语言和文学巨匠但丁逝世 700 周年，秕糠学会与政府、但丁学会及其他机构合作，在 2019—2020 年围绕即将到来的但丁逝世 700 周年及其系列活动做了充足准备工作。

（一）但丁日

2020 年，在秕糠学会、但丁学会等众多文化学术机构的支持下，意大利政府将 3 月 25 日定为“但丁日”，并举行了首次庆祝活动。由于新冠肺炎疫情的影响，“但丁日”活动主要在线上进行，线上活动平台包括网站、脸书、推特、优兔、照片墙等。世界范围内的各大机构、学校及其他对意大利语言文化有热情的人们以讲座、展览、演出、图书分享等各种方式庆祝但丁日。

（二）《但丁词典》

《但丁辞典》由秕糠学会主持并由意大利国家科研委员会“意大利词典工程”进行推广，旨在整合并数字化但丁作品中的词汇，以庆祝但丁诞辰 750 周年（2015）和但丁逝世 700 周年（2021）。

该项目于 2015 年启动，前期收集了但丁作品中的全部词汇，并建立在线语料库。2018 年首次发布了《但丁辞典》的在线网络平台并提供免费查询服务。

① 信息来源：意大利秕糠学会官网（https://accademiadellacrusca.it）。

为了能够系统全面地阐释但丁作品，并使用现代用语对其进行解释，该项目于2020年11月发布最新版本，将词典的传统方式与动态和模块化的数字界面相结合，同时提供搜索系统，允许进行高级查询，以此服务于对语言感兴趣的专业读者、语言研究者，同时也满足了国内外的广泛需求。

四　意大利语博物馆项目[①]

2019年2月，秕糠学会与但丁学会提议在佛罗伦萨筹建意大利语博物馆，并得到了意大利总理朱塞佩·孔特、文化遗产活动和旅游部部长达里奥·弗朗切斯基尼、佛罗伦萨市市长达里奥·纳德拉的一致支持。2020年1月，朱塞佩·孔特总理在佛罗伦萨大学开学典礼上发表讲话，宣布将在佛罗伦萨建立首个意大利语博物馆，以在2021年纪念佛罗伦萨大学建立暨但丁逝世700周年，同时宣传意大利语的历史文化。该语言博物馆已初步建成，占地面积约2000平方米，耗资约500万欧元，将于2021年正式对外开放。

意大利语博物馆内的展品力求包含所有领域的语言：文学、科学、法律、政治、艺术、音乐、烹饪等语言都将以手稿、书籍、艺术作品、录音录像等多种形式展出。意大利语博物馆兼具国内和国际特色，在重视多语主义政策的同时，关注语言纵向发展的历史脉络。意大利国内的语言变体将会被详细地陈列在馆，世界各地的意大利语教育和语言使用情况都将被囊括在展览范围内。学会相关负责人在接受媒体采访时屡屡表示，意大利一直是欧洲语言文化的桥梁，在古典语言和现代语言之间建立联结。从教堂与宫殿中的碑文篆刻、中世纪的手稿，到近现代的广播影视与歌剧，意大利语的悠久历史变迁蕴藏在与世界的交流中。在重视意大利国内的语言生活的同时，全球范围内的意大利语使用情况也需要被更好地了解和重视，此外，随着年轻人日益成为语言生活的主角，年轻人的语言生活需要被广泛关注。

秕糠学会荣誉主席玛菈琪诺表示，语言博物馆承载了一种重要的国家语言政策。语言作为一种宝贵的文化资产应当得到支持和保护，语言博物馆能够很好地保存并广泛传播语言及其历史文化。这一举措不仅仅是出于对濒危语言的保护和对语言消亡的担忧，更是为了提高年轻一代对语言文化资源中蕴含巨大

① 信息来源：意大利秕糠学会官网（https://accademiadellacrusca.it）。

价值的意识，从而增加对语言的热爱和对民族身份的认同。建立语言博物馆这一语言政策与全球化进程中的欧洲语言政策保持了一致，支持欧盟多语主义的政策，传达多元文化的价值观。[①]

五 新冠肺炎疫情下的语言服务

2020年，由于新冠肺炎疫情的蔓延，意大利各个大区均有不同程度的封锁，人们持续在家办公与学习。学会于2020年3月推出“进入家门的秕糠学会”语言服务项目，旨在为在家工作和学习但缺少资源的人们提供在线图书馆、在线数据库等语言服务，并进行疫情衍生词规范。

在图书资源方面，学会不仅开放其学会图书馆的在线版本，为国内外研究意大利语和语言学的学者专家提供资源，还在线提供了中小学教材的电子版本。线上教材主要为语言类图书，如意大利语词典、语法书、词汇书，也包含部分法律、科学、数学、心理健康的教材。在意大利举国远程学习的情况下，学会为教育事业提供了有力的支持。

学会也开放了众多线上数据库。不仅开放了古籍数据库和《但丁辞典》在线数据库，还将意大利历史上最重要的档案馆“秕糠学会数字档案馆”面向所有人开放，内含手稿、手迹、信件、词典等文件，总数超过1900件。

面对疫情暴发与蔓延中衍生出的新词，学会进行了语言管理和规范。目前，大量与疫情相关的英语词汇在意大利语中被广泛使用，如coronavirus（新冠肺炎）和lockdown（封锁）；意大利语中也出现因疫情及其社会影响而新创的词汇，如distanziamento sociale（社交距离），didattica a distanza（DAD，远程学习）。学会对这些流行语都进行了官方解释与说明，并从语法上进行语言规范。学会首先对出现在日常对话、传统媒体和社交媒体上的大量疫情衍生新词进行列举、归纳和解释，继而对新词引发的语法、句法等使用疑问进行讨论和规范。最后，学会从语言学角度反思突发的卫生事件，在媒体平台上进行反馈并践行这些新词的语言使用规范。

学会成立的400多年来，一直积极参与语言规范和语言政策实践，并提供语言服务。学会支持意大利语言研究和研究人员的培训，针对语言和社会现

① 信息来源：意大利秕糠学会官网（https://accademiadellacrusca.it）。

象进行相应规范并提供语言服务；关注意大利语教育和语言历史知识在国内外的传播情况，以及意大利人对意大利语作为国家语言的历史感知和身份认同；与意大利国内相关机构、欧盟和其他国家的重要机构合作，制定有利的多语政策。

（俞依敏）

西班牙瓦伦西亚大区《多语教育法》引抗议*

2020年1月18日，约17 000名瓦伦西亚①民众在该大区13处公共场所集会，抗议大区政府的多语教育政策。抗议者多数是大区西班牙语单语家庭，以及家庭语言主要为西班牙语的双语家庭父母。他们认为《多语教育法》②强制减少了西班牙语在课堂上的使用机会，侵犯了民众自由选择教育媒介语的权利，同时也为孩子的学习效果和西班牙语水平感到担忧。该事件被西班牙《国家报》《世界报》等主流媒体报道，引起社会广泛关注。

2018年2月，瓦伦西亚大区颁布《多语教育法》，严格限制当地学校课堂中西班牙语的使用比例。新政规定，公立学校总课时中，至少25%的课时必须使用瓦伦西亚语授课。大区政府更将致力于把该数字提升至50%。这意味着大量语言类和文科知识类课程将使用瓦伦西亚语授课。该法令涉及面较广，除大学以外，几乎所有教育层次的学校均受到影响。此法的出台给大区内以西班牙语作为唯一家庭语言的单语家庭学生带来较大的学习困难，使其无法使用母语接受教育。在《多语教育法》颁布前，大区政府已多次提出多语规划，包括2015年“2+2”多语模式构想和2017年《多语教育行政法令》③等，对社会造成不同程度的影响。民众的不满逐年积累，在2020年形成大规模抗议。

瓦伦西亚语言问题由来已久，不仅涉及瓦伦西亚语作为地区官方语言和西班牙语作为国家官方语言的地位规划矛盾，还包括在“泛加泰罗尼亚语”理念影响下，瓦伦西亚语和加泰罗尼亚语的学术界定和社会政治界定问题，体现了西班牙双语地区复杂的语言环境，以及语言政策与政治问题长期纠缠的现实。

---

* 本文获得上海市哲学社会科学规划项目（2019BYY027），中央高校基本科研业务上海外国语大学校级一般科研项目（KY01X0222017064）和“双一流”建设背景下中国特色西班牙语教研体系研究项目资助。

① 瓦伦西亚也译作“巴伦西亚”。

② 《多语教育法》的西班牙语全称为 LEY 4/2018, de 21 de febrero, de la Generalitat, por la que se regula y promueve el plurilingüismo en el sistema educativo valenciano。

③ 《多语教育行政法令》的西班牙语全称为 DECRETO 9/2017, de 27 de enero, del Consell, por el que se establece el modelo lingüístico educativo valenciano y se regula su aplicación en las enseñanzas no universitarias de la Comunitat Valenciana。

一　争议不断的瓦伦西亚多语教育政策

（一）大区“2+2”多语模式构想

西班牙传统学界认为，该国 17 个大区中有 6 个是双语大区，分别是：加泰罗尼亚、瓦伦西亚、巴利阿里群岛、巴斯克、纳瓦拉（部分地区）、加利西亚大区。[①] 双语大区除了使用国家官方语言以外，拥有地区官方语言，双语大区居民使用两种语言的权利受宪法保护。

瓦伦西亚大区位于西班牙东部地中海沿岸，约有 500 万人口，其首府瓦伦西亚市是西班牙第三大城市。近年来，瓦伦西亚大区政府对多语政策持积极态度。右翼政府对外语教学质量提出要求，左翼政府则更强调地区语言的重要性。2013 年右翼人民党执政时期，瓦伦西亚教育厅曾发文要求到 2016—2017 学年，大区的外语教师必须考取相关语言资质证书，确保能够使用外语授课。2016 年 8 月，新学期即将到来之际，时任左翼大区政府决定把该规定的实施时间推后，原因是大部分教师无法达到先前要求的语言能力，时任政府认为前政府的语言政策不切实际。左翼政府一方面反对前任政府的外语政策，一方面提出自己的多语教育政策。

2015 年 9 月，大区政府召开记者会，宣布瓦伦西亚试图在未来使民众具有“2+2”的语言能力，即掌握两种本国本地区官方语言（西班牙语和瓦伦西亚语）和两种外语。考虑到绝大多数民众已掌握西班牙语，政府的工作重点实则是加强瓦伦西亚语的使用，其措施包括：表彰语言使用成绩突出的私人企业，利用媒体进行语言宣传，促进瓦伦西亚语言学院、公立大学和政府文化部门之间的合作关系，开展瓦伦西亚语的活力研究等。外语使用方面，加强对官方语言学校的支持，促进民众第二外语的学习。[②]

（二）《多语教育行政法令》引社会不满

虽然《多语教育法》到 2018 年初才颁布，但早在 2015 年下半年，瓦伦西亚左翼联合政府上台伊始，便马不停蹄地在教育领域推行地区语言扶植计划。

① “双语大区”的界定依据为西班牙社会研究中心（CIS）1998 年“双语大区语言使用调查”，研究编号 2295-2300。

② 信息来源：西班牙国家报官网（https://elpais.com）。

2017年1月，大区政府颁布一项《多语教育行政法令》。与《多语教育法》直接规定课堂中的瓦伦西亚语使用比例不同，《多语教育行政法令》显得较为灵活。它为非高等教育机构提供多种不同类型的多语方案，[①]西班牙语和瓦伦西亚语作为课堂媒介语的使用比例在每一种方案中各不相同。区域内公立和半公半私立学校可选择适合自身发展的方案，并上报教育厅。

尽管法令给予教育机构一定自由度，仍旧引起社会不满，其原因包括：（1）教学媒介语对学生的学习效果至关重要，大区政府仅给学校两个月时间论证和选择多语方案；（2）如果学校选择使用西班牙语作为教学媒介语，则会被减少英语课程，学生也无法像在选择瓦伦西亚语作为教学媒介语的学校里那样获得瓦伦西亚语证书和英语B1水平证书；[②]（3）大区实际上没有足够师资能够使用瓦伦西亚语授课，无法保证各门非语言课程的教学质量。[③]家长们认为自己的语言选择权遭到侵害，大区政府用减少英语课程的方式“惩罚”选择以西班牙语作为教学媒介语的学生，而家长希望自己的孩子能用西班牙语接受基础教育的同时，保证英语学习进度。

二　多语教育政策下西班牙语单语家庭的语言困境

1998年数据显示，瓦伦西亚大区不懂瓦伦西亚语或不能使用地区语言阅读、会话和行文的人数占总人口的45%，另有35%的人口能够使用瓦伦西亚语进行听说和阅读，其余20%能使用地区语言全面完成听说读写活动。[④]这说明，有将近一半的瓦伦西亚居民以西班牙语作为家庭语言，他们只能被动理解地区语言。虽然不同语言能力的居民居住在相对集中的区域内，但不乏单语家庭和双语家庭混住的省份。与西班牙其他双语大区的情况相仿，瓦伦西亚超过95%的民众能够无障碍使用西班牙语进行听说读写交流，[⑤]西班牙语是该区名副其实的通用语。

教育媒介语的使用涉及听说读写多方面技能，严格意义上说，瓦伦西亚能够无障碍使用地区语言进行学习的人口十分有限，相反，西班牙语的普及程度

① 幼儿和小学教育可选方案为6个，中学教育可选方案为3个。

② 信息来源：西班牙世界报官网（https://www.elmundo.es）。

③ 信息来源：西班牙阿贝塞报官网（https://www.abc.es）。

④⑤ 信息来源：西班牙社会研究中心官网（http://www.analisis.cis.es）。

远大于地区语言。然而，近年来地区政府以“保护多元文化”为由加大对地区语言的支持力度，要求在社会各领域使用地区语言，令其进入教育系统成为教学媒介语。2017 年 7 月，左翼瓦伦西亚工人社会党召开第十三届全党大会并通过支持瓦伦西亚多语教育理念的决议。决议认为，瓦伦西亚语具有社会凝聚力，当地公共机构、大区政府以及其他行政机构均有义务尊重和保护瓦伦西亚语。大会向西班牙国家政府的执政党——右翼人民党提出诉求，要求中央政府认识到西班牙社会文化的多样性，切实保护西班牙的地方语言。[①] 然而，同年地区政府设立的“语言权利问题办公室”收到的投诉寥寥无几，这意味着绝大多数瓦伦西亚语使用者没有在日常生活中感受到语言歧视。相反，地区语言成为教育媒介语对西班牙语家庭产生较大影响。

2017年《多语教育行政法令》出台后，对于使用西班牙语为主的家庭而言，如果其居住区域对口的公立学校选择以瓦伦西亚语为教学媒介语的方案，则意味着家长必须做出艰难的抉择：选择昂贵（且往往离家较远）的私立学校，或者把孩子送入使用瓦伦西亚语授课的课堂，不仅影响学习效果，还会减少英语课时。[②] 尽管理论上学校选择多语方案需要由家长和教师联合会共同商议通过，但是有的学校联合会仅十余个成员，而全校学生大约涉及 800 个家庭，联合会难以代表所有家庭的意见。若联合会在规定期限内无法达成一致意见，则由大区政府规定该校的多语方案，强制执行。[③]

《多语教育行政法令》一经颁布，地区民众反对活动不断，多次出现家长大规模游行，部分家长组成民间组织声援西班牙语。同年 5 月 12 日，大区阿利坎特省一个名为“语言与教育”的家长组织向西班牙塞万提斯学院提出诉求，希望学院在海外推广西班牙语的同时，也关注西班牙语在国内某些大区的生存状况，并研究在西班牙境内（至少在西班牙语受到威胁的地区）推出针对本国人西班牙语水平证书的可能性。[④] 在 20 世纪末，西班牙社会研究中心曾进行大规模调研，了解双语大区民众国家官方语言和地区官方语言的掌握程度。[⑤] 进入 21 世纪，左翼政党逐渐在国家和地区层面执政后，多数语言调查仅显示地区语

---

① 信息来源：西班牙信息报官网（https://www.informacion.es）。

② 信息来源：西班牙人报官网（https://www.elespanol.com）。

③ 信息来源：西班牙阿利坎特广场报官网（https://alicanteplaza.es）。

④ 信息来源：西班牙自治机密报官网（http://www.elconfidencialautonomico.com）。

⑤ 如 1998 年“双语大区语言使用调查”，研究编号 2295-2300。

言活力变化，甚少关注当地西班牙语的使用情况。

随着近年来西班牙双语地区左翼政党逐渐得势，相关地区的西班牙语家庭处境日渐艰难。因此，有学者和政坛人士认为西班牙长期存在“以语言政策行语言政治”的现象。[①]语言政策的动因并非为了解决沟通问题，而是左翼和右翼党派的政治博弈。

三　语言政策背后的政治因素

（一）不同阵营执政时的国家语言和地区语言

瓦伦西亚大区不同阵营的党派执政时，其语言政策重心不尽相同。总体而言，右翼党派政府倾向于巩固西班牙语的地位，左翼党派政府致力于地区语言的发展。2014 年，右翼政府计划推动“语言旅游”，以“学习西班牙语”作为大区旅游主题，吸引学习者前往该地区学习西班牙语。当年 9 月，在西班牙语语言学校联盟开会之际，地区政府邀请一组来自俄罗斯和斯洛文尼亚的教育部官员前往大区参观，与大区语言学校代表见面，了解其教学设施和教学项目。[②]2015 年政权易主后，西班牙语推广活动在政府的工作计划中基本消失，取而代之的是瓦伦西亚语的推广计划。

2017 年 5 月，大区政府颁布《行政机构大区官方语言使用规范》[③]，旨在保证瓦伦西亚语在大区公共部门和行政机构日常工作中的使用。同年，大区大幅增加司法工作者瓦伦西亚语培训课程名额，推出公务员语言辅助计划，包括开通专人负责的热线电话和电子邮箱等解答公务员的语言问题等。[④]这一年，大区政府正式宣布舍弃“瓦伦西亚”的西班牙语拼写（Valencia），只承认地区语言拼写（València）为大区名的唯一官方书面形式。[⑤]

① 信息来源：西班牙阿贝塞报官网（https://www.abc.es）和西班牙伊维萨日报官网（https://www.diariodeibiza.es）。

② 信息来源：西班牙报纸官网（https://www.elperiodic.com）。

③《行政机构大区官方语言使用规范》的西班牙语全称为 DECRETO 61/2017, de 12 de mayo, del Consell, por el que se regulan los usos institucionales y administrativos de las lenguas oficiales en la Administración de la Generalitat。

④ 信息来源：西班牙瓦伦西亚商贸报官网（https://www.levante-emv.com）。

⑤ 信息来源：西班牙阿贝塞报官网（https://www.abc.es）。

面对左翼政府的语言政策，右翼党派在各个场合设法应对。例如，2017年6月，西班牙教育文化体育部部长多次质询大区教育厅是否在多语政策中存在歧视西班牙语的现象；[①]2018年4月，瓦伦西亚高级法院认为《多语教育行政法令》有歧视国家官方语言、无视国家规定和宪法之嫌，判定其部分条款无效，[②]然而早在法院判决之前，同年2月，大区《多语教育法》已经在右翼政党的强烈反对声中出台；2019年9月，在接受瓦伦西亚地方电视台现场连线时，奥里韦拉市市长、人民党成员巴斯库尼阿纳表示听不懂瓦伦西亚语，待主持人换成西班牙语后采访才顺利进行。该事件被多家媒体报道，部分媒体批评巴斯库尼阿纳的语言能力，但也有媒体认为奥里韦拉市是瓦伦西亚大区的西班牙语地区，电视台不应该使用瓦伦西亚语进行采访。[③]类似的以语言问题为由的党派之争屡见不鲜，本文的核心事件，2020年1月万人抗议活动中亦有右翼人民党、公民党和声音党代表的身影。[④]

（二）“泛加泰罗尼亚语”理念影响下的区域语言规划

瓦伦西亚大区语言问题的深层动因指向“泛加泰罗尼亚语”理念。该理念出现在19世纪末20世纪初，号召加泰罗尼亚语区的人民联合起来，形成语言和政治共同体。前文提到，西班牙有多个双语大区，其中，加泰罗尼亚、瓦伦西亚和巴利阿里大区的地区语言往往被认为是一种语言，虽然有大量瓦伦西亚人坚决反对这个判断。

“泛加泰罗尼亚语”理念由加泰罗尼亚大区政府主导，加上另两个大区亦由左翼党派政府执权，三个大区不仅在区内扶植地区语言，大区间互动也很频繁，合力推动利于自身的语言政策。巴利阿里群岛政府于2016年4月举行纪念大区语言规范法30周年系列活动，瓦伦西亚和加泰罗尼亚的代表参加了纪念活动的开幕式。[⑤]同时期，瓦伦西亚多地举行面向儿童的公共教育活动，部分组织者和参与者要求大区政府转播加泰罗尼亚和巴利阿里电视台。[⑥]三个大区政府于2017年2月签署了一份名为《帕尔马宣言》的协议，旨在加强彼此之间的历史

① 信息来源：西班牙世界报官网（https://www.elmundo.es）。

② 信息来源：西班牙阿贝塞报官网（https://www.abc.es）。

③ 信息来源：西班牙先锋报官网（https://www.lavanguardia.com）。

④ 信息来源：西班牙国家报官网（https://elpais.com）。

⑤ 信息来源：西班牙梅诺卡报官网（https://www.menorca.info）。

⑥ 信息来源：西班牙省报官网（https://www.lasprovincias.es）。

文化联系，形成文化同盟，在海外共同传播加泰罗尼亚语，推广加泰罗尼亚语文化。①2020年2月，三个大区政府语言政策部门负责人于巴塞罗那召开会议，再次商讨共同推动地区语言的使用问题，涉及领域包括卫生、影音制品、电子游戏和公司企业等。据悉，此次会议是三个政府第七次就推动地区语言事宜聚首。与会者提出，中央政府应确保地区语言在法律程序、国家行政工作和国家政府官方网站中的使用。②

对于地区政府的活跃行动和强势政策，中央政府运用宪法和自身行政权力进行回应，通过各级法院予以规范。2020年6月，西班牙最高法院支持瓦伦西亚大区高级法院的判决，认为在加泰罗尼亚语大区之间进行公文往来时，瓦伦西亚大区政府无权规定只使用地区语言，因为决定公文使用语言的职能属于国家政府，各大区间的公文必须翻译成西班牙语。③

综上所述，西班牙双语大区的语言规划时常与政治问题紧密纠缠，政策动机和内容不完全符合民众实际语言能力和语言生活需求，从而导致如2020年初瓦伦西亚万人抗议这样针对政府语言政策的群体性抗议事件。

（陈旦娜）

①②③ 信息来源：西班牙先锋报官网（https://www.lavanguardia.com）。

埃塞俄比亚拟增加四种政府工作语言

2020年2月29日，埃塞俄比亚部长理事会宣布，埃塞俄比亚将在该国联邦政府现有工作语言阿姆哈拉语的基础上，新增奥罗莫语、提格雷语、索马里语和阿法尔语四种工作语言，[①]新政策待该国宪法修正案通过后实施。埃塞俄比亚是一个语言多样性的国家，影响新政策的背景不仅有埃塞俄比亚复杂的国内局势，还有来自不同政党的呼吁，也是该国促进本土语言融合发展的需求使然。新政策虽尚未最终落地，已然在当地引起了广泛的社会反响。

一　语言国情概况

埃塞俄比亚是非洲的第二人口大国，现有人口约1.05亿。全国有80多个民族，主要民族有奥罗莫族（40%）、阿姆哈拉族（30%）、提格雷族（8%）、索马里族（6%）、锡达莫族（4%）等。[②]根据世界语言网的统计结果，埃塞俄比亚有86种本土语言[③]，主要有奥罗莫语、阿姆哈拉语、提格雷语、索马里语、锡达莫语、古拉格语、阿法尔语等。按照语言使用人数排名，奥罗莫语使用者最多，占总人口的33.8%，阿姆哈拉语使用者占总人口的29.3%，索马里语占6.25%，提格雷语占5.84%，锡达莫语占4.84%，沃莱特语占2.21%，古拉格语占2.01%，阿法尔语占1.7%，哈蒂亚语占1.7%，加莫语占1.5%，吉迪欧语占1.3%，卡法语占1.1%，其他语言占8.1%。[④]

联邦政府现有工作语言阿姆哈拉语，及此次新增的工作语言奥罗莫语、提格雷语、索马里语、阿法尔语都属于亚非语系。其中，阿姆哈拉语和提格雷语属于亚非语系中的闪米特语族。阿姆哈拉语的使用者主要分布在埃塞俄比亚的

---

① 信息来源：刚果共和国非洲新闻官网（https://www.africanews.com）。

② 信息来源：中华人民共和国外交部官网（https://www.fmprc.gov.cn）。

③ 信息来源：世界语言网（https://www.ethnologue.com）。

④ 信息来源：美国中央情报局官网（https://www.cia.gov）。

中部和西北部地区，提格雷语的使用者集中分布在该国的东北部。奥罗莫语、索马里语和阿法尔语都属于亚非语系中的库希特语族。奥罗莫语的使用者广泛分布在埃塞俄比亚西部、西南部、南部和东部地区，索马里语主要被该国东部的奥加登和霍德等地区居民使用，阿法尔语在埃塞俄比亚北部的德纳基尔平原地区最为常见。[①]

由于阿姆哈拉人在埃塞俄比亚历史上长期占据统治地位，阿姆哈拉语一度被作为国家官方语言加以推广，这在一定程度上影响了其他民族语言的生存和发展。1991 年埃塞俄比亚政权发生更迭后，新政权开始实行平等的民族和语言政策。1995 年颁布实施的《埃塞俄比亚联邦民主共和国宪法》（本文简称《宪法》）第五条规定，埃塞俄比亚所有语言地位平等，联邦政府的工作语言为阿姆哈拉语[②]，联邦各州可以将本族语言定为所在州的工作语言。例如，奥罗莫州的工作语言为奥罗莫语，提格雷州的工作语言为提格雷语，索马里州的工作语言为索马里语，阿法尔州的工作语言为阿法尔语，南方州和阿姆哈拉州的工作语言同为阿姆哈拉语等。《宪法》未明确规定英语的地位，但英语是埃塞俄比亚事实上的通用语言，也是高等学校的教学语言。[③]

二 新政策背景

此次增加联邦政府工作语言的新政策是改革派总理阿比・艾哈迈德推行的一系列改革措施之一。阿比出生于奥罗莫，是繁荣党的创始人。他在一次讲话中说到：“阿姆哈拉语在促进埃塞俄比亚人之间的交流方面发挥了重要作用。但是，为了建立一个政治和经济融合发展的社会，新增联邦工作语言是非常重要的……新工作语言将在进一步促进埃塞俄比亚国家团结和文化联系方面发挥重要作用。”[④]综合考虑埃塞俄比亚政治、民族、文化、经济等多重因素，联邦政府拟增加四种工作语言的新政策背景可归结如下。

① 信息来源：大英百科全书官网（https://www.britannica.com）。

② 为了进一步巩固“语言平等”的理念，《宪法》避免使用“官方语言”（official language）的字眼，而是用“工作语言”（working language）来代替。

③ 钟伟云编著，《列国志：埃塞俄比亚》（新版），社会科学文献出版社 2016 年版。

④ 信息来源：美国 Quartz 新闻网（https://qz.com）。

（一）复杂的国内局势

埃塞俄比亚是一个语言多样性和种族多样性极为丰富的国家，埃塞俄比亚人也一直以他们的多样性为荣。[①]语言本身既有工具价值，也有象征价值，因此语言问题总是带有一定的政治色彩。[②]特别是像埃塞俄比亚这样民族、文化、宗教状况复杂的国家，语言难免会与族群身份联系在一起。

根据1995年《宪法》，目前一些地区正在使用的工作语言是其自主选择的语言，体现了语言平等政策，但在国家层面，仅以阿姆哈拉语作为联邦政府工作语言的政策未能反映埃塞俄比亚的语言及民族多样性的事实。[③]此外，由于不同民族地区的经济实力、资源配置能力不均衡，导致语言政策的实施也表现出较大的不同，特别是在一些经济薄弱地区，民族语言的发展受到较大制约。[④]

埃塞俄比亚是一个深受国内冲突困扰的国家，这些冲突大多是由种族极端主义的部落情绪引起。[⑤]随着埃塞俄比亚政局和种族方面的不稳定局势日益加剧，新增联邦政府工作语言的政策会在减少种族极端主义，平衡奥罗莫语、提格雷语、索马里语和阿法尔语使用者的诉求上发挥作用，并在国家建设和促进团结方面扮演重要角色。[⑥]

阿比·艾哈迈德在2018年4月出任埃塞俄比亚总理，他在党内被视为“一个有着良好学术背景和军事资历的政治家”。有分析人士认为，他的当选有助于缓解埃塞俄比亚国内的紧张局势，因此被寄予厚望。[⑦]在艾哈迈德两年多的任职中，埃塞俄比亚在内政外交多个方面都取得了进展，他本人也因年轻、富有魅力、懂得自我营销等特点，成为社交媒体时代颇为圈粉的政治家[⑧]，其亲民的性格也多次帮助其渡过执政困境。然而，埃塞俄比亚国内错综复杂的历史矛盾并未因其执政而根本解决，而他的“政治蜜月期即将结束”[⑨]。此次新政策赶

---

① 信息来源：埃塞俄比亚记者报官网（https://www.thereporterethiopia.com）。

② Smith, L. 2008. The politics of contemporary language politics in Ethiopia. *Journal of Developing Societies* 24(2), 207-243.

③ 信息来源：美国 Quartz 新闻网（https://qz.com）。

④ 高莉莉，《埃塞俄比亚语言政策的历史演变与现实挑战》，《天津职业技术师范大学学报》2019年第4期。

⑤⑥ 信息来源：尼日利亚 Ventures Africa 出版公司网站（http://venturesafrica.com）。

⑦ 信息来源：新浪网（http://finance.sina.com.cn）。

⑧ 信息来源：腾讯网（https://xw.qq.com）。

⑨ 信息来源：美国 Quartz 新闻网（https://qz.com）。

在埃塞俄比亚原定的全国立法选举前的一个月出台[①]，也从侧面说明了阿比·艾哈迈德推出新政策是出于稳定局势、巩固政权的考量。

（二）不同政党的呼吁

埃塞俄比亚现有约70个注册政党[②]，不同政党对于现行的语言政策有不同看法，有些明确提出要新增联邦工作语言，有些则呼吁要平等地保存、使用和发展埃塞俄比亚的所有语言。[③]

奥罗莫解放党和奥罗莫国民大会[④]提议，将奥罗莫语新增为联邦工作语言，理由是奥罗莫族是埃塞俄比亚人口最多的民族。

埃塞俄比亚民主党、全体埃塞俄比亚民主党、埃塞俄比亚联邦民主团结论坛三家政党提议在阿姆哈拉语之外再增加一种联邦工作语言，但没有说明是哪种特定的语言。其中，埃塞俄比亚联邦民主团结论坛表示，应根据本土语言的人口数量，从本土语言中选择新的联邦工作语言；埃塞俄比亚民主党和全体埃塞俄比亚民主党则认为，应按照"促进科学、技术和市场交流"的标准选择新的联邦工作语言。

埃塞俄比亚目前的执政党为繁荣党，由埃塞俄比亚人民革命民主阵线的3个成员党和5个盟党在2019年12月合并而成。繁荣党成立前的埃革阵和甘贝拉人民革命民主阵线（"甘贝拉人民民主运动"的前身）没有公开选择任何特定语言，但他们建议平等地保存、使用和发展埃塞俄比亚的所有语言。另外，还有多家政党在语言政策上也都持相似立场。

（三）促进本土语言融合发展的需要

亚的斯亚贝巴大学人文学院副教授莫格斯·伊格祖博士[⑤]认为，基于《宪法》所赋予的权利，埃塞俄比亚的一些本土语言已经成为各地区的工作语言，

① 埃塞俄比亚原定2020年全国立法选举，后因新冠疫情推迟到2021年。

② 信息来源：中华人民共和国外交部官网（https://www.fmprc.gov.cn）。

③ Mehari Zemelak Worku. 2018. How multilingual policies can fail: Language politics among Ethiopian political parties. In Jason Kandybowicz, Travis Major, Harold Torrence & Philip T. Duncan (Eds.), *African linguistics on the prairie: Selected papers from the 45th Annual Conference on African Linguistics*, 65–83. Berlin: Language Science Press.

④ 奥罗莫国民大会为埃塞俄比亚的政党之一。

⑤ 莫格斯·伊格祖博士为新语言政策起草小组成员。信息来源：埃塞俄比亚记者报官网（https://www.thereporterethiopia.com）。

这是一个相当大的成就，但埃塞俄比亚大部分地区的本土语言仍处于“欠发达”状态。[①]

在埃塞俄比亚，政治环境受到族群身份的影响，这一点日趋明显。各族群的语言权利在地区层面得到保护，这为解决一些潜在公共问题发挥了作用。然而，将语言保护“属地化”也可能造成“灾难性后果”——使社区（群）间的隔阂持续扩大，甚至会让这些社区（群）不仅在语言上，而且在共同的价值观和民族心理上都存在着广泛的分歧。[②]

文化与旅游部部长希鲁特·卡索也有类似的担忧。他认为尽管埃塞俄比亚是一个多语国家，但多语社区（群）严重不足，而后者是族群间关系发展和融合的基础。他说：“……我们在多语甚至双语社区或群体方面明显不足，这一点令人担忧。”语言专家们也称，如果没有社区间的语言共享，社区间的互动和关系将在很大程度上受到限制，最终危及国家的统一。[③]

埃塞俄比亚科学院的学者塔耶·阿塞法博士[④]表示，在语言发展方面，市场通常会失灵，因此需要政府出台特定政策加以指导干预，这对拯救和保护埃塞俄比亚的多语资源至关重要。新政策增加奥罗莫语、提格雷语、索马里语和阿法尔语四种本土语言作为联邦政府工作语言，将促进这些地方语言相互混合，在此基础上未来还可能会继续增设其他本土语言。对于为何从众多本土语言中选择以上四种作为新增的工作语言，阿塞法认为，政府有权选择便于使用的工作语言，这是世界许多国家的普遍做法，与尊重语言平等并不矛盾，是两个不同维度的问题。[⑥]

三　社会反响

新增四种工作语言的政策在埃塞俄比亚引起了不同的社会反响，大部分人对此表示支持。根据非洲晴雨表[⑦]《2020 年对埃塞俄比亚宪法拟修正案的意见》

---

①②③　信息来源：埃塞俄比亚记者报官网（https://www.thereporterethiopia.com）。

④　塔耶·阿塞法博士为新语言政策起草小组成员。信息来源：https://www.thereporterethiopia.com/article/solving-language-puzzle。

⑤⑥　信息来源：埃塞俄比亚记者报官网（https://www.thereporterethiopia.com）。

⑦　“非洲晴雨表”是一个独立的、非营利性研究机构，由 30 多个非洲国家的知名智库和研究机构组成。该机构连续十余年在非洲对社会发展、民主人权等议题进行调查，在非洲大陆具有广泛影响。信息来源：人民网（http://world.people.com.cn）。

的调查结果，73% 的受访者支持新增更多的联邦工作语言，3% 的受访者认为要维持现状，24% 的受访者表示反对。[①] 大多数支持新政策的人认为，新政策对于少数民族群体来说意义非凡[②]。随着埃塞俄比亚政局和种族方面的不稳定日益加剧，将一些本土语言新增为联邦政府工作语言变得越来越重要。[③] 埃塞俄比亚"促进权利和民主中心"的负责人贝费卡杜·Z. 海路认为："采用更多的联邦工作语言是值得赞扬的行动。事实上，早该这样做了。"[④]

新政策在埃塞俄比亚国内也引发了不少质疑的声音。首先是对这一政策所需费用和成本方面的关注。一些人担心，埃塞俄比亚没有足够的财政预算让新政策在短时期内成为现实。一位希望匿名的繁荣党重要成员告诉 Quartz 新闻机构的记者，新工作语言的加入有望减少种族极端主义，并在国家建设中发挥重要作用，然而，在短期内不可能实现这一目标，因为政府需要更多的时间来考虑新政策所需的财政问题。[⑤] 其次是对语言平等的担忧。《宪法》强调所有语言都是平等的，但新政策只新增了奥罗莫语、提格雷语、索马里语和阿法尔语作为联邦工作语言，忽略了其他少数族群相关的语言诉求，引发了他们的不满。[⑥] 三是对新政策能在多大程度上顺利实施的怀疑。该国政党奥罗莫解放阵线在一份声明中说："我们仍然怀疑新政策的执行情况，以及它将如何付诸实施。"[⑦]

此外，新政策也引发了是否可以将英语列为联邦工作语言的讨论。2020 年 10 月，在埃塞俄比亚媒体"埃塞俄比亚洞察力"上的一篇文章《是时候让英语成为埃塞俄比亚联邦政府的工作语言了》，引发了网友广泛而激烈的争论。[⑧] 支持者认为，英语具有中立性和实用性等明显优点，将英语列为联邦工作语言有助于减少语言冲突的发生，有利于拓展全球就业和商业市场，为埃塞俄比亚未来发展创造更多经济利益。反对者们则认为，埃塞俄比亚作为一个从未被殖民的国家，采用一门外语作为官方工作语言"名不正，言不顺"。

埃塞俄比亚具有语言多样性特点，语言政策的制定、出台和执行受政治、经济、文化、外交、军事等因素的综合影响。语言多样性也是影响该国社会稳定的重要因素。新政策目前尚处于提案环节，具体的政策内容及实施路径还要

① 信息来源：加纳非洲晴雨表官网（https://afrobarometer.org）。
② 信息来源：尼日利亚 Ventures Africa 出版公司网站（http://venturesafrica.com）。
③④⑤ 信息来源：美国 Quartz 新闻网（https://qz.com）。
⑥ 信息来源：埃塞俄比亚记者报官网（https://www.thereporterethiopia.com）。
⑦ 信息来源：美国 Quartz 新闻网（https://qz.com）。
⑧ 信息来源："埃塞俄比亚洞察力"官网（https://www.ethiopia-insight.com）。

等待宪法修正案通过之后才见分晓。埃塞俄比亚近年来政局动荡，2020 年 11 月 4 日，总理阿比·艾哈迈德宣布向该国北部的提格雷人民解放阵线发动进攻，国内矛盾集中爆发，目前局势尚未完全稳定。该国的政治局势会对新语言政策的最终落地和执行产生多大程度的影响，还是未知数。

（冯健高）

第三部分

专　题　篇

韩国新冠肺炎疫情下的语言服务

新冠肺炎疫情暴发前，韩国先后经历了甲型 H1N1 流感、禽流感、中东呼吸综合征等公共卫生突发事件，积累了一定的公共卫生应急管理经验。在应对此次新冠肺炎疫情过程中，韩国充分利用中国抗疫为他国争取的宝贵时间，积极妥善应对，总体上较为有效地控制了疫情蔓延。

一 相关背景

韩国地处亚洲大陆东北部，朝鲜半岛南端，三面环海，是单一朝鲜民族国家，以韩国语为通用语言，行政区目前划分为 1 个特别市（首尔）、1 个特别自治市、6 个广域市及 9 个道。

（一）外籍劳工和婚姻移民构成在韩外国人主体

韩国经济高速发展的同时，低生育率和人口老龄化等社会问题日益突出。韩国政府相关报告指出，2020 年韩国首次出现全年人口负增长。韩国制造业占国内生产总值 30%，电子、汽车、造船、钢铁、石化等产业需要大量的劳动力，由于国内劳动力不足，相对丰厚的薪资待遇吸引了大量经济欠发达国家和地区的外国劳工赴韩务工。与此同时，韩国的城市化进程使大量年轻人涌入首都圈，导致乡村地区人口快速流失，男女比例严重失衡，因此，通过跨国婚姻嫁入韩国的外国女性越来越多。在韩国，通过跨国婚姻或因其他事由与韩国公民组成的家庭被称作“多文化家庭”。

根据韩国国家统计局网站公布的最新数据，截至 2019 年 11 月 1 日，韩国人口（包括常住外国人）为 5178 万人，其中有 2589 万人居住在首都圈（首尔、仁川、京畿道），全国约 1/5 的人口居住在首尔，首都圈因此成为世界上人口密度最大的地区之一。此外，韩国有 178 万常住外国人，占总人口的 3.4%，其中近 100 万人居住在首都圈。截至 2019 年底，韩国多文化家庭有 35 万户，共

106 万人，占全国总人口的 2.1%。在韩外国人的国籍既有中国、日本等东亚邻国，也有越南、泰国、柬埔寨、菲律宾等东南亚国家，还有哈萨克斯坦、乌兹别克斯坦等中亚国家。

（二）新冠肺炎疫情下公共卫生应急管理体系的升级

在经历中东呼吸综合征疫情后，韩国积累了应对疫情的经验，因此在新冠肺炎疫情暴发的初期阶段，其防控便较有成效。2020 年 2 月 18 日，韩国出现第 31 例新冠肺炎患者，集体感染人数迅速攀升。2 月 23 日，韩国政府正式发布新冠肺炎疫情最高级别“严重”预警，建立了以“中央灾难安全对策部”为指挥中心的全国防疫应急管理体系，由总理丁世均担任部长，保健福祉部行政安全部共同协调管理。2 月 26 日，韩国国会紧急通过了《传染病预防及管理相关法律》《检疫法》《医疗法》等法案的修正案，统称“新冠三法”。至此韩国在原有基础上强化了应对新冠肺炎疫情的应急管理体系。

“韩国疾病管理部”在此次新冠肺炎疫情防控工作中发挥“总控制塔”的作用，开展检疫与防疫工作，对确诊患者进行隔离，对接触者进行跟踪管理，并通过各地保健所持续监测接触者的健康状况。韩国中央防疫对策部每天两次通报最新疫情，开发抗击新冠肺炎疫情专用网站，公布各种政策信息、数据信息、管理措施、注意事项等，及时向国民传递信息，确保信息透明。2020 年 9 月 12 日起“韩国疾病管理部”正式升格为“韩国疾病管理厅”，独立履行传染病分析监测、危机应对和全面管理等职能。[①]

首都圈稠密的人口易导致聚集性感染事件暴发。在韩外来人口的主体为外籍劳工和多文化家庭，他们大多韩语水平不高甚至无法用韩语获取信息、进行日常交流，也因此成为公共卫生管理中的薄弱环节。新冠肺炎疫情下，韩国政府积极倡导在韩外国人用“母语”接收疫情信息，非营利社会团体积极开展相关语言志愿服务工作，听障人士可以通过多种渠道用手语或者文字获取疫情信息。在各方的共同努力下，语言服务努力做到“信息无障碍”，为有效防控疫情提供支持。

① 信息来源：人民网（http://gx.people.com.cn）。

二 政府提供的疫情多语信息服务

根据韩国政府相关统计数据，近年来来自东南亚和中亚地区的外籍劳工、婚姻移民持续增加。这些人群韩语水平相对较低，难以通过韩语完整准确地获取有关信息。2008 年韩国出台《多文化家庭支持法》，规定政府应当对多文化家庭提供生活信息、韩语教育支援、医疗与健康管理支援、儿童保护与教育以及多语种口笔译支援等服务。女性家庭部作为负责协调和支援多文化家庭的中央行政机关，通过与韩国健康家庭振兴院合作在全国设立了 217 个多文化家庭支援中心，还设立了专为婚姻移民女性服务的呼叫中心（DANURI Helpline）。婚姻移民女性拨打热线电话（1577—1366）即可获得家庭暴力事件的紧急支援和后续管理、现场口译和三方通话、夫妻关系咨询和法律咨询等 24 小时服务。呼叫中心目前提供越南语、汉语、他加禄语（菲律宾）、蒙古语、俄语、泰语、高棉语（柬埔寨）、日语、乌兹别克语、老挝语、尼泊尔语、英语和韩语共 13 种语言的口笔译翻译服务。

新冠肺炎疫情暴发后，女性家庭部官员曾多次到呼叫中心现场检查工作，强调要使用在韩外国人的“母语”，以便他们“迅速并且正确”地了解新冠肺炎疫情相关信息。仅 2020 年上半年呼叫中心就提供了与新冠肺炎疫情有关的口译服务超过一万次，成为沟通外国人和疾病管理部等机构的桥梁。同时，中心与教育部合作，通过翻译和分发宣传手册让多文化家庭的孩子了解如何申请紧急灾难援助、自我诊断以及学校防疫措施，并应中央安全灾难对策部的要求翻译了外籍人士入境隔离同意书、自我诊断应用程序使用指南、临时生活指南等相关文件，协助开展外籍人士入境的隔离和管理工作。[①]

疫情期间，京畿道地方政府提供“在线直播咨询服务”，外籍劳工可用“母语”接收新冠肺炎疫情相关信息。每周六下午 6 点至晚上 9 点，京畿道外国人支援中心通过脸书平台和 Zoom 软件为外籍劳工提供疫情直播咨询服务，由具备多年移民相关领域工作经验的口译员和律师在线解答外籍劳工的相关问题。每月第一、第三个星期六安排尼泊尔、菲律宾、斯里兰卡的外籍劳工咨询服务，第二、第四个星期六安排越南语、泰语、印度尼西亚语的相关咨询服务。[②]

①② 信息来源：韩国 NAVER 新闻搜索引擎（https://n.news.naver.com）。

三 民间语言志愿服务

韩国的公民社会极为活跃，种类丰富、为数众多且影响力巨大的非营利组织在韩国社会治理和发展方面发挥了显著作用。韩国语言通服务团是韩国乃至全世界最大规模的民间语言文化志愿服务团体，目前拥有超过4500名翻译志愿者，由韩国退休外交官、大学教授、从事国际业务的公司职员、外语专业学生等精通外语的社会人士组成。语言通服务团的志愿服务始于2002年韩日世界杯，近年来，服务团积极支持在韩国举办的大型国际活动，如2010年APEC峰会、2014年仁川亚运会、2018年平昌冬奥会、2019年釜山东盟峰会等，为多项活动提供志愿翻译服务。[①]

语言通服务团目前提供英语、日语、汉语、法语、西班牙语、意大利语、俄语、德语、葡萄牙语、阿拉伯语等20种语言的24小时在线翻译服务。截至2020年10月，服务团累计志愿服务已突破100万人次。

仁川国际机场是韩国最大、最重要的中心机场，是国际客运及货运的航空枢纽，也是亚洲最繁忙的国际机场之一。自韩国首例新冠肺炎病毒感染患者于仁川机场检疫所确诊，该机场一直是韩国防疫工作的最前线。疫情期间，语言通服务团志愿者向出租车、机场大巴司机、公共交通工作人员和旅客发放洗手液、暖宝宝和宣传单。扫描宣传资料上的二维码就可以直接与机场口译志愿者取得联系并获得在线口译服务。[②]

随着感染新冠肺炎的外籍人士不断增加，语言障碍给流行病学调查带来不便，京畿道地区因此开始组织运营“京畿道流行病学调查翻译志愿服务团”。翻译志愿服务团优先招募已通过韩国相关语种口笔译资格证考试或持有其他语言能力等级考试证书的韩国居民，以及通过韩国语能力等级考试4级以上的外国居民。通过在线或电话等非面对面的方式，服务团为来自柬埔寨、尼泊尔、泰国、缅甸、菲律宾、越南等11个国家的在韩外籍劳工提供新冠肺炎流行病学调查的口笔译翻译服务。

① 信息来源：韩国BBB志愿服务运动官网（https://www.bbbkorea.org）。

② 消息来源：韩国NewsWorks新闻网（http://www.newsworks.co.kr）。

四　手语服务

2016年，韩国正式颁布《韩国手语法》，从法律层面确定了手语的官方语言地位。疫情期间，韩国信息化振兴会联系疾病控制部和保健福祉部，开通了服务听障人群的24小时新冠肺炎疫情咨询服务，同时开发了手语翻译应用程序进行视频转接。每天上午9点到下午6点之间，听障人士可以在韩国社交软件Kakao Talk[①]上，用视频通话或文字的方式，联系疾病管理部进行一对一咨询。[②]

截至2019年底，釜山广域市共有听障人士22 744名、言语障碍人士1468名。新冠肺炎疫情暴发后，釜山市与釜山手语翻译中心合作，通过釜山市官方公共渠道（电视台、脸书、优兔网等）发布新冠疫情防疫、自我隔离相关的手语解说视频，并在5个手语翻译中心提供24小时手语翻译服务。[③]

总的来说，新冠肺炎疫情下韩国的语言服务实践有以下几个特点：首先，根据人群的国籍和语言特点，有针对性地提供多语种翻译服务，包括通用语和相关人群“少数语言”的翻译服务，特别是一些东南亚国家的语言。其次，语言服务信息化程度较高，无论是政府、民间志愿团体都开发了相关语言服务的应用程序，疫情相关信息也主要利用社交媒体软件、在线会议软件等应用程序及时发布。最后，中央和地方协同开展语言服务，中央行政机关有指导性地设立相关服务中心，地方和社会团体根据实际工作需要进行补充。

（陆嘉宽）

① Kakao Talk 为韩国社交软件，相当于中国的“微信”。

②③ 信息来源：韩国 NAVER 搜索引擎（https://n.news.naver.com）。

日本灾害应急语言服务*

由于地震、海啸、台风、火山喷发等自然灾害频发，日本在实践中不断完善以“防灾立国”为宗旨的应急语言服务体系。日本的灾害应急语言服务体系依托于灾害管理体系运行，一般由国家行政主体、地方政府、民间组织及个人组成，构成“官民一体化”行动路径。日本自大正时期（1912—1916）开始建立常态化的灾害应急处理系统，当大型地震发生时，则成立临时抗震救灾事业局，指导震灾救援工作。随着灾害管理经验的积累，依托于灾害管理体系的应急语言服务体系也不断完善。2020 年新冠肺炎疫情暴发，日本在应急语言服务方面也采取了一系列举措。

一　灾害管理体系

日本作为灾害频发的国家，具有较为完善的灾害管理体系。灾害管理体系在法律法规、组织架构、响应机制方面不断完备，始终遵循“政府主导、群众参与”的原则，精细化管理水平不断提升。

日本重视灾害等突发事件的相关立法和制度建设，灾害应急语言服务主要依托于日本灾害应对相关法案，在其框架下运作。1947 年出台的《灾害救助法》是第一部关于灾害救助的法律，规定了国家对灾害救助的经费标准、范围、资金筹拨主体等。1961 年，日本颁布《灾害对策基本法》，明确规定日本灾害管理体系的基本方针及具体细则，包括地方政府在避难信息传达中的作用、媒体对灾害信息的发布流程、灾害信息的发布主体和发布方式等。①

日本灾害管理体系的核心是内阁府下设的中央防灾会议。作为日本灾害管理体系的最高决策机构及常设机构，中央防灾会议共有 92 名成员和 8 名参事官。

---

* 本文是国家语委科研项目“当代日本语言减灾及其启示研究”（YB135-142）阶段性成果。

① 信息来源：日本内阁府防灾信息官网（http://www.bousai.go.jp/index.html）。

其中，日本放送协会会长[①]、日本电信电话公司社长作为重要成员，负责灾害相关的媒体报道、新闻发布等。例如，新闻报道内容的统一性、疾病用语的准确性、紧急情况下的信息发布预案等。

日本灾害管理体系的响应机制具备“灵活性高、调节能力强”的特点。1947年《灾害救助法》规定，内阁府是灾害管理的监管和指挥中心。日本的灾害应急语言服务实践贯穿灾前、灾时和灾后，在多语种防灾教育及灾情信息通报、“简易日语”的推广、灾后心理语言援助、信息通信技术的应用、应急语言研究和应急语言人才库建设等方面收效显著。

日本的灾害管理体系具备完善的立法和制度、高度集中化的管理模式以及灵活的响应机制。在政府主导的同时，社会公益组织、志愿者团体等在灾害社会治理的过程中作为有益补充，发挥了不可替代的作用。日本灾害管理体系充分实现了“上下联动、分工明确”的管理流程。

二　多语种防灾教育及灾情信息通报

日本移民、留学生数量日益增长，多语灾害教育及灾害知识的宣传尤为重要。根据日本文部科学省统计，截至2019年5月1日，在日本留学的外国留学生人数突破31万。[②]日本在防灾教育宣传方面，注重面向外国人群体的多语种宣传，普及灾害相关知识，如灾害危险性、警报预报的信息发布渠道、过往灾害的经验教训等。

日本政府主张“公助、共助、自助”的灾害理念，对缺乏防灾意识和防灾常识的人群尤其注重日常灾害教育。2020年初，新冠肺炎疫情暴发后，日本厚生劳动省面向外国人，制作了10个语种的就医指南，涉及英语、汉语、法语、葡萄牙语、朝鲜语、西班牙语等。[③]此外，在新冠肺炎疫情的防控宣传方面，日本新闻媒体也积极响应，开展多语种灾害知识宣传，发布多语种灾害信息。例如，日本放送协会提供17个语种的疫情相关信息，包括英语、阿拉伯语、汉语、法语、印地语、俄语、西班牙语等，及时用多语发布感染人数、病例情况

① 日本放送协会是日本唯一的公共广播电视机构，覆盖全国的广播电台及电视台，为日本最重要的官方媒体平台。

② 信息来源：日本文部科学省官网（https://www.mext.go.jp/index.htm）。

③ 信息来源：日本厚生劳动省官网（https://www.mhlw.go.jp/index.html）。

以及防疫注意事项等。①

在防灾知识的多语种宣传方面，由地方团体和个人发起的应急语言服务团发挥了重要作用。应急语言服务在国家政策的引导下，主要依靠各自治体协调分工，相互合作。日本的应急语言服务团一般由地方政府和民间团体协调合作，具有志愿者团体的性质。东京都生活文化局组织了“防灾应急语言志愿者服务团”。平时，该团体组织志愿者进行防灾能力训练、应急语言能力培训等，例如，行政文书翻译训练，外国受灾者的对话训练，外国人的防灾知识普及训练，笔译、口译等综合应急语言能力培训，多语种广播播报，多语种电话沟通训练，灾后心理辅导相关的语言能力训练等。此外，2020 年新冠肺炎疫情发生以来，一些教师、专家也通过个人力量，开展应急语言服务的相关活动。由于世界卫生组织官网的主页仅提供英语等 6 个语种的信息，日本国际基督教大学李胜勋教授召集 40 多名专业人士组成翻译团队，将世界卫生组织官网主页上有关新冠肺炎疫情的新闻消息翻译成其他语种。截至 2020 年 6 月 5 日，该团队已翻译了多达 70 种语言的灾情信息，并免费向公众提供。②

三 “简易日语”的推广

根据日本法务省 2016 年的调查结果，在日外国人 80% 以上可以使用日语进行会话，其中约 29% 达到母语使用者水平，约 30% 达到日常会话水平，“简易日语”的推行十分必要。③“简易日语”为外国人的日常生活、学习以及外国游客的无障碍观光提供了便利，在灾害教育和灾害信息发布方面也起到了关键作用。“简易日语”政策在实施过程中更多依赖地方政府和民间团体的力量。例如，山口县国际交流协会为外国人制作了 6 种语言的防灾手册和紧急卡片，用“简易日语”收录了突发状况发生时呼救、求助等实用例句，并附有假名标注；名古屋国际中心 2013 年开始制作“简易日语”版防灾手册、警报用语手册、防中暑手册、病毒预防及消毒知识手册等。2020 年 4 月 30 日，日本顺天堂大学武田裕子教授团队开发了用于新冠肺炎检查的“简易日语”诊疗动画宣传片，包括检查时可能用到的医学术语、检查结果报告书的用语知识等。

---

① 信息来源：日本放送协会（NHK）世界新闻网：（https://www3.nhk.or.jp/nhkworld）。

② 信息来源：日本多语应对协会官网（https://www.2020games.metro.tokyo.lg.jp/multilingual）。

③ 信息来源：日本顺天堂大学官网（https://www.juntendo.ac.jp/co-core）。

新冠肺炎疫情暴发以后，不仅地方政府和民间团体，日本政府层面也开始重视“简易日语”的推广。2020 年 5 月，日本首相官邸协同厚生劳动省开发了一套“简易日语”版疫情防控指南、生活指南等，并向各地方自治体、医疗机构、社会福利机构等提供“简易日语”版的感染症对策指南、小册子、标示语、宣传海报。例如，如何正确洗手、咳嗽的正确处理方式、“三密”① 措施的宣传等。

除面向外国人群体的“简易日语”灾害教育外，各地还积极开展适合儿童的“简易日语”防灾教育相关实践。例如，东京都防灾网站特别开辟了儿童防灾知识专栏，面向儿童进行防灾知识宣传。该专栏采取插画与文字配合的方式，语句简单，语法符合儿童使用习惯，文字均采用假名标注。

四　信息通信技术的应用

应对突发公共事件时，语音合成、大数据、智能翻译等信息通信技术可以大幅提高受灾人群的医疗救治效率。日本在灾害应急实践中重视信息通信技术的使用，将其广泛运用在灾害教育、灾情信息发布等环节，收效显著。日本灾害管理通信系统的建设按照行政管辖层次的不同，分成了国家通信网络、都道府县通信网络和市町村通信网络三个层次。国家层面拥有完善的应急信息化基础设施，内阁府建立中央防灾无线网络；市町村层面也配备了防灾行政无线网、区域防灾无线网以及消防救灾无线网。②

日本通过完备的灾害通信管理无线网络，支持电话、传真、数据通信、视频会议以及网络等渠道的灾害信息发布。国土交通省观光厅设有全年 24 小时日语、英语、汉语、韩语电话呼叫中心，通过脸书、推特、优兔、微博、微信等社交平台，进行多语灾害信息的发布，针对 2020 年新冠肺炎疫情，增加了新冠肺炎疑似症状咨询和帮助。③ 日本国家旅游局向访日外国人提供多语种灾害预报服务，包括紧急地震速报、海啸预警、气象特别警报、火山喷发警报等。2020 年 5 月，日本多语应对协会下属成员单位 ObotAI 公司开发了多语种人工智能聊

---

① “三密”措施是日本政府为新冠肺炎疫情防控专门提出的防止集体感染的措施，倡导远离“密闭空间”“密集场所”“密切接触场面”，避免集体感染的发生。

② 姚国章《日本都道府县防灾无线网的建设及借鉴》,《电子科技大学学报（社科版）》2008 年第 6 期。

③ 信息来源：日本国土交通省官网：(https://www.mlit.go.jp)。

天板“新冠肺炎问答”，无偿向地方政府、医院等提供该服务。该人工智能聊天板可以提供日语、英语、韩语、汉语等6个语种的灾害情报，可为疫情下遭遇经济困境的企业或商业团体等提供补助金、贷款、融资等免费咨询。[①]

此外，网络社交媒体也是灾情信息发布的重要渠道。2020年初新冠肺炎疫情暴发以来，日本厚生劳动省通过门户网站及社交媒体推特账号发布疫情实讯，通报疫情动态。并且，在推送的信息下方设有留言板，网民可点赞或留言互动。日本首相官邸、文部科学省也通过推特账号发布疫情相关信息和危机管理实时动态。[②]新技术的运用不仅可以提升应急管理的效能，同时也为民众提供发声渠道，有效营造了官民互动的良好氛围。

五 灾后心理援助的语言策略

灾后，日本也有一系列行之有效的应急语言实践。一方面，日本重视对老年人、残障人士、孕产妇、儿童、日语水平受限的外国人等“灾害弱者”进行灾后心理疏导，开展心理咨询服务，提供及时的多语种灾后心理援助，减少“灾害弱者”的心理创伤。另一方面，积极为救援人员提供心理援助，重点关注医疗卫生工作者、警务工作者等救援群体的心理健康。救援人员参与高强度的救援工作，容易导致一系列心理应激反应，为他们提供灾后心理援助，如应激反应检查等，需要语言学领域的专家参与，从言语行为学、心理语言学等角度提供相应的支持。例如，相同的语言更有助于建立情感信任，在心理援助的过程中，采用顺应受援助者语码模式的语言策略更容易带给受援助者信任感、安全感、亲切感，抚慰受援助者的心灵创伤。[③]

2003年，日本红十字会正式将心理健康治疗确立为灾害救助的重要内容之一。自此，日本红十字会不断推进灾害心理健康治疗的体系化建设，建立灾后心理救助联盟，从医生、心理语言学专家中选拔专门的灾后心理援助人才。灾后心理援助主要针对两类人群，一是受灾群众，二是救援人员。这两类人群在灾时受到心理冲击，易产生“严重事件应激反应”，具体症状表现为失忆、幻

① 信息来源：日本多语应对协会官网：（https://www.2020games.metro.tokyo.lg.jp/multilingual）。

② 信息来源：日本厚生劳动省脸书主页（https://ja-jp.facebook.com/mhlw.japan）。

③ 马春华《灾后心理援助要顺应受援助者的语言文化》，《中国社会科学网》，2017年12月6日。参见 http://www.cssn.cn。

觉重现、不安、亢奋等。对发生“严重事件应激反应”的人群，心理学工作者将对其进行言语行为诊断，随后需要进行心理咨询、认知行动疗法、呈现法等临床心理学治疗。在诊断和治疗过程中，语言学专家，特别是心理语言学专家发挥着重要作用。此外，在灾害重建和恢复过程中，方言学者也积极寻找有效的灾后心理重建机制。例如，日本播音员协会是由日本播音主持人组成的社会性团体。2020 年 4 月，该团体在社交媒体“连我”推出“方言女主持人表情包”，在表情图案中加入方言书写的标语，用相同语码的语言策略，建立情感信任，结合主持人积极正面的公众形象，宣传抗疫知识，引导公众树立抗疫信心，激励公众战胜病毒。该团体充分发挥了语言策略在灾后心理援助方面的作用。①

六　应急语言服务研究和人才库建设

灾害应急相关领域的理论研究和应用研究，可为国家政策制定和灾害实践提供理论支持，是提升应急能力的基础。日本不仅重视灾害应急语言服务的实践，也重视相关领域的研究积累。日本灾害应急语言问题研究备受学界关注，理论体系完善，研究内容丰富。近年来的研究热点主要集中在灾害信息的多语言发布，语言减灾机制和对策，后灾害期的社会结构复原和心理复原等方面。日本学界关注灾害问题中的语言问题，可追溯至 20 世纪 90 年代。1995 年 1 月 17 日，7.2 级的阪神大地震给日本灾害应急管理带来巨大挑战。灾后，日本开始着力推进应急管理体系建设，语言学界的一批学者开始重视应急语言问题。日本学者真田信治首次提出“应急语言对策”的概念，对灾难信息传播的特点进行论述。其后陆续有学者关注应急语言问题，但是未形成系统的研究。2012 年东日本大地震爆发，灾害中的语言问题再次被日本学界重视。一些学者认为，灾时的“简易日语”策略是解决外国人避难信息获取困难的有效途径，应重视灾时信息传递的日语简化问题，避免外国人在灾后遭遇次生、衍生事故。也有一些学者意识到，应急语言策略的提升不仅应从多语种发布灾情信息方面入手，更应丰富应急语言库，利用语料库建设等手段，加强多语种应急语言的储备，打破外国人的语言障碍。② 此外，部分学者对避难信息的语言策略进行分析，发

① 信息来源：日本播音员协会官网（https://j-announcers.com）。

② 佐藤和之《災害時の言語表現を考える——やさしい日本語・言語研究者たちの災害研究（特集伝え方の諸相）》,《日本語学》2004 年第 8 期。

现有效的语言策略可以提高避难信息的传达准确度。[①]

日本在应急语言人才培养方面，充分依靠民间力量，拥有一批相对稳定的应急语言管理者和志愿者队伍。国家层面，日本内阁府防灾负责人拥有一支百人左右的国家灾害管理队伍，人员来自国家行政机关，如国土交通省、文部科学省、经济产业省等。日本政府对此类来自国家行政机关且拥有防灾经验的人员进行登记，减少其工作内容的变动。该队伍人员构成相对稳定，大多在各自工作中负责灾害应急的相关事务。平时，他们定期参加防灾知识培训和防灾演练；灾时，他们被紧急调配至相应岗位，从事灾害应急工作。民间层面，志愿者是应急语言服务的主要力量。日本民间的应急语言人才主要依靠非营利组织、企业、地方政府、社区等进行召集和管理。例如，横滨的外国人社区内，有一批较为固定的志愿者，致力于灾害发生时的多语应对，为外国人提供多语翻译、避难和就医引导等。

日本具有上下联动、常态化的灾害应急组织体系，重视信息通信技术的运用、相关领域的研究积累和人才队伍建设。不论此次新冠肺炎疫情的处置措施，还是日常灾害教育和灾害管理系统，日本的灾害应急语言服务都体现出了“多层级”“上下联动”的特点。

（顾晶姝）

① 田中宣廣《方言エールの用法と機能》,《第30回社会言語科学会発表論文集》2012年。

德国应急救援中的语言服务*

德国是一个联邦制国家，各州拥有较强的自主权。目前德国在灾害应急救援方面已形成一套符合联邦模式的成熟机制。德国外来移民人口众多，接收难民数量较大，随着2020年新冠肺炎疫情的暴发，人口多样化给德国的应急救援工作带来一定难度和新挑战，在此过程中出现了很多与语言使用相关的问题。

一　语言概况

德国联邦政府十分注重标准德语的推广，因此尽管不同区域的人有各自的方言，本国人民之间的沟通不存在特别大的障碍。德国的边境地区存在较为复杂的语言状况，例如，位于德国最北部的石勒苏益格-荷尔斯泰因（简称石荷州）有丹麦族和弗里西亚族两个少数民族，另有部分吉普卜人在此生活，除官方语言德语之外，石荷州的常用语言还有低地德语、丹麦语和弗里西亚语。由于与丹麦接壤，该州有跨境语言。

德国人口复杂的构成情况为应急救援工作带来新挑战。根据德国联邦统计局2018年的数据，拥有移民背景的人已经占据德国总人口的25.5%，达2080万人。以家庭为单位计，共有4万个家庭的成员拥有移民背景，其中9%的家庭日常语言并非德语而是阿拉伯语、英语、法语、意大利语、波兰语、土耳其语等。① 目前在德国还生活着大量难民，根据该国联邦移民与难民局的统计数据，德国接收的难民总数位居欧盟各国之首，截至2017年底难民数接近140万②。针对德国难民的跟踪研究发现，在参与访谈调查的难民群体中，约90%的难民在初到德国时完全不懂德语，其中18%的难民在两年后掌握较高水平德语，

* 本文是广东省哲学社会科学“十三五”规划2016年度学科共建项目“德国多民族地区语言政策研究”（项目编号：GD16XWW08）的部分成果。

① 信息来源：德国统计局官方网站 (https://www.destatis.de)。

② 伍慧萍《德国难民和移民政策的调整趋势与影响》,《当代世界》2018年第9期。

35% 的难民德语水平可达中级，47% 的难民德语水平较差[①]。

二　应急救援制度

（一）法律法规

《德意志联邦共和国基本法》（本文简称《基本法》）第二十条规定德国实行联邦制，即联邦政府与各个州政府实行分权管理。第三十条指出只要是《基本法》未赋予联邦政府的国家权力，都由各联邦州自行保留。《基本法》第三十五条第 2 和第 3 款对灾难救援做出具体规定。其中第 2 款规定，在遇到自然灾害或重大不幸事件时，一州可以请求他州警力、行政机关以及联邦边界防卫队及武装部队提供人员或设备方面的援助。第 3 款指出当自然灾害或重大事故危及范围超过一个以上联邦州时，联邦政府可以命各联邦州向受灾州提供支援。和平时期，各类灾难应急救援由 16 个联邦州政府自行负责。在和平时期或者在应对跨州灾难事故时，联邦政府只在必要情况下向各州提供应急救援的间接支持。[②]除了《基本法》的规定，德国的应急救援主要在《民事保护和灾难救援法》的指导下开展工作。此外，德国 16 个联邦州均发布了各自的应急救援法。

（二）主体及响应机制

德国采用以联邦州为主体的属地管理应急救援体系。德国联邦政府层面的应急救援机构共有两个，分别是联邦技术救援署（本文简称“救援署”）以及联邦公民保护与灾难救助局（本文简称“救助局”），均隶属于德国联邦内政部。其中救援署为应急救援工作提供技术和后勤支持，救助局则主要负责重大事故和灾害的综合协调管理。

联邦制度下的德国主要由 16 个联邦州的州内政部自行负责本州各类突发事件及自然灾害的应急救援工作。联邦州层面采用以消防队伍为主、志愿者队伍为辅的协同配合救援体系。消防队主要由德国消防促进会和德国消防队联合会两大团体构成。前者负责全国消防科学技术发展工作，是从事消防工作的专业

① Brücker, Herbert et al. *IAB-BAMF-SOEP-Befragung von Geflüchteten: Überblick und erste Ergebnisse*. Berlin: DIW, IAB-Kurzbericht 14/2016.

② 凌学武《联邦制下的德国应急管理体系特点》，《福州党校学报》2009 年第 5 期。

人员的专业联合会。后者是志愿消防队的联合组织，负责全国志愿消防队的队伍建设工作。目前，德国的消防队伍包括职业消防队、志愿消防队和义务消防队三种类型，大多数消防员都属于志愿者。[①]德国还拥有庞大的专业化应急救援志愿者队伍，在各联邦州消防联合会的协调下参与应急救援工作。

发生重大突发事故时，由事发地的最高行政长官负责领导、协调与组织应急救援工作，同时成立危机指挥部和技术救援部两个小组。其中危机指挥部在行政层面上负责应急救援的行政决策和各方面的沟通协调。技术救援指挥部则属于实际操作层面，主要由消防队等专业救援机构及志愿者组织构成，负责现场救援的具体实施。

三　应急救援中的语言指导

德国应急救援工作由16个联邦州自行负责。联邦州层面没有设立相应的语言管理部门，因此在开展应急救援工作时，由各组织机构根据实际情况，自行采取措施处理与语言使用有关的问题。

德国联邦政府层面的救援署和救助局并没有专门出台与语言相关的指导性文件。现有的唯一文件是救助局于2019年公布的词汇表，对民防工作中的重要概念进行解释。[②]尽管没有专门的规范标准，人们依旧可以在德国内政部发布的《危机沟通指南》（本文简称《指南》）[③]中找到若干与语言使用有关的指导准则。例如，它要求，危机管理小组在说明灾害损伤情况及进行行为指导时，应该对公众提供专业术语的翻译。在第二章有关“针对目标群体的危机沟通”的内容中，《指南》强调，在每一次灾害事件发生时，内部工作人员的沟通、各部门之间的协调合作、与媒体和公众的互动等不同情况下的语言表达都应保持一致。在公布信息时应考虑不同人群的语言需求，其中包括为非德语人士提供必要信息的翻译。第三章“危机沟通的基本准则”指出，应使用简洁的词汇，避免缩略语及专业术语。

① 张磊《应急救援队伍建设——德国模式》，《中国社会报》2017年7月21日第7版。

② 信息来源：德国联邦公民保护与灾难救助局官网（https://www.bbk.bund.de）。

③ 信息来源：德国内政部官网（https://www.bmi.bund.de）。

在救助局印发的各类工作手册中，还可以发现该机构对语言弱势群体[①]的关注。例如《急救及自救培训框架手册》（本文简称《手册》）为提供急救培训的各级单位提供指导。《手册》首先对需要接受急救的人员进行分类，除了常规的“自身是否具备自救能力”“健康状况”及“所在场所”等分类标准以外，还单独以“文化及语言障碍”区分出使用外语的游客、难民、听障人士等特殊人群。随后《手册》从不同模块规定了急救培训的内容安排，其中一个模块是针对“移民背景人士”的急救培训，指出应该将具有移民背景的人士使用的语言纳入考虑范围，在实施急救时尽量配备翻译服务，或者至少对可能出现的复发病情以书面翻译的形式告知对方。《重大流行疾病企业应对手册》规定了重大流行疾病时期，企业应为其外国员工提供最重要信息的翻译，让不懂德语的外国员工能通过自己的母语及时了解情况。

四 应急救援具体语言措施

（一）多语服务

德国的消防报警电话接线员要求掌握德语和英语，另外在边境区域的接线员还应掌握多门区域语言。在欧洲范围内的“Multicom 112”项目，鼓励接线员参加在职外语培训，并提供光盘，帮助他们学习多种外语的常用表达。[②]根据救助局发布的《危机与灾难热线电话：心理社会学对话指南》，巴伐利亚州警察局已经接受相关培训的专职工作人员共计 180 名，另有 185 名志愿者，可覆盖 20 种外语。2006 年足球世界杯期间，德国红十字会在慕尼黑的呼叫中心投入 30 名专职员工及 60 位志愿者，涵盖大部分常见语种，以确保不同语言的呼叫都能得到应答。

由于德国的消防部门负责多项民防工作，各联邦州消防人员遇到的语言状况也较多，需要根据实际情况采取措施。例如，北莱茵-威斯特法伦州的阿恩斯贝格市消防局为消防人员印发多语种的消防救援用语手册，培训消防员使用

① 语言弱势群体主要分两类，一是生理性语言弱势群体，指由于生理条件导致语言能力低下或语言能力丧失的群体，如听障人士和患有阅读障碍症的人；二是社会性语言弱势群体，如在德国生活但德语语言水平较低的外国人和难民。

② Ulrike Schröder, 2008, Blickpunkt Sprachen-Entwicklungen, Projekte, Diskussionen. Bonn: Nationale Agentur Bildung für Europa.

不同语言表达应急救援时常用的一般疑问句，以便伤员能够通过简单的是与否，或直接点头和摇头就能够与施救人员进行沟通。目前该手册有德语、英语、意大利语、西班牙语、土耳其语、俄语、葡萄牙语，同时配套智能手机程序方便救援工作者随时查阅。黑森州的消防局则为货车司机提供多语种的电台频道，用以实时更新救援信息。目前开放的电台频道语种共有 8 个，分别是德语、匈牙利语、捷克语、俄语、英语、土耳其语、罗马尼亚语和波兰语。[①]

鉴于石荷州复杂的语言状况，在应急救援活动中所采取的语言措施更为多样。在多语服务方面，石荷州按区域划分应急救援警报，设置多语表达，除了全国范围使用的 KatWarn 警报系统外，还采用多语的扬声器和广播电台。石荷州和丹麦接壤处的应急救援工作经常遇到语言不通的问题，为此该联邦州与丹麦共同组建了空中救援队。救援队伍的飞行员、救援助理及急救医生分别来自德国和丹麦，共同承担两国的空中救援工作。这支救援队定期参加两国的救援培训，以确保救援标准的统一。[②]

（二）“简易语言”及手语服务

德国联邦及各州政府部门的官方网页上均设有名为“简易语言”的页面，以供患有阅读障碍或学习障碍的人浏览，这一做法自 2006 年开始并沿用至今。当时，欧洲范围内成立了名为“简易语言”的工作小组，主要成员来自德国、奥地利、意大利、瑞士及卢森堡等国。该组织向公众提供“简易语言”的改写服务，并逐步确立改写规则与认证标准，例如，禁止使用复杂概念和专业术语，避免使用缩写形式和具体数字，句子结构要简单等。除了对语言表达有明确规定外，“简易语言”对图片及纸张的选择也有自己的标准。[③] 除了德国的政府官网，其他公众服务机构的网页也同样设有已经得到专业认证的“简易语言”网页。德国应急救援框架内的各类组织机构，如联邦技术救援署、联邦公民保护与灾难救助局、各联邦州的消防联合会及各个志愿者组织等，均可为生理性弱势群体提供“简易语言”的服务。

针对听障人士，救助局及其他应急救援组织为此类群体提供手语视频。德

① 信息来源：德国黑森州内政部官网（https://innen.hessen.de）。

② 信息来源：德国联邦公民保护与灾难救助局官网（https://www.bbk.bund.de）。

③ 有关简易语言的书写规范及评估标准，见简易语言工作小组网站（ https://www.leichte-sprache.org/die-regeln ）。

国巴登–符腾堡州内政部于2015年与该州的听障及失聪人士协会合作，共同研发出为听障人士服务的短信报警系统，以便该类群体在遇到突发情况时及时与警察、消防及急救人员取得联系。[①]

（三）针对难民的应急救援宣传服务

近年来，社会各界对难民的关注度大幅提升，目前德国联邦政府层面及州政府层面的多个应急救援组织均有针对难民的语言措施。例如，2010年起施行的“救援、帮助与文化”项目[②]，该项目是救助局与汉堡的业余学校[③]合作，修改该校原有的德语课程设置，将“德国公民保护及灾难救助”的信息融入德语课程中，为德语基础较差的学员提供民防相关内容的语言培训。北莱茵–威斯特法伦州的阿恩斯贝格市消防局也同样跟业余学校合作，让工作人员走进难民的德语课堂，讲解德国的应急救援体系。消防局有意在日后与业余学校开展更多合作，从学校的德语学员中招募志愿者以便为未来的语言服务做准备。

石荷州的消防联合会定期派志愿者前往州内的各难民安置点进行消防安全宣讲。同时派发图文并茂的宣传册，指导难民了解德国的应急救援体系，掌握居家安全知识。根据消防联合会在应急救援工作中的实际需求，宣传册共有10种语言，分别是德语、英语、阿拉伯语、俄语、丹麦语、土耳其语、波斯语、提格雷尼亚语、北库尔德语以及亚美尼亚语。[④]在石荷州消防联合会的网页上，有多种语言翻译的消防传单可供下载，除了上述语种外，还有斯瓦希里语、塞尔维亚语等。[⑤]

（四）面对新冠肺炎疫情的语言措施

德国联邦卫生部发布的《流行性重大疾病防护的一般行政规定》第十三条第5款规定：“在必要及人员条件许可的情况下，需使用多门外语向公众提供必要的书面信息。同时卫生部将使用其他电子媒体渠道，以便更快速地为特定目

---

① 信息来源：德国巴符州内政部官网（http://im.baden-wuerttemberg.de）。

② 项目名称为“Rettung, Hilfe & Kultur”，信息来源：BBK. 2018. Interkulturelle Kompetenz im Bevölkerungs schutz. Frankfurt am Main: Druck- und Verlagshaus Zarbock GmbH & Co. KG。

③ 字面意思是人民的学校，德国许多城市设有此类机构，主要为当地民众提供各类培训。

④ 信息来源：德国石荷州报新闻网（https://www.shz.de）。

⑤ 信息来源：德国石荷州消防协会官网（https://www.lfv-sh.de）。

标人群提供必要信息。”[①]2020 年，新冠肺炎疫情在德国暴发后，德国联邦内政部和卫生部组成跨部门危机指挥部负责总体的指挥协调工作，各联邦州根据自身实际情况采取应对措施。德国联邦政府的网页为阅读障碍人士提供“简易语言”信息，为聋哑及听障人士提供手语视频。[②]联邦移民、难民及融合事务部的网页提供除了德语之外的 19 种外语信息。[③]各联邦州的政府网页及难民事务处网页上也有相应的外语资讯链接，同时在每个城市的难民安置点宣传栏上均张贴有多种语言的宣传海报。针对难民的语言措施同样依赖社会组织的支持。以柏林难民委员会为例，难民委员会除了在网页上分享多语种信息外，还公布了能够使用外语的家庭医生联系方式，以及其他能够提供多语种资讯组织的链接。[④]

在本次事件中，应急救援志愿者组织及民间协会同样发挥了很大作用。例如，德国红十字会和约翰尼特事故救助组织的志愿者均可提供多语翻译服务。德国移民人群医学中心协会下设的“移民人士互助项目”，组织拥有移民背景的志愿者共同翻译制作新冠肺炎疫情相关的多语宣传手册，共计 33 种语言。[⑤]

联邦制度下的德国在应急救援领域的语言措施相对分散，以各联邦州的相关部门机构及民间志愿者组织的独立行为为主。现有的语言措施主要包括针对外国人士的多语服务、针对生理性弱势群体的“简易语言”及手语服务、面向难民的应急救援宣传服务。可见，德国应急救援框架内的语言措施具有分散性和人群指向性两个典型特点。

（郭　瀚）

① 信息来源：德国行政法规在线查询（http://www.verwaltungsvorschriften-im-internet.de）。

② 信息来源：德国联邦政府官网（https://www.bundesregierung.de）。

③ 信息来源：德国移民、难民及融合专署官网（https://www.integrationsbeauftragte.de）。

④ 信息来源：柏林难民委员会官网（https://fluechtlingsrat-berlin.de）。

⑤ 信息来源：德国难民互助项目网站 (https://www.mimi-bestellportal.de/corona-information)。

俄罗斯应急语言服务

俄罗斯疆域辽阔、拥有130多个民族和150多种语言，是典型的多民族、多语言的国家。俄罗斯历来重视国家安全建设，拥有多个国家安全部门，处理各类突发紧急事件。该国形成了以俄罗斯联邦民防、紧急情况和自然灾害管理部（本文简称“紧急情况部”）为组织核心，国家集中垂直管理的应急管理体系，以及多语言、多领域、多阶段的应急语言服务路径。2020年新冠疫情在全球暴发以来，俄罗斯在应急宣传、信息发布等环节提供了一系列应急语言服务以应对危机。

一　应急管理体系概况

俄罗斯十分重视国家安全体系和应急管理体系的建设，形成了由总统直接领导、以联邦安全会议为决策中枢、以紧急情况部为组织核心、从中央到地方的五级垂直管理体系。该国从政策立法和应急主体两方面构建了应急管理与语言服务体系的顶层设计。

（一）相关法规

俄罗斯从独立之初就开始制定应急管理的法律和社会条例，形成了整体统筹与特殊人群管理相结合的应急立法体系。关于应急语言的条款散见于应急管理的相关政策文本中。首先，俄罗斯政府从法律层面界定了紧急情况的概念，明确了俄罗斯应急管理工作的目标和原则。1992年颁布的《俄罗斯联邦安全法》[①]就提到了“紧急情况”一词，在日常情况和紧急情况下指挥和控制安全部队与安全设施是国家安全体系的基本功能之一。1994年，紧急情况部成立之初，该部颁布《俄罗斯联邦关于保护人民和领土不受自然和技术性紧急情况影响的

① 信息来源：俄法律法规网（https://legalacts.ru）。

联邦法》，[①] 界定了紧急情况的内涵：“紧急情况是指某些地区由于事故、自然灾害等引起的，可能导致人员伤亡，损害人类健康或环境，造成重大财产损失的情况”。该法律规定，国家应急管理的基本原则是及时采取预防紧急情况的措施，并在可能发生的情况下最大限度地降低危害和损失。

在语言应急服务方面，2018 年政府修订《112 紧急行动服务呼叫系统》[②] 条例。条例规定，该系统秉承“一个窗口”原则，即 112 系统是全国统一的、提供紧急呼叫服务的救助平台。紧急呼叫系统必须具备用外语接收紧急呼叫的能力；俄联邦境内各共和国根据当地条件，必须保证以共和国的官方语言和其他民族语言接收紧急呼叫。

针对听障人士，俄罗斯颁布了相应的法律。2019 年修订的《俄罗斯联邦残疾人社会保护法》[③] 规定，俄语手语是听障人士和（或）俄语口语领域的交际语言。俄罗斯正在建立电视节目、电影和视频字幕的手语翻译系统。国家和地方政府机构应组织手语教师和翻译的培训、进修和专业再培训，为听障人士提供俄语手语翻译服务。此项规定有利于听障人士在电视等渠道接受应急信息和应急知识教育。

（二）管理机构

俄罗斯采取的是多层次、集中、统一的应急管理模式，提供应急语言服务的主体主要是政府部门，包括国家层面的执行机构和地方各级行政机构。在应急管理方面，总统是最高决策者和指挥者。根据俄罗斯 1993 年颁布的《宪法》，在危机管理上，总统拥有立法权和执行权，包括立法提案权、立法签署权、发布命令权、决定国家内外政策基本方针权、应急管理的行政权。[④] 俄罗斯联邦安全会议是该国应急反应机制的常设机构和指挥系统中枢，由总统、安全会议秘书、总理、外长、国防部部长、联邦安全局局长，以及其他部门首长组成，主要职责是情报搜集分析、部门立场协调、决策方案准备、最终决策的采取和效果评估等。紧急情况部和联邦安全局是应急管理的直接执行机构。联邦安全局的工作主要涉及国家安全、犯罪和恐怖主义活动等，而紧急情况部是俄罗斯处理公共突发事件的核心部门。

---

①② 信息来源：俄紧急情况部官网（https://www.mchs.gov.ru）。

② 信息来源：俄专业法律咨询网（http://docs.cntd.ru）。

③ 信息来源：俄宪法网（http://www.constitution.ru）。

紧急情况部于1994年成立，是直接隶属总统的应急管理部门，也是在国家层面发布应急信息、提供语言服务和培养应急语言人才的专门机构，对地方层面的应急管理机构实行垂直管理。该部实行全方位的应急管理，其职能涉及民防救援、应急人才培养教育、自然灾害处理、社会服务、国际合作等领域，具体包括制定和执行国家政策、法律和条例；对民防领域进行监督管控，确保人民和国家领土不受自然灾害和技术紧急情况的影响；确保水上设施人员的消防安全和生命安全；预测和评估灾害产生的社会经济影响；建立应急财政和物资储备；提供应急社会服务；开展人道主义国际合作等。

地方层面的应急管理体系由中央联邦区、伏尔加联邦区、西北联邦区、南部联邦区、北高加索联邦区、乌拉尔联邦区、西伯利亚联邦区和远东联邦区辐射到全国各个行政单位。各联邦主体层级的应急管理体系又细分为共和国、边疆区、民族自治区、联邦直辖市、州、自治州各行政单位；下一层级是联邦主体内的各城市、村镇；最后一级是企事业单位、研究机构等定点组织。各地方应急机构用俄语和当地民族语向民众预警并通报紧急情况。

二 应急语言服务实践

突发公共事件在预防与应急准备、监测与预警、应急处置与救援、事后恢复与重建等各个环节都存在着一系列的语言问题。[①]俄罗斯的应急语言服务由紧急情况部统筹，涵盖对突发公共事件的应急宣传教育、应急信息发布与咨询、应急救援中的语言服务以及应急人才的语言培训。

（一）民族语言应急宣传项目

在应急宣传教育方面，紧急情况部颁布了《关于宣传和提高公众认识的方法建议》[②]，指导志愿者对民众进行应急知识宣传。该文件指出，应急宣传教育的渠道包括咨询、采访、讲座等口头宣传；出版物、明信片、报刊杂志、标牌、日历、传单、手册等书面材料；电视广播、音像图片等大众传媒。2015年3月，在俄罗斯国家杜马与紧急情况部心理援助中心的联合主持下，各共和国积极响

① 王春辉《突发公共事件中的语言应急与社会治理》，《社会治理》2020年第3期。

② 信息来源：俄紧急情况部官网（https://www.mchs.gov.ru）。

应，编写各民族语言版本的应急急救手册①，目前已有鞑靼语、奥塞梯语、车臣语、印古什语、卡巴尔达语、卡拉恰伊-巴尔卡尔语等超过25种民族语言的版本，并辐射到边境地区。

（二）疫情信息发布与咨询

在信息发布方面，除了通过手机短信、电视广播等传统渠道之外，俄罗斯还利用网站与手机应用程序向民众实时发布应急动态，并宣传应急知识。2020年新冠肺炎疫情暴发以来，紧急情况部、政府卫生部门和各大新闻网站设置“疫情专栏”，用俄语、英语等语种，通过文本、动态图表、视频等形式实时推送国内疫情信息，发布政府在各领域的防疫政策和措施、提供居民防疫知识电子手册、宣传海报等，还有居民在日常生活、学校活动、公共场所等的预防、身体症状自我检测指南、患者求助等各方面的信息。

俄罗斯消费者权益保护和公益监督局统一咨询中心向民众提供关于流行病防护的24小时俄语和英语热线咨询服务。此外，地方各联邦主体设立的卫生和流行病学中心也提供相应的咨询服务。紧急情况部官网设有“疫情风险动态地图集”②，访问者可获得俄罗斯境内所有地区关于新冠肺炎疫情每日的发展情况，包括任意一天的感染人数、治愈人数、死亡人数、疫情发展趋势图等信息。

2020年，紧急情况部开发了一款手机APP“俄罗斯紧急情况部信息情况发布”，使用俄语界面，并提供俄语语音服务。这款APP的主要功能是推送关于新冠肺炎疫情的动态新闻、发布日常急救知识、提供紧急情况下的快速安全区域导航、查找相关信息、致电救援服务、与应急服务人员互动、实时定位并与救援人员共享位置信息。据报道，APP的功能还在不断完善，未来将添加新闻服务、有关恶劣天气的预报，以及为游客提供专门的信息。目前，民众已经可以免费下载试用这款程序。

（三）“112”多语紧急呼叫系统

“112”紧急呼叫系统是在俄罗斯联邦主体建立的紧急呼叫救助平台，提供俄语、英语、民族语和手语应急服务。《“112”紧急呼叫系统操作员培训方案》③要求，工作人员必须能够识别救助者所使用的俄语、外语（英语、汉语、德语、法语、西班牙语）和各联邦主体的民族语言。鞑靼斯坦共和国是“112”紧急呼

①②③ 信息来源：俄紧急情况部官网（https://www.mchs.gov.ru）。

叫系统和“安全城市”实时监测系统的首批试点地区，该地区的“112”呼叫系统提供俄语、英语和鞑靼语的应急语言服务。

在紧急救援过程中，俄罗斯针对听障人群设有专门的手语自动呼叫系统。2014年6月，库尔斯克地区进行“112”手语自动呼叫系统测试。该系统可接受移动电话、平板电脑、视频电话拨号和简单的传真，还可建立双向视频通信，工作人员和求助者可以手语进行沟通。此外，该系统正在开展通过短信进行紧急呼叫的服务。

（四）应急人才的语言培训

紧急情况部要求在职人员必须具备熟练的俄语能力和应急专业知识，并将俄语能力纳入工作人员的招聘要求和考核范围。2020年2月发布的《紧急情况部机关人员招聘公告》①要求，参加人事部招聘的人员必须熟练掌握俄语。考核内容包括评估俄语的熟练程度、俄罗斯联邦宪法及联邦法律基础知识、公共服务知识、信息通信技术等。2013年，紧急情况部圣彼得堡国立消防大学举办俄语语言文学周，开始培训第一批学员，由俄罗斯国立师范大学教授讲授俄语相关课程。2015年10月，紧急情况部各单位高级官员及4000多名工作人员参加了俄语在线培训和听写测试，测试内容涉及消防等应急领域。

根据紧急情况部的招聘公告，外语能力和民族语言能力的熟练程度也纳入人员招聘指标之一，英语能力需要达到能用词典进行阅读和翻译的水平，在此基础上，掌握民族语言和其他外语语种是加分项。2015年8月，紧急情况部部长弗拉基米尔·普奇科夫在视察西伯利亚联邦区期间指出，“外语能力是救援人员训练的重要内容，也是国际级救生员的最高要求”。②紧急情况部的工作重点之一是与世界同行合作，参与全球公共突发事件的救援行动。2012年11月，为协调人道主义行动，扩大新闻和控制中心网络，紧急情况部决定在国外建立危机管理中心。部长弗拉基米尔·普奇科夫责成俄罗斯紧急情况部国家紧急情况中心的工作人员学习英语，以更好地协调人道主义组织的工作。

①② 信息来源：俄紧急情况部官网（https://www.mchs.gov.ru）。

三 俄罗斯应急语言服务的特点

突发公共事件涉及不同人群、各个环节以及社会不同领域。基于此，俄罗斯提供全方位的应急语言服务，包括多语言服务、多领域服务、多阶段服务，具有体系化、多元化和常态化的特征。

（一）多语言

俄罗斯地域宽广，多语言的应急服务不仅面向国内少数民族语言群体，也面向外国群体和移民群体，为民众提供俄语、民族语言、外语、盲文、手语等多种语言的服务。俄罗斯的移民人口和外国游客数量庞大，针对外国人群的应急语言服务需求，俄罗斯提供多种外语的应急服务。2018 年俄罗斯世界杯期间，各联邦主体层级的危机管理中心在莫斯科、圣彼得堡、喀山和索契等所有举行比赛的城市都部署了指挥中心，提供英语、法语、汉语、西班牙语、德语等 24 小时语言服务，包括接听电话、笔译、口译和同声传译服务。场馆内有 300 多个终端信息和警报系统，以英语、法语、德语、西班牙语等外语广播关于安全文化的知识。

（二）多领域

突发公共事件的类型包括自然灾害、事故灾难、公共卫生事件和社会安全事件，因此，俄罗斯的应急语言服务涉及疾病防控、心理救助、消防安全、交通事故、旅游安全等多个领域。2017 年，贝加尔湖地区外国游客流量大幅增加，大部分游客来自中国，无法用俄语和英语进行交流。为了确保游客安全，紧急情况部着手完善安全措施并提供汉语服务，向游客发放汉语版宾馆消防安全、水上安全和森林安全备忘录。2015 年，俄罗斯紧急情况部与国际民防组织讨论了与突尼斯、喀麦隆和非洲大陆其他几个国家共同组建现代消防队的合作项目。俄罗斯不仅向这些国家提供消防救援设备，还对民众进行消防知识培训。英文、阿拉伯文和中文的相关培训手册已经出版。

（三）多阶段

应急语言服务的阶段包括事前预防和预警、事件过程中的信息发布和救援、事件后的援助与恢复。俄罗斯应急管理的相关政策文件多次重申，预警和防止紧急情况的发生是应急管理的首要目标。涉及语言服务方面，工作人员语言能力培训与考核，用多种语言进行救灾安全知识普及以及开展国际应急合作项目是工作重点。在事件发生后的援助行动中，尤其是国际合作救援，语言作为交际工具的功能更加凸显，各种形式的语言服务可以助力救助工作。2008 年我国汶川特大地震后，时任俄罗斯总统梅德韦杰夫邀请灾区的 890 名中国孩子赴“海洋”全俄儿童中心疗养，中心设置了“中国日”活动，为这些儿童进行应急援助和心理疏导。2009 年，俄罗斯紧急情况部心理医生向印度尼西亚地震中的 53 名受害者提供援助，其中 11 名是儿童。在语言不通的情况下，工作人员运用手语和木偶、绘画等各种游戏进行沟通，是应急语言服务新方法的有效尝试。2010 年，紧急情况部 40 名心理援助专家为斯摩棱斯克附近飞机失事的 1000 多名遇难者亲属提供帮助。心理医生们以俄语和英语提供紧急心理援助的热线服务，共接到 233 个求助电话。

俄罗斯的应急管理体系和语言服务是由总统领导，以紧急情况部为组织核心，通过垂直管理，辐射到全国各地的统一集中的国家管理模式。应急语言服务在这种模式下呈现出体系化、常态化和多元化特征。体系化指的是政府部门主导，制定应急语言服务的相关社会条例，并对工作人员进行相应的语言训练；常态化指的是伴随着俄罗斯常态化的应急管理体系，语言服务在应急宣传教育、信息发布和应急救援方面发挥作用；多元化指的是语言服务对象、服务领域、服务阶段和服务手段的多样性。

（赵　留）

法国应急语言服务

法国应急管理体系起步于20世纪50年代。法国应急语言服务的对象包括法国国民与外来人员。法国是单语制国家，法语在法国的地位得到了宪法的保护，法国大多数国民使用法语。法国也是多语、多民族国家，境内存在70多种区域性或少数民族语言：区域性语言包括布列塔尼语、普罗旺斯语、科西嘉语等；少数民族语言包括塔希提语、瓦利斯语等。法国还存在移民语言与方言。法国统计局数据显示，2018年法国合法移民共计630万人，来自欧洲、亚洲、非洲等不同地区，占法国总人口的9.7%，其中阿拉伯语使用者约110万，中文使用者约10万人。2020年新冠肺炎疫情防控期间，法国政府、学界、企业基于自身职能与民众需求提供了相应的应急语言服务。

一　法国应急管理体系

经过长期发展，法国应急管理逐步形成一套成熟、稳定的工作体系。法国政府先后颁布并施行了多部应急管理法律，并在此基础上，结合国家特点构建了自上而下、多级响应的应急管理体系。各部门在危机预警、处置与善后环节相互配合，一同应对突发公共事件。

（一）应急管理法规

法国应急管理以1955年发布《紧急状态制度法》为起点，通过建立紧急状态制度维护重大公共危机发生时的社会秩序。1958年，法国宪法确定了戒严制度，规定在紧急状态下，政府有权管控民众出行。上述法律以应对社会问题为目标，为政府在紧急状态下行使应急管理权力提供了法律依据。1987年，法国颁布《防范火灾及重大风险国民安全组织法》，强调了救援力量的民用功能，并对突发事件的非军事灾难救援组织程序做出了规定。法国现代应急管理体系的构建以2003年《技术与自然风险防范及损害恢复法》的颁布为标志。20世纪以来，法国多次发生洪水泛滥、工厂爆炸、高温酷暑等重大突发事件，在应对危机的同时，法国政府全面审视现代社会公共危机的种类与发生、发展机理，重新定义了国民安全保护的理念与工作内容，并依法建立符合国民需求的应急管理机制。《国民安全现代化法》对社会公众在应对突发事件中的义务做出了明确规定，一是社会成员是国民安全工作的第一参与者；二是各类生产经营单位必须为危机应对提供保障；三是各类传媒和具有信息发布手段的单位有配合发布风险预警的义务。

（二）应急管理机制

法国应急管理机制以《国民安全现代化法》为依据，构建了纵向四级（中央、防卫区、省和市镇）的应急管理机制。中央与地方共同担负应急管理的职责，每一层级分别由不同主体负责（图 1）。[①]

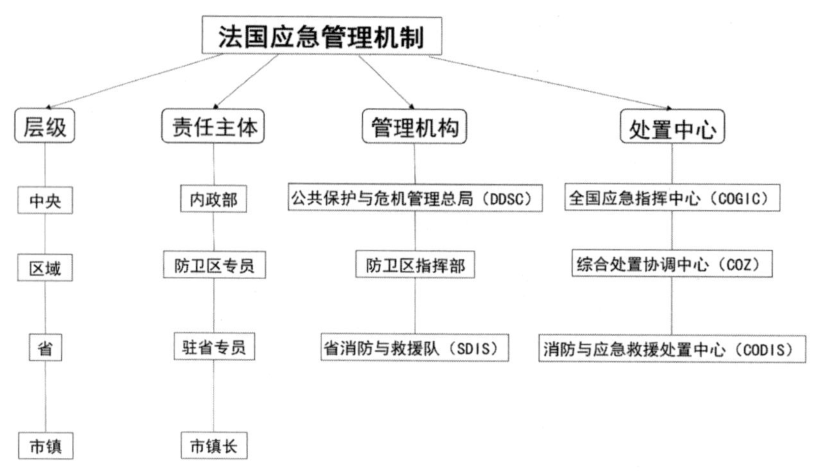

图 1　法国应急管理机制[②]

总理是应急管理的最高负责人。应急管理的日常事务由内政部负责。内政部部长负责制定救援方案，协调中央、地方和公共机构的应急资源调配。内政部的工作内容主要包括风险分析、监测预警、救援能力建设、公众应急教育、资源管理等，其中，监测预警与公众应急教育均需依托应急语言服务展开。

防卫区专员负责辖区内的应急管理。防卫区指挥部主要负责协调辖区内的应急资源调配。目前，法国在巴黎、马赛、里昂、雷恩、波尔多、梅茨等地设

---

① 张磊、龚维斌《法国应急管理的权责关系》，《行政管理改革》2016 年第 1 期。

② 信息来源：欧盟官网（https://ec.europa.eu）。

置了综合处置协调中心。综合处置协调中心处理区域一级的具体应急事务，例如，现场调查、医患沟通、语言援助、信息发布、联络协调、危机公关等，其中医患沟通、语言援助、信息发布、联络协调、危机公关等工作均需依托应急语言展开。语言服务是民众在应对突发公共事件时的重要需求之一，良好的应急语言管理与服务能力有助于提高政府危机处置的效率。

法国省级以下未设置专门的应急管理机构，但常设驻省专员。驻省专员领导消防与应急救援处置中心，负责省内公共与私人应急资源的调配与处置，地方政府配合驻省专员开展工作。市镇是法国的基层行政单位，市镇长在应急管理中主要负责制定安全防护措施和组织常规救助，直接对省级专员负责。中央、省、区域的管理机构与处置中心共同响应，协作开展突发事件的处置工作，具体包括秩序维护、搜索救援、医疗救助、交通疏导、通信保障、公共传播等。在应急处置的过程中，鉴于民众普遍存在的语言需求，法国政府首先通过官方渠道提供应急语言服务，同时也倡议学术机构、社会企业与政府积极合作，在各自领域为民众提供应对突发事件所需的语言服务。

二　新冠肺炎疫情防控期间的语言服务

新冠肺炎疫情防控期间，法国政府部门、学术机构、社会企业基于民众需求与自身职能，提供了包括多语信息发布、多语援助热线、法语新词命名、语言技术支援等多样化的语言服务。

（一）疫情信息的多语发布

为方便民众及时获知有关疫情防控的最新政策，法国政府专门在其官方网站开辟新冠肺炎疫情专题页面[①]。法国民众存在不同的语言背景，政府在该专题页面发布了法语、简明法语、英语版的疫情指南。法语版疫情指南内容最丰富，主要针对语言背景为法语的民众。指南每日更新，相关信息数据包括新增病例、康复病例、感染率以及政府近期重要举措与政策变化。例如，政府在封控期间对民众如何就学、就业、经商、文化活动、礼拜、出国等具体事务的指导意见。与法语版疫情指南相比，简明法语版疫情指南面向法语水平较低的民众，语言

① 信息来源：法国政府官网（https://www.gouvernement.fr）。

更加简练，没有晦涩难懂的单词和复杂的句型，通过简单句和通俗易懂的词语概括了有关新冠肺炎疫情的重要信息。例如，“11 月 24 日，总统宣布将分阶段取消封控管制”“上下班、接送孩子必须提交特别申请”。英语版疫情指南主要针对语言背景非法语的留学生、游客、移民等群体。此群体主要涉及外来人口，基于其语言生活需求，英语版疫情指南内容主要包括就业、就学等具体规定以及外出许可申请要求。法国政府特别关注老年人与残障人士，在专题页面建议法国民众在封控期间探望养老院的老年人，缓解老年人因封控而产生的孤独感；建议残障人士减少不必要的外出，如需帮助可直接联系有关部门。

除了法国政府官网，法国内政部、外交部、卫生部也在各自官网首页开辟了新冠肺炎疫情专题，基于职能分工多语种发布相关信息。法国内政部的服务对象主要是法国境内人士，疫情期间主要负责人员管控。内政部官网发布了法语、英语两种语言的出行申请，包括日常出行申请与宵禁出行申请，还通过图文结合的方式向民众展示了日常生活中洗手、咳嗽、纸巾使用、握手时的注意事项。

卫生部官网设计并发布了法语 + 英语、阿拉伯语、西班牙语、汉语等 15 种语言的双语卫生健康手册。手册图文并茂，内容包括卫生护理、疾病就医、自我隔离等。通过手册，民众可以掌握新冠肺炎疫情的防治方法、寻求医疗求助的方法、购买医疗保险的途径，以及如何在工作中进行自我防护等。手册对每一条信息进行了法语与目的语的双语对照，方便读者识别与理解。手册每一页均为聋哑人与听力障碍人士提供了专用手语版本。[①] 法国卫生部还组织专人拍摄了法语与手语防疫宣传片，指导民众应对身体出现的不同程度的疾病症状并采取有针对性的防控措施。

法国外交部的语言服务对象主要是非法籍人士。基于相关民众的需求，法国外交部在官网首页发布法语、英语、西班牙语、德语和俄语等 5 种语言的新冠肺炎疫情特别公告，帮助外国民众掌握法国疫情期间的防控措施与政策规定。外交部基于服务对象的具体需求，在官网通过 5 种语言发布了疫情期间法国出入境、签证、居住证、留学申请、健康防护政策的最新解答。例如，疫情期间国际学生在法通行需要办理的手续、欧洲他国职员在疫情期间往返母国与法国开展工作的流程、外国雇主保障法国员工的健康与安全的措施等[②]。

① 信息来源：法国卫生部官网（https://www.santepubliquefrance.fr）。

② 信息来源：法国外交部官网（https://www.diplomatie.gouv.fr）。

（二）语言援助服务

为解答民众有关新冠肺炎疫情的询问，法国政府专门开通了 24 小时语言援助热线电话。该热线向公众免费开放，法国本土以及海外省居民均可拨打。除了常规语言咨询服务，政府还为严重症状患者开通了急救热线；聋哑人及有听力障碍的患者则可发送短信至指定就医号码，获取文字咨询服务。除了电话热线、文字短信等语言援助服务，法国政府官网也设置了专门为聋哑人及听力障碍人士服务的语言援助网站[①]。该网站设置视频电话功能，只需一键点击指定图标，即可联络专业人士进行手语咨询。该网站提供 24 小时的手语转写服务以及周一至周五 8 点半至 18 点的手语援助。

此外，巴黎急救中心为帮助旅法华人更好地应对新冠肺炎疫情，克服语言困难，及时获得医疗服务，根据中国驻法国大使馆的提议，专门开通了法国社会急救华人热线。该热线由旅法华人医生以及志愿者共同参与，为法语沟通不畅的华人同胞提供免费咨询和语言协助。据该热线主要发起人，巴黎 13 区皮提耶-萨勒佩特里医院急诊科医生纳娜介绍，该热线的主要任务是为在法华人提供语言服务，帮助判断病情轻重缓急，协助病情危重的病人拨打急救电话等。[②]

（三）疫情术语规范

疫情期间，在法国文化部的资助下，法兰西学术院召开了数次有关新冠肺炎疫情词汇本体规划的专题会议，对术语标准化进行了反复研讨，例如，对法国民众经常使用的英语 corona virus disease（冠状病毒疾病）的缩写形式 COVID 一词的阴阳性界定。名词的阴阳性是法语重要的语法规则之一，COVID 一词是外来语，此前相关学术机构尚未对其合法性与阴阳性进行研判。对此，法兰西学术院通过研究确定 COVID 一词是具有名词属性的法语词汇，意为“冠状病毒引发的疾病”，是一个缩略词。在“冠状病毒引发的疾病”中，“疾病”是核心概念，由于疾病（maladie）在法语中是阴性名词，因此 COVID 这一缩略词也应是阴性名词。法兰西学术院对此前社会中频繁出现 COVID 的阳性形式做出了解释：由于前期官方没有对这一外来词汇发布统一标准，民众在谈论 COVID 一词时，通常指 corona virus（冠状病毒），而 corona virus 的核心概念

① 信息来源：法国政府官网（https://www.gouvernement.fr）。

② 信息来源：中国驻法国大使馆官网（http://www.amb-chine.fr）。

virus（病毒）在法语中是阳性名词，因此民众在使用COVID一词时也倾向于使用阳性形式的COVID。法兰西学术院建议民众今后在日常生活中规范使用法语新冠肺炎相关词汇，遵守性数配合等语法规则[①]。

（四）语言技术服务

新冠肺炎疫情期间，居家隔离政策限制了人们使用传统的沟通方式，急需语言技术创新赋能新的交际模式。法国国家数字科学技术研究院开发了一款“全民抗疫”语言信息交互软件。该软件用户足不出户，即可与他人分享个人卫生健康信息，同时了解他人的相关情况。目前，该软件下载量已超过700万人次，能够定位并追踪每一位用户，用户可根据监测结果对个人健康情况进行及时更新。该软件可以标记新冠肺炎患者的每一位密切接触人士（接触距离少于一米，且接触时间超过15分钟），并提醒用户采取必要措施。一旦用户确诊出现新冠肺炎症状，该用户确诊前48小时内的所有密切接触者均会在24小时内得到系统的预警。该软件还提供疫情相关数据，包括患者人数、医院病床数等信息的即时播报功能。用户还能通过该软件了解新冠肺炎病毒在当地的传播路径，在出行时规避高风险区域。

法国呼吸学会与automesure.com网站合作开发了一款致力于新冠肺炎疫情信息收集的数字化平台。居家隔离的患者，包括老人、儿童、残障人士等弱势群体，可邀请家人或护工通过该平台输入患者身体情况，系统将用户填写的信息自动生成PDF文档，转入个人医疗档案中。医护人员根据患者身体情况进行必要干预。新冠肺炎疫情期间法国医疗资源紧张，医患沟通不足，该平台旨在促进医患对话，保障民众，特别是弱势群体的相关权益。

法国的应急管理经过了60余年的变化发展，相关法规与运行机制趋近成熟，呈现出中央集权、属地管理为主，分类管理、分级响应的体系。语言是法国政府制定、发布、实施应急政策与举措的关键考量之一。应急管理中的语言服务致力于解决医患沟通、疾病命名、多语言信息发布、抗疫语言翻译服务、新闻宣传用语及谣言防控等语言问题。[②]在新冠肺炎疫情防控期间，法国政府职能部门、学术机构、社会企业各司其职，为民众提供了信息发布、语言援助、

① 信息来源：法兰西学术院官网（http://www.academie-francaise.fr）。

② 方寅《关注国家语言安全，推进国家语言应急体系与能力建设》，《语言战略研究》2020年第2期。

医患沟通、疾病命名等多样化的语言服务，为法国本土民众及外来人士提供了生活保障。法国在应急语言服务的过程中，关注聋哑人、听障人士、老年人等弱势群体，重视民众居家隔离期间的语言生活需求，基于技术创新开发语言沟通新模式，体现了以人为本与技术赋能的应急语言服务理念，为我国完善应急管理中的语言服务提供启示与思路。

（王陈欣）

英国的语言应急管理

英国是一个多民族、多文化和多语言共存的国家，大量居民来自原殖民地及英联邦国家，宗教信仰和文化背景复杂，易引发影响公共安全的社会问题。同时，英国经济发展高度依赖国际贸易，人口流动和国际交往增加了发生公共卫生和恐怖袭击事件的风险。[①] 近年来，英国自然灾害多发，尤其是城市洪灾频发，也使其面临更复杂的安全威胁。因此，英国政府十分重视应急管理体系建设，加强信息机制以强化中央和地方层面的协调以及各机构的协同，在人口背景复杂的城市地区，尤其关注应急语言服务。新冠肺炎疫情暴发后，英国迅速整合各方面的语言应急资源，为不同人群提供多语服务。

一　英国应急管理体系

英国的突发事件应急机制已有很长的历史并不断改进，拥有特色明显的应急管理机构和应急响应模式。

英国的应急管理机构大致可分为中央和地方两个层面。在中央层面，应急管理的中枢机构为内阁国民紧急事务秘书处，负责突发事件的响应和管理，是国家安全秘书处下辖机构之一。英国还设有内阁紧急应变小组，负责重大危机时的跨部门协调。在地方层面，包括伦敦在内的各区域当局、郡以及下辖市镇都设有专门的“紧急规划长官”，负责统筹与协调其辖区内各个相关部门。地方应急响应机构分为两类：第一类是核心机构，包括警察局、消防局、急救中心、国家医疗服务系统、地方政府和环保部门，是应急响应的一线部门；第二类是非核心机构，包括铁路、公路、通信、水电等公用事业机构、社区和各种志愿者组织。

英国采取整合应急管理模式，包括风险预测、风险评估、灾难预防、准备

① 闪淳昌《应急管理：中国特色的运行模式与实践》，北京师范大学出版社 2011 年版。

应对、应急响应和灾后恢复6个部分，以应急响应为中心，重视灾前准备和灾后恢复。整个机制的特点是分级处置、属地管理、多主体联动。政府十分重视日常的应急规划和预防，要求各职能部门在日常工作中做好充分准备，一旦发生突发事件，就能启动整个应急系统，集合各方面的力量来应对。一般性突发事件通常由地方政府负责处置，比较重大的事件才会向中央报告。中央政府根据事件的紧急情况建立三级响应模式：第一级由相关中央部门主导，负责协调上下级关系；第二级启动内阁紧急应变小组，协调军队、情报机构等相关部门进行处置；第三级启动内阁紧急应变小组，由首相或副首相领导，决定全国范围内的应对措施。① 地方核心应急响应机构则建立“金”“银”“铜”三级响应机制。“金”级官员主要解决“做什么”，负责对突发事件进行总体把握、确定优先级并制定目标和行动，属于战略层面；“银”级官员主要解决“如何做”，根据“金”层下达的方案进行任务分配，属于战术层面；“铜”级官员负责现场处置和救援，属于实施层面。地方政府还设有“地方应急联席会议”，由以上机构的主要负责人组成，作为所有相关组织的联动机制。

二　日常语言应急管理

除英语外，英国还有苏格兰语、威尔士语、爱尔兰语、盖尔语和康沃尔语等。20世纪70年代开始，英国的海外移民逐渐增多。根据2011年人口普查数据，英格兰和威尔士8%的人口主要语言并非英语，交流语言种类多达百余种。伦敦、曼彻斯特、伯明翰等城市也成为具有多元文化特色的国际都市。人口和语言的多样性对语言应急管理提出了挑战，英国的语言应急主要体现在信息机制、公众沟通和语言服务三方面。由于重视日常语言能力建设，英国在应急响应时就能调动多主体语言资源，利用信息和传播机制达到高效信息发布和良好公众沟通的目的。

（一）应急信息机制

信息机制是语言应急的重要内容，包括信息处理方式、信息发布渠道、信息发布语言和语言信息技术等方面。②

英国强调日常信息机制建设，对应急响应机构的信息分享有严格规定，重

① 王宇《英国应急管理工作的特征和启示》，《中国应急管理报》2020年10月21日。

② 李宇明、王海兰《粤港澳大湾区的四大基本语言建设》，《语言战略研究》2020年第1期。

视信息保护和敏感信息处理，要求所有信息处理过程须遵守《信息自由法案2000》《环境信息条例2004》《数据保护法案1998》等相关法律法规。信息发布渠道多元化，从报纸、电视、广播到网络媒体、新媒体、宣传单、户外标语等，构建起一个立体的信息发布体系。各级政府和相关职能部门通过各自的网站，常年向大众提供各种突发事件的应急对策和有关信息，并将之编辑成文档以供下载，公共图书馆和社区有时也会提供纸质版本。政府在发布信息时主要使用英语，但重要信息和应急指南会提供多语种版本，新闻发布配有手语翻译。向公众发布的信息经过合理编辑和排版，使用简单的语言，图文并茂，增加阅读性。应急工作人员也须使用清晰的术语、避免使用夸大性和情绪化的语言。在语言信息技术上，英国有专门供应急响应部门使用的手机软件“联合应急服务互通”，提供专家数据库和调度信息、救灾使用的简易英语和统一术语、突发情况的信息共享等，以加强各应急机构的联动。[①] 社区工作人员会定期统计少数族裔和老弱残障人士的类型和数量，形成数据库，以便随时使用。英国政府还成立了“社区应急论坛”，专门搜集社区在应急救灾中的成功案例，上传到全国统一的网站以供社区间相互学习。

（二）公众沟通策略

英国在突发事件响应中特别重视与大众的沟通和媒体的互动。

在危机前后，相关应急部门会制定公众沟通策略，提供有关信息并进行恰当的预警和建议，整个沟通过程围绕传播时间、信息内容和沟通人群展开。在传播时间上，政府要求各应急响应部门掌握危机前、中、后三个时间节点。危机前，公众需接受充分的危机意识教育，相关社会组织会定期在社区分发有关应急知识和技能的小册子，组织居民进行应急培训，特别重视提高孩子的危机意识。危机中，政府会通过各种信息渠道进行快速的公众危机预警和信息更新。危机后，有关部门会及时并长期提供相关信息和建议。在信息内容上，政府会定期评估可能影响英国的自然灾害和人为威胁，并在政府服务一体化网站上向大众披露[②]。该网站常年公布应急管理的法律法规、灾前预防、灾后赔偿和一般性紧急求助电话等信息，如遇重大紧急事件，还会发布更具体的应急对策。相关机构会为外籍人士提供出入境、医疗等方面的专门信息，关注与英语非母语

① 信息来源：英国 JESIP 官网（https://www.jesip.org.uk）。

② 信息来源：英国政府服务一体化网站（https://www.gov.uk）。

者和聋哑等残障弱势人士的信息沟通。在沟通人群上，英国将目标人群分为三类：伤亡人员、当地居民和更广泛的大众，不同人群采取不同沟通策略。

此外，英国政府十分重视与媒体的协作关系，要求应急响应机构重视网络平台建设，委派专门的媒体发言人，安排专人负责媒体业务，并训练员工如何应答媒体提问。遇到突发事件时，应急响应机构要给媒体提供准确一致的信息并保持及时更新。英国广播公司与英国政府建立了长期合作关系，是官方认可的应急信息主要发布渠道之一。同时，政府也非常重视社交媒体，为相关职能部门的工作人员提供了与社交媒体的互动指南。

（三）语言服务资源

英国注重日常语言服务资源建设，尤其是多语翻译服务。各地警察局、消防局、急救中心和国家医疗服务系统都提供日常的多语种翻译和手语翻译服务，只要拨打服务电话或通过网站递交申请，就可以免费获得该项服务。例如，拨打国家医疗服务系统的电话 111，就可以申请翻译服务，翻译人员可以通过同步视频传译，帮助双方更好地沟通。部分应急机构的网站还提供在线翻译服务，如国家医疗服务系统网站提供在线词语翻译功能，并给出其他一些权威机构如世界卫生组织提供的多语种健康信息资源链接。此外，英国很多城市的市政厅都提供翻译服务，还有大量机构和社会组织也提供多语服务。

英国的志愿者服务系统非常发达，政府和社区经常号召民众加入志愿者团队，特别是有应急经验和语言技能的人士。通过专门的登记和分配平台，人们可以加入当地的互助组织，为移民、难民、外籍人士和其他弱势群体提供语言援助。英国有专门的语言志愿者机构“语言援助”[①]，当紧急情况发生时，该机构会根据各地互助组织的需求进行调配。一些志愿组织也有自己的语言服务团队，并常年招募双语和多语人士，如英国红十字会。

三　新冠肺炎疫情中伦敦市的语言应急响应

伦敦是世界上最具多元文化特色的城市之一，日常交流语言的数量多达 233 种，学龄儿童的语言超过 300 种，[②] 发达的语言服务也颇具盛名。在此次新

① 信息来源：英国语言援助网站（https://www.linguist-aid.org.uk）。

② 王革、张平《语言国情视域下中英与多语教育政策研究》,《英语研究》2018 年第 2 期。

冠肺炎疫情的应急响应中，伦敦市第一时间在其政府网站首页设立了新冠肺炎疫情专栏，[①]调动各种信息与语言资源。通过该专栏，伦敦语言应急管理中体现的信息机制、公众沟通和语言服务可见一斑。

（一）集合化信息机制和公众引导策略

疫情期间，专栏位于市政网站首页最显眼的位置，作为最主要的渠道，发布最新信息和指南。专栏内容非常丰富，包括疫情的常见问题和答案、国家医疗服务体系和警察局给民众的指南、每日新增和死亡病例数通报、针对疫情期间居家和社交给出的规则、志愿者和各种捐赠信息和渠道、为遇难者家属给出的丧葬和哀悼信息、为教育和商业系统给出的指南和建议、疫情期间的心理调节以及伦敦市民的感人故事等内容。以上每一项都包含了丰富和详尽的内容，给出相应信息的链接，并在结尾处有针对性地给出其他相关阅读。以疫情期间的心理调节一栏为例，网站为广大民众给出了心理调节小贴士、国家医疗服务体系的相关建议、对儿童和青年人的专门性指导等，所有板块都给出专业机构的具体链接。此外，该栏目还提供大量有关心理压力测试和缓解的在线平台链接、手机应用软件下载、热线电话和其他网络资源。栏目结尾处还有伦敦绿地公园的开放信息、丧葬哀悼信息等相关阅读。通过这样的集合化信息机制，公众可以便利、高效地获取有针对性的信息。

疫情专栏的排版布局也颇有讲究，位于第一排最醒目的位置不是每日新增和死亡病例数通报，而是常见问答、疫情期间的感人故事和国家医疗服务体系的指南。疫情期间的感人故事一栏取名为“伦敦，在一起”，里面有市民为医护人员提供志愿服务和加油鼓劲的小故事等，政府也鼓励市民在里面分享自己的故事以激励他人。可见，伦敦在应急响应中尽量避免对危机本身的过度渲染，引导公众克服恐慌心理，重视提供切实有效的信息和建议以及媒体在叙事、激励和传播正能量上的积极作用。

（二）疫情期间的多语服务

疫情专栏中有一项为非英国公民以及英语非母语者提供的信息汇总，除了医疗信息、签证指南、旅游建议等内容外，还有专门的多语种信息汇总，涉及官方指南、就业权利、健康指导、签证移民、家长建议、使馆信息等。

① 信息来源：伦敦市政网站（https://www.london.gov.uk）。

栏目提供各种指南的多语种下载链接，有英国政府发布的《自我隔离指南》《社交距离指南》和《弱势群体庇护指南》等非英语版本，包括阿拉伯语、孟加拉语、汉语、法语、古吉拉特语、波兰语、旁遮普语、乌尔都语和威尔士语；世卫组织提供的多语种信息和指南汇总，包括英语、法语、汉语、阿拉伯语、俄语和西班牙语 6 个版本；公益机构“世界医生·英国”提供的 30 多个语种的《新冠病毒综合指南》。网站上还有一系列有关疫情的手语视频可供下载，包括病毒传播途径、感染症状、居家隔离、医疗服务等内容。

就业和社会福利板块提供 20 种语言的就业指南，为不同语言背景的人群提供疫情期间的工作建议。英国国际移民组织建立“移民信息服务”多语平台，通过网络提供 8 种语言的咨询服务，涉及工作、福利、住房等信息，并提供多语电话服务。家长建议板块提供 17 种语言的家长指南，为英语非母语的家庭在疫情期间建立更好的家校和亲子沟通。同时，该板块为 7 岁以下的孩子提供 23 种语言的信息和活动手册，帮助孩子更好地了解新冠病毒。

该栏目还有 BBC 的多语种“新冠病毒实时新闻播报”链接，包括英语、豪萨语、印地语、波斯语、土耳其语、乌尔都语和越南语这 7 种语言的入口。如果想知道自己所在的社区附近是否有提供翻译、数字信息和其他语言服务的机构，栏目提供了伦敦和英国其他地区相关机构的名单、地图和联系方式，只要输入所在地的邮编，就能找到最近的机构。此外，栏目还为移民、难民和其他弱势群体提供了伦敦所有互助组织的名单和联系方式，以及“语言援助”机构的链接。该机构通过当地的互助组织给有需要的社区和个人提供免费的宣传资料翻译，并且为弱势群体和英语非母语者提供语言服务。

在应急管理中，英国重视信息机制建设，加强大众沟通、媒体协作和日常语言服务。当遇到突发事件时，英国就可以迅速启动整个应急系统，集合个人、社区、志愿者、公益组织以及应急响应部门的语言资源，通过有效的信息发布渠道告知大众，发挥应急语言服务作用。

（马　嫣）

美国疫情期间的语言服务

美国的人口成分多样并且语种丰富，约 20.8% 的人口使用英语以外的其他语言①。英语能力有限的人口在获取政府信息时面临诸多障碍，这也给国家治理带来了现实问题。在人口成分与语言多样性的背景下，美国提出了"语言服务政策"，英语能力有限人口是该政策的主要服务对象。2020 年新冠肺炎病毒在全球肆虐，美国语言服务已有的政策与资源储备成为政府工作有序开展不可或缺的部分，而新冠肺炎疫情期间的语言服务成为复杂语言国情下应急语言服务的重要实践。

一 语言服务机制

由政府提供的语言服务主要基于克林顿总统 2000 年发布的第 13166 号行政令，1964 年的《民权法》为其提供法律依据，判例法在司法层面对这一行政令进行支持和限制。根据第 13166 号行政令，各机构应"因地制宜"地制定自己的《语言服务指南》和《语言服务计划》，但当联邦层面的法律法规与地方法律法规相冲突时，仍然以遵守 1964 年《民权法》为主。

在联邦层面，第 13166 号行政令是上位法。2000 年 8 月 11 日，美国总统签署了 13166 号行政令《改善对英语能力有限者的服务》，强调英语能力有限者有资格在特定的与个人利益有关的领域获得语言协助。行政令要求联邦机构检查其提供的服务，明确英语能力有限者的需求，制定并开发一套系统使英语能力有限者能够有效获取服务②,2002 年，政府修订了针对联邦财政资助者的指南，要求这些机构采取合理措施为英语能力有限者提供有效语言服务，否则联邦资助将面临风险。获得联邦财政资助的对象包括医院、养老院、家庭卫生机构、受管理的卫生组织、大学、其他卫生或社会服务机构等。

为敦促联邦机构承担起相应责任，美国司法部发布了一项政策指南，称

① 信息来源：美国人口官网（https://www.usapopulation.org）。

② 信息来源：美国卫生与公共服务部官网（https://www.hhs.gov）。

"根据 1964 年《民权法》第六章英语能力有限者不应该受到歧视"。文件指出，该指南并非新创造的一项任务，而是对已有《民权法》第六章内容的进一步阐述。此外，美国是最典型的实行判例法的国家[①]，英语能力有限者受《民权法》保护的判决因早有先例而延续。英语能力有限者受到《民权法》的直接保护，而提供语言服务也是避免其犯法的重要策略。

基于语言服务的政策及资源储备，美国目前已建立起由联邦、州、郡、市四级政府以及社区等基层单位共同构成的语言服务组织体系，遵照属地管理、分层负责的原则提供服务。联邦层面，司法部负责制定、督促 13166 号行政令的实施，司法部部长办公室在政令颁布之后多次以工作备忘录形式向联邦机构负责人、总统法律顾问和民权部门领导人提供政府问责办公室的反馈情况，敦促各部门认真执行行政令。在联邦政府机构、州、郡、市政府中，都有专门的机构或协调人负责语言服务事务，这一职能通常会放在负责人权或社区事务的部门中。在各级政府层面，一些专门从事语言沟通的岗位会雇佣符合条件的工作人员直接提供服务。但在更多情况下，政府会借助社会力量完成语言服务。

美国卫生与公共服务部于 2003 年 8 月发布了《语言服务指南》，其中"以动治动"的模型整理可归结如下（图 1），机构根据"四个因素"选择语言服务参与主体与提供方式，四个因素包括英语能力有限人口的数量或接触频率、使用语种、机构所提供服务以及机构所拥有的资源。可供选择的参与主体有职员、译员、企业、个人，可选择的提供方式包括网页、视频、电话、面对面翻译以及直接提供多语种文本。在这个动态的模型下，因变量随自变量变化，因此对自变量的掌握，即对语言情况的调查就变得非常重要。

在《语言服务指南》的指导下，卫生与公共服务部于 2013 年制定并发布了《语言服务计划》，内容包括语言服务政策与执行、语言服务计划以及语言服务步骤。其中主要涉及 10 个要素，包括评估语言服务需求与能力、口译、笔译、政策和程序、免费提供语言服务的通知、职员培训、评估语言服务的获取与质量、与利益相关方协商、电子信息、补助金的保障与合规，每个要素下都有具体的步骤。

① "判例法"又称"法官法"或"普通法"，其基本原则是"遵循先例"。相关案例可见《美国最高法院判例汇编》第 414 卷，第 563 页，第 568 页，第 569 页（1974 年）。信息来源：美国英语能力有限者官网（https://www.lep.gov）。

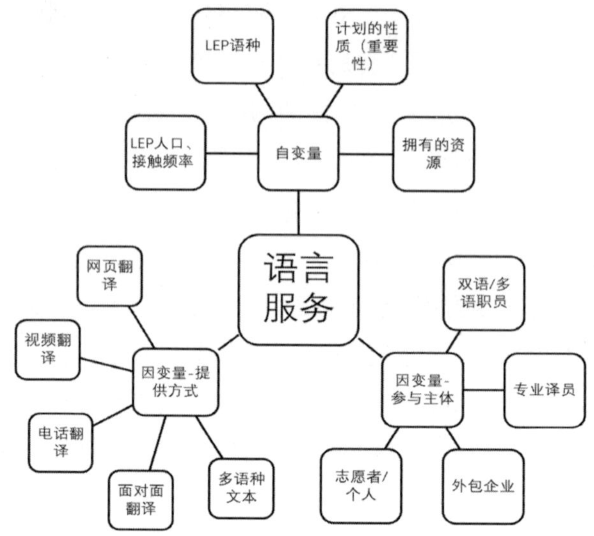

图 1 语言服务模型

应急语言服务是语言服务中的特殊情况，也是语言服务政策下的一部分。2016 年 8 月 16 日，司法部发布新闻稿，称“联邦政府机构签发《联合指导》，以帮助应急准备、响应和恢复的提供商遵守民权法案第 6 章的各项规定”，以确保在提供应急准备、响应和恢复服务时，接受联邦财政援助的机构不会因为种族、肤色或民族问题歧视个人或社区。《联合指导》对象包括卫生与公共服务部，《联合指导》建议了一系列可采取的步骤：（1）与不同的种族、族裔和英语能力有限者分享有关住房、卫生服务或其他应急相关服务和不受歧视的信息；（2）深入到不同种族、族裔和英语能力有限者中并征集他们的意见，以确定如何更好地量身定制应急计划、响应和恢复工作；（3）广泛宣传疏散和灾难准备计划，包括向英语能力有限者宣传；（4）确保所有实体都了解、接受联邦财政援助者提供的大多数生命与安全公共服务没有移民身份限制；（5）例行收集并分析有关潜在受影响人口的信息，以帮助资源和服务的有效性与无歧视分配。

二 疫情时的语言服务响应

遵守《民权法》是语言服务的核心目标。新冠肺炎疫情暴发后，公民权利司法部部长助理发表了题为《在应对冠状病毒疾病 2019（COVID-19）的同时保护公民权利》的声明，其中特别表示司法部将继续保持警惕以贯彻执行《民权法》，因为获得准确的紧急情况和健康信息对所有人都非常重要，大家要共

同努力应对疫情，应对非法歧视。

（一）联邦应急管理署的语言服务实践

综合性应急管理是美国应急管理体系的特色之一。2020年3月13日，美国总统根据《罗伯特·斯塔福德灾难救助和紧急援助法案》宣布国家进入“紧急状态”，全国范围内的所有州、部落、领地和哥伦比亚特区都将流行新冠肺炎。联邦应急管理署联合卫生和公共服务部等合作伙伴与州、地方、部落、地区政府合作，对新冠肺炎疫情采取全国性应对措施。

联邦应急管理署的官方页面以多种语言提供重要信息，灾难幸存者可以在此找到有关灾难援助计划、应急准备、响应和灾后恢复以及洪灾保险的翻译信息，资料会定期添加。其官方网站主页设置了7个语种的页面，但并非对所有内容进行翻译[①]。其中《灾后援助手册》作为社区中的共享资源，已被翻译成27种语言，帮助人们了解灾难恢复中联邦应急管理署可能提供的个人协助[②]。

受新冠肺炎疫情影响，对聋哑及听障人士的语言服务方式与之前相比也有所变化。联邦应急管理署通过优兔网发布“疫情期间与医生交流”的手语视频。视频讲解了在疫情期间如何与医生有效沟通，如通常医生会问需要哪种语言服务，包括面对面手语翻译、视频远程翻译、唇语、书面交流等，但在疫情期间有些医院可能禁止面对面的翻译，家人和朋友也不允许进入，这使得语言服务变得困难。因此，手语使用者需要携带相关交流工具去医院，如打印一张“身份卡片”说明你是聋哑人或听障人士，携带智能手机并提前安装远程视频翻译软件或语音识别软件[③]。

（二）卫生与公共服务部的语言服务实践

疫情作为重大安全卫生事件，卫生服务相关机构较其他部门承担了更多的责任。联邦层面，疾病预防与控制中心为移民、难民和其他英语能力有限人群提供了通信工具包，包括文本资源与视听资源。

文本资料可以按照语种和受众进行分类，受众包括联邦、州和地方政府、社区、急救人员、普通公众（包括教育工作者与学校行政人员、雇主、企业主和社区管理者、个人与消费者、父母与看护者）、医疗保健专业人员（包括牙医、兽

①② 信息来源：美国联邦应急管理署官网（https://www.fema.gov）。

③ 信息来源：美国优兔网（https://www.youtube.com）。

医、其他医生、医疗保健管理员、化验室人员）、卫生部门等[①]。如按照“卫生部门”筛选，可以检索到关于“远程医疗”的双语海报、西班牙语海报部分。

视听资源中，公共服务公告提供了各个主题的多语音频，如关于“如何戴口罩”“保持社交距离”均有包括英语在内的15个语种的音频[②]。视频材料可以按照受众类型和语种进行筛选，语种主要包括美国手语、英语、西班牙语[③]。

此外，疾病预防与控制中心建立了关于新冠肺炎病毒独立的网页，该网页除英语页面外，还有西班牙语、越南语、韩语，并另设“美国手语视频”链接，点击可观看与疫情相关的手语视频[④]。为满足其他语言使用者的需求，页面底部提供了16个语种的语言援助通知，不但向残障人士免费提供语言援助服务，也向母语非英语的人员提供翻译及其他语种信息。需要语言服务的人士还可以拨打1–877–696–6775，受到非法歧视的人也可以通过邮寄、电话或邮件形式进行投诉[⑤]。除此以外，各州卫生部门也因地制宜地提供语言服务。

（三）其他主体参与语言服务实践

一站式资源中心在难民安置办公室的支持下，提供了“关于新冠肺炎病毒的多语资料整合”[⑥]，该网页整合了疾病预防与控制中心的资源、各州的多语介绍与海报、不同来源的多语视频与多媒体资源、实时更新的信息以及资料汇编。用户可以在页面下方互动，如咨询“您有克里奥尔语和斯瓦希里语的资源吗？我工作的学区没有，我希望将此资源发送给和我一起工作的新移民家庭”，该信息隔天即收到回复称，斯瓦希里语资源已经更新，又在10天内追加评论说明，克里奥尔语资源已更新。

社会各机构、社区成员也参与到语言服务当中，如加州大学洛杉矶分校建立的“新冠肺炎病毒多语资源中心”提供了关于疫情各种主题的书面材料和视频[⑦]，濒危语言项目建立了数据库，包括来自政府、非政府、公共卫生组织的数百种濒危语言资源，用户可按照语言名称、国家或地区进行检索[⑧]，检索结果含文本、视频、网页等资源。美国亚裔和太平洋岛民论坛整合了亚裔美国人

---

①②③ 信息来源：美国疾病预防控制中心官网（https://www.cdc.gov）。

④ 信息来源：美国疾病预防控制中心官网中文页面（https://chinese.cdc.gov/coronavirus/2019-ncov/index.html）。

⑤ 信息来源：美国疾控中心官网（https://www.cdc.gov）。

⑥ 信息来源：美国一站式资源中心（https://switchboardta.org）。

⑦ 信息来源：美国新冠肺炎疫情科普网（https://www.translatecovid.org）。

⑧ 信息来源：美国濒危语言项目网（https://endangredlanguagesproject.github.io/COVID-19）。

和夏威夷岛民关于疫情的语言资源并实时更新，该论坛包含 43 个语种（含英语）的资源，由社区成员、社区组织、国家机构等提供。[①]

美国英语能力有限者人口众多，语言服务存在多样化需求；美国基于第 13166 号行政令的语言服务政策已形成相对完备的体系，语言服务贯穿在不同领域与部门的工作中；卫生与公共服务部是应对重大公共卫生事件的主要职能机构，在疫情前已制定《语言服务指南》与《语言服务计划》，并在疫情发生时快速响应并调整。

（李美玲、赵蓉晖）

① 信息来源：美国亚太岛民健康论坛（https://www.apiahf.org）。

智利应急语言服务

智利位于环太平洋地震带上，是世界上自然灾害发生最为频繁的国家之一。随着新冠肺炎疫情在全球范围的蔓延，拉丁美洲各国也先后受到疫情影响，巴西、智利和秘鲁一度成为西半球继美国之后疫情最严重的国家。因此不论是在应对2020年的新冠肺炎疫情，还是在防范和处置传统意义上的自然灾害中，智利的应急管理体系都承担着非常重要的职责。

应急语言服务作为应急管理体系中不可或缺的一部分，需要充分考虑语言国情。智利的官方语言为西班牙语，同时国内还保留着多种土著语。该国常住外国人口主要来自秘鲁、委内瑞拉、哥伦比亚等拉丁美洲西语国家[①]；近八成（76.3%）的外国游客来自阿根廷、玻利维亚和秘鲁三国[②]。此外，该国庞大的听障人群（占总人口4.6%）也对应急语言服务的种类和方式提出一定要求。

一　国家应急管理体系概况

智利较早建立起了较为完备的应急管理体系，涉及地震测控、水文检测、民事防护等多个重要领域，而国家紧急事务办公室[③]则是该体系中统筹和协调各部门运作的“主心骨”。

（一）主要机构

1960年，智利政府为应对瓦尔迪维亚大地震建立了救灾委员会，负责协调和解决震后的一系列问题。1974年，智利内政部[④]颁布369号法令，在原有救灾委员会的基础上正式成立了国家紧急事务办公室，在法律上将其定义为“内

① 智利移民局2019年统计数据。

② 智利旅游局2018年统计数据。

③ 信息来源：智利国家紧急事务办公室官网（https://www.onemi.gov.cl）。

④ 原名“内政部”，2011年更名为“内政和公共安全部”。

政部下属的公共服务部门，旨在预防或解决地震及其他灾难导致的问题，负责计划、协调和执行各类相关活动”[①]。1983 年，智利在全国范围内建立了地区级的应急事务办公室和紧急行动中心，进一步完善了该国的应急管理体系。在 2017 年智利内政和公共安全部颁布的 1434 号特赦法令中，国家紧急事务办公室被定义为“负责协助、指导、协调、评估和管控国家高效处置行为的国家机构，主要任务是规划、调配公共和私人资源，用以应对并预防紧急情况和各种自然或人为灾害”[②]。

该机构下设国家预警中心、民防学院和其他负责风险处理和应急行动的部门，分别负责灾害风险监控、应急技能培训、紧急行动统筹等各项工作。应急语言服务也是该机构负责的重要工作之一。

（二）服务框架

智利应急管理体系的主要任务是面向全体民众传播“防灾文化”，并且在灾害发生前夕及时预告灾害信息，告知应对措施。在此过程中，提供高效并且全覆盖的语言服务就显得尤为重要，政府部门要在第一时间通过合理的语言服务机制，将可能发生的灾害信息传递给广大民众，以把握减轻灾难危害的先机，高效应对。

为实现“全民覆盖”的目标，智利的应急语言服务形成了如表 1 所列的框架。应急语言服务面临着语种选择和语言服务方式两大问题，服务对象主要分为健康人士和残障人士两大类。对于健康人士而言，语种选择对于实现应急管理中语言服务的全覆盖非常重要。在智利，就目前的情况而言，使用西语，同时辅以英语和法语即可满足绝大多数民众的应急管理语言服务需求。在此基础上，考虑到面向残障人士的语言服务方式，智利国家应急管理系统面对不同群体的残障人士提供不同的解决方案，包括口语播报、增加字幕和手语播报，多途径、高效率地将灾害预警和救灾应灾信息在第一时间传递给所有民众。

①② 信息来源：智利国会图书馆网（https://www.bcn.cl）。

表 1 智利应急管理语言服务框架

智利应急管理中的语言服务目标：全民覆盖		
语言服务类型	语言服务对象	
	健康人士	残障人士
语言种类	西班牙语、外语、马普切语[①]	西班牙语（字幕）、手语
语言服务方式	全方位	广播、手语播报、字幕

二 常规应急语言服务

智利重视在灾前或灾后传播“防灾文化”，灾后对灾害及其应对措施进行反思和总结。这两个阶段的语言服务通常选用西班牙语、英语和法语这三门语言。此外，在灾害预防文化建设的过程中，还会考虑残障人士的语言服务需求。为此，智利国家紧急事务办公室编制了多语种防灾手册，并将手语纳入语言服务体系。

（一）多语种防灾手册

2016 年，智利国家紧急事务办公室针对泥石流、火山喷发、建筑物火灾、森林火灾、地震、海啸、巨浪、洪水、厄尔尼诺现象、龙卷风、沙尘暴、雷暴、有毒有害物质以及包括冬季雨雪冰冻灾害、夏季暴雨高温等在内的 19 种灾害威胁制定了双语和多语的防灾手册，内容包括相应灾害的简要介绍和遇到此类灾害时的应急指南。其中，泥石流、火山喷发、建筑物火灾、森林火灾、洪水、地震、海啸这 7 类灾害的防灾手册发布了西语、英语和法语 3 个版本，其余 12 类灾害的防灾手册以西语和英语双语形式发布。

多语种防灾手册项目得益于智利国家紧急事务办公室与加拿大驻智利大使馆签署的合作协议。依据这一协议，加拿大驻智利大使馆为部分应灾主题的宣传材料提供英语和法语翻译，并协助其进行材料印刷与分发。在智利居住或旅行的加拿大公民可以通过大使馆获得这些材料，避免由于语言障碍或对当地环境不了解带来的应灾盲区，提高应对紧急灾害风险的能力。如今，人们可以方

① 不同社区的马普切语拼写法不通用，不同社区的识字率也有较大差距，因此如何在马普切社区开展应急语言服务是智利应急管理中的一大难点。新冠肺炎疫情期间，有民间团体在部分马普切社区分发卫生提示的录音，但这门语言在应急管理中的使用率不高。信息来源：英国卫报官网（https://www.theguardian.com）。

便地在国家紧急事务办公室的官方网站上以电子文档的形式浏览和下载这些多语防灾减灾手册。该项目不仅面向在智利的加拿大人，还为非西班牙语国家的移民和游客提供了便利。

（二）面向听障人群的防灾知识普及

面向听障人群的防灾知识普及措施，旨在通过有效的宣传、教育等手段提高该类人群在日常生活中的防灾意识，并使他们能够和健康人一样获得一定的自我保护和自救技能。2014 年，国家紧急事务办公室与国家残障人士服务机构共同提出了“全民灾害风险管理项目”。该项目首先在塔拉帕卡大区推行。该大区组织了“灾前、灾中与灾后”“海啸应急与准备”“建筑物火灾应急与准备”“家庭防灾方案”等培训活动，邀请听障人群参与并为每场活动配备手语翻译。此后，在其他大区紧急事务办公室的支持下，此类活动陆续在全国范围内开展，并于同一年发布了 12 个配备手语播报及西班牙语字幕的防灾减灾宣传视频，其中包含了火山喷发、火灾、地震、海啸等该地区常见自然灾害的行动指南。

随着该项目的推进，越来越多关于防灾减灾的材料从书面文字形式走向配有字幕和手语翻译的视频形式，涉及的内容也从常见灾害的行为指南逐渐拓展至其他灾害应急处理、演习通知、家庭应急箱常识等方方面面，听障人士可以通过国家紧急事务办公室官网或该机构在各社交平台的官方账号便捷地查看这些信息。

三　疫情期间的应急语言服务

此次新冠肺炎疫情暴发后，该国的应急语言服务也经受了一定的考验和挑战。依据智利语言国情的实际情况，使用西班牙语这一门语言即可确保绝大多数人群的语言服务权益，提高语言服务效率。鉴于听障人士在获得官方或媒体提供的紧急通知时往往会遇到困难，听障人群如何及时有效地获得相关信息受到了智利国家应急管理系统的重视。

（一）西班牙语应急手册更新

紧急情况下的应急语言服务以西班牙语为主要语种，新冠肺炎疫情暴发期间智利国家紧急事务办公室用西班牙语推出了《疫情背景下的疏散指南》，将保持交际距离、佩戴口罩等新要求加入了西语版本的地震、海啸、冰冻等灾害建议手册。

与常规应急语言服务不同的是，此次在疫情背景下的应灾手册更新只使用了西语这一单一语种。根据美国中央情报局《世界各国概况》2005 年的统计数据，智利的西班牙语识字率超过 97%，因此，选择西班牙语能够确保应急信息高效覆盖绝大多数人。西班牙语在智利的强势地位决定了紧急状况下该国应急管理的语言服务主要通过西语开展。

（二）图文并茂的防疫宣传

在应急信息传递时，采用图文形式的宣传方式是智利应急语言服务的另一特点。在新冠肺炎疫情期间，智利电视媒体、国家紧急事务办公室网站及其社交媒体账号均使用动画或图文的形式，普及和宣传疫情期间加强个人保护的具体方式，强调疫情“新常态”背景下，民众在紧急逃生与疏散时依然要具备防疫意识，做好个人防护。

相比于纯文字信息，图文信息更为直观，关键信息更加突出，也更容易被广大民众快速理解。疫情突发初期，使用配以简单说明文字的卡通图片进行防疫信息宣传，可以在最大程度上实现紧急信息的高效覆盖，即便是西语语言能力有限的外国人、土著族群和儿童，都能通过读图的方式较好地接收和理解应急信息。

（三）手语播报应急信息

为减少因信息传递不畅而造成的伤亡和损失，近年来，紧急通知和灾害信息的手语播报得到一定程度的普及，尤其在新兴媒体中。国家紧急事务办公室以及应急体系内的其他相关机构充分利用网络信息传播快速和便捷的特点，在他们的网站和社交账号中，及时发布时事的手语新闻视频，或配有手语翻译和西班牙语字幕的信息播报。

在传统媒体中，使用配以手语和字幕的方式进行应急信息播报的做法也已经逐渐常态化。但相比新兴媒体，手语播报进入传统媒体则经历了从提案到立法，再到具体实施的过程，因此更为复杂。2012 年 6 月 12 日，众议院前议员伊万·莫雷拉·巴罗斯和其他众议员首次提出议案，要求确保听障人士能够通过电视节目及时获得官方紧急通知和突发新闻。2016 年，智利两院通过并颁布第 20927 号法律，明确指出:“任何通过电视或视听媒体传播的，如公共资金资助的公共服务活动、选举宣传、总统辩论、全国电视联播、智利内政与公共安全部紧急事务办公室的信息以及公共灾难和紧急事故的新闻报道等，都必须以上一条款法律规定的形式、形态和条件用字幕和手语进行传播或广播。”

通过梳理和总结智利的常规应急语言服务与新冠肺炎疫情期间的语言服务，我们发现，尽管常规的“防灾文化”建设采用多语种的方式进行，但基于西班牙语的通用语地位和该国的语言人口特点，加之由于疫情期间应急时间紧迫，西班牙语单一语种的应急语言服务在防疫信息传递中发挥了主导作用。在具体的语言服务形式上，图文并茂的防疫宣传使应急信息覆盖人群进一步扩大，让通用语能力较弱的部分群体也能够通过读图接受应急信息。此外，智利还十分注重保障残障人士的防灾权益，通过手语播报等方式提供的应急语言服务，保障了听障人群在疫情等灾害中获得平等的语言服务权利。

（曹羽菲、丁伊雯）

第四部分

报　告　篇

韩国世宗学堂财团年度报告（2019）

世宗学堂财团 2019 年度报告[①]由财团介绍、主要成果和主要工作内容等三部分组成。作为向全世界推广韩国语言及文化的教育机构，2019 年世宗学堂财团（本文简称“财团”）陆续展开了一系列重要工作。2019 年财团总预算金额为 235.77 亿韩元，比 2018 年增加了 6.9%。2019 年财团年度报告的特色内容如下。

一　2019 年主要成果

与前一年度相比，2019 年世宗学堂（本文简称“学堂”）的数量、学生数、结业生数、学堂网站会员人数、文化交流人数、教师派遣人数、文化专家派遣人数等均有所增加。

（一）核心数据统计

2019 年，学堂覆盖全世界 60 个国家与地区（2018 年为 57 个），总数量达到 180 所（2018 年为 172 所）。从学堂数量看，亚洲与美洲比前一年各增加 7 所与 4 所，欧洲减少 3 所，非洲与大洋洲无变化。亚洲的学堂总数为 105 所，占总体的 58.3%。其中，中国（包括台湾与香港）开设了 29 所，是学堂数量最多的国家。财团设定的目标是要在 2030 年前在全世界 100 个国家与地区开设共 300 所学堂。

授课学生数与结业生数分别为 72 713 名与 21 457 名，同比增长 17.6% 与 7.2%。2019 年学堂官网[②]注册人数累计为 200 916 名，网站登录次数为 971 684 次，与 2018 年相比增长比率分别为 20.5% 与 4.9%。另外，参加文化交流活动的学堂达 35 所，总人数比前一年增长 56.7%，为 12 625 名。

---

①② 信息来源：世宗学堂官网（https://www.sejonghakdang.org）。

海外派遣主要分为韩国语教师派遣、文化专家派遣、文化实习生派遣三个部分。2019 年，学堂派遣了 140 名韩国语教师到 40 个国家与地区的 83 所学堂，总人数增加了 12%。文化专家方面，共派遣了 132 名专家到 17 个国家与地区的 32 所学堂，总人数增加了 25.7%；文化实习生派出方面，共派出 41 名实习生到 17 个国家与地区的 24 所学堂，总人数增加了 28.1%。

（二）2019 年五项“首次”成果

财团 2019 年“首次”开展的工作，主要围绕以下 5 项内容。

（1)2019 年首次在老挝（亚洲）、塞尔维亚（欧洲）、土库曼斯坦（亚洲）、科特迪瓦（非洲）等 4 个国家开设学堂。

（2）为纪念韩文日[①]573 周年，景福宫管理所[②]与财团首次共同举办“集贤殿[③]韩国语教室”，为期三日（2019 年 10 月 7 日、9 日、10 日）。此次活动，面向访韩或在韩外国人。参与活动的 55 名外国人既学了韩文创制原理与韩国语会话，也体验了穿韩服、书写韩文美术字等文化活动。

（3）财团首次制作全世界韩国语需求地图。通过地图，可以一目了然把握世界各地韩国语的需求与供给现状，地图可用于指导开设新学堂的地区选择等方面。

（4）财团首次开展“世宗学堂支援当地聘用教师取得学位”工作。通过此项工作选拔出的当地教师，将会插班到与财团签订合作协议的韩国 8 所网络大学的 3 年级，往后两年将获得财团补助金与大学奖学金，修读本科课程，并取得“韩国语教师资格证 2 级”证书[④]。经 2019 年度评审，共有 13 个国家的 17 名教师被选拔为当地教师。

（5）为了向全世界派遣文化实习生，2019 年首次举行文化实习工作说明会，制作宣传视频并发放给韩国国内大学。

---

① 每年 10 月 9 日。为纪念世宗大王创制韩文的纪念日。

② 信息来源：景福宫管理所官网（https://www.royalpalace.go.kr）。

③ 朝鲜世宗时期在宫中建立的学术研究机构。

④ 共 3 级，1 级为最高。

二　师资派遣情况

为了提高学堂的教学质量，财团每年向海外派遣教师。2019 年的海外派遣可以分为韩国语教师派遣、文化专家派遣、文化实习生派遣三个部分。

（一）韩国语教师派遣

2019 年，财团选拔派遣教师时，以教师的语言能力及是否有当地居住经验等作为主要考察内容，这种选拔标准在 2019 年首次使用。财团积极对应非首选区域的韩国语教育需求，首次派遣教师到埃及、厄瓜多尔等国。派遣人数最多的国家是越南，人数为 30 名。其次是中国，派遣人数为 19 名。派遣到中国的教师分散在上海、香港、石家庄、西安、齐齐哈尔、青岛、临沂等地。为壮大师资力量和改善教师待遇，财团采取了提高派遣教师的住房补贴、提高特殊工作地津贴等措施，并提供国外紧急安全管理服务，以便教师在当地遇到医疗、治安、灾难等事故时能够及时得到帮助。

（二）文化专家派遣

自 2016 年起开办的“世宗文化学院”项目，在 2019 年从韩国共派遣了 132 名文化专家到世界各地。这个项目受欢迎度较高，参与人数增加较快。目前，参与项目活动的人数从 2016 年的 650 名增加到 2019 年的 12 625 名。2019 年，中国学生的参与情况为西安 95 名、盐城 371 名、齐齐哈尔 86 名，共 552 名。“世宗文化学院”项目的文化课程扩大到包括韩国流行音乐、韩国美妆、韩国文学等 11 个种类。

（三）文化实习生派遣

世宗学堂文化实习生派遣工作是财团与韩国国内大学合作，向世界各地派遣优秀人才的项目。该项目主要以文化、艺术等领域的大学为主，文化实习生也是文化、艺术专业的大学生和研究生。文化实习生以韩国文化教师的身份，把专业知识介绍到海外。通过为期三个月的实习，这些学生不仅可以提高自身的专业能力，还能从学校获得学分。41 名实习生中，有 8 名派遣到中国，其中 2 名实习生分别派遣到杭州与石家庄，6 名派遣到台湾。2019 年，财团与 12 个机构合作开展文化实习生派遣工作，减少了约 4100 万韩元的预算。

三　线上教学与管理

财团为了更有效地推广韩国语和韩国文化以及高效开展工作，开发了在线学习平台、网络韩国语课程和预算管理系统。

（一）开发在线学习平台“网络世宗学堂”

财团把线下课堂搬到网络，开发了网页版与手机版两款在线学习平台“网络世宗学堂”。[①]无法到学堂上课的学生或想通过在线的方式学习韩国语的学生，可通过平台不受时间地点的限制学习韩国语和韩国文化。“网络世宗学堂”直接在平台开设班级，以直播或录播的方式给学生授课，并且从课程报名、学生签到、答疑、课程结业管理到学生课程履历等一系列均与线下管理模式相同。财团通过对“网络世宗学堂”平台的试运营，对平台进行完善后，计划在2020年正式投入使用。

（二）开发韩国语课程“在线世宗学堂网络韩国语（初级）”

财团开发的“在线世宗学堂网络韩国语（初级）”是在“网络世宗学堂”平台提供给学生学习的韩国语课程。课程没有按照以往在韩国语视频下方附上目的语译文的方式，而是直接用英语、越南语、俄语等语言上课，这是此课程最大的特点。这种课程更加便于初级学习者理解上课内容。另外，工作人员会总结某些语言地区的学生经常犯的错误表达方式或发音发给班级学生。课程内容包括直播、提问、练习题、作业、教师反馈等多个环节与板块。财团计划2020年开发与“在线世宗学堂网络韩国语（初级）”课程对应的教材，并把课程扩大到印尼语、葡萄牙语、泰语、汉语等6种语言。

（三）开发预算管理系统

财团为了改善与简化预算管理工作，在现有的学堂统筹业务管理平台中搭载预算管理系统。此前，预算管理手续较为烦琐，通过此次系统开发，大部分预算管理工作已转变为自动化，投入到工作后将会大幅减轻工作量，缩短工作时间，财团与学堂之间也能共享业绩数据，提高工作效率。此系统计划从2020年起投入使用。

① 信息来源：世宗学堂官网（https://www.sejonghakdang.org）。

四　交流活动

财团的两个代表性交流活动是2019年“世界韩国语教育者大会”“优秀学生访韩进修”活动。

第11届“世界韩国语教育者大会”于2019年7月8日至12日召开，会议聚集了36个国家与地区92所学堂的200多名韩国语教育专家以及学堂教师。大会主题为“用韩国语说用韩国文化沟通的世宗学堂的故事”，内容包括宣传大使委任仪式、优秀学堂负责人讲话、教育者进修、文化体验等。值得一提的是，由教育部（国立国际教育院）、外交部（海外同胞财团）、文化体育观光部（世宗学堂财团）三个政府部门与机构携手举办了9日的“世界韩国语教育者交流之夜”活动，韩国总统文在寅的夫人金正淑女士亲临现场致辞。

“优秀学生访韩进修”活动于2019年10月2日至11日举行，财团共邀请了47个国家与地区113所学堂的140名优秀学生。活动期间学生在体验各种韩国传统文化和学习交流的同时，通过激烈的竞争进入到决赛的12名学生参加了“世宗学堂韩国语演讲大赛决赛”。财团计划增加“优秀学生访韩进修”活动的参与者人数、丰富各项文化体验活动。

（李莲玉）

日本国际交流基金会年度报告（2019—2020）*

国际交流基金会（本文简称“基金会”）是日本唯一专门负责在全世界范围内实施综合性国际文化交流事业的机构，由东京本部、京都支部、2个附属机构（日语国际中心、关西国际中心）以及全世界25处分支机构组成。其业务主要由三部分组成：促进国际文化艺术交流、推广海外日语教育、推进海外日本研究与知识交流。

基金会2019—2020年度年报公布于2020年12月，总计40页，介绍了基金会在2019年4月至2020年3月间开展的各项活动与取得的主要成绩。本文重点介绍日语国际推广方面的主要内容。基金会在该方面的主要工作可总结为：丰富日语教育资源，组织赴日研修与交流，派遣日语教育专家与志愿者，实施日语能力测试与教育调查。

一　丰富日语教育资源

基金会致力于制定、推广海外日语教育标准，开发日语教材，丰富相关教育资源。

（一）推广日语教育标准

2010年，基金会推出了基于《欧洲语言共同参考框架》开发的《国际交流基金会日语教育标准》，用于评价日语教学方法、学习方法以及学习效果。基金会基于《国际交流基金会日语教育标准》陆续推出了系列教材《原汁原味 日本语言与文化》。为进一步推广《国际交流基金会日语教育标准》，基金会一方

* 本文为2016年国家社科基金一般项目“近代日本在华语言同化政策研究”（16BYY055）以及2017年中国博士后科学基金面上项目“当代日本语言推广政策研究”（2017M611601）的阶段性成果。

面通过网站与社交媒体进行宣传介绍，同时推进教材《原汁原味 日本语言与文化》在海外出版与多语种化。2019 年度，基金会促成了该教材在泰国、韩国、印度尼西亚、越南、印度、马来西亚、菲律宾的出版，公开了阿拉伯语、西班牙语、越南语、韩语、泰语、匈牙利语等语言版本的课程资料。

（二）开发针对性日语教材

基金会对接国家战略，开发有针对性的日语教材。2018 年，日本国会通过《入国管理法修正案》，新设立“特定技能 1 号”和“特定技能 2 号”在留资格[①]，大力引入护理、保洁、建筑、农业等14种特定行业外国劳动力，以应对由于社会高度老龄化而产生的劳动力不足问题。该法从 2019 年 4 月起正式实施。为客观衡量以“特定技能”资格来日本的外国人在日本生活中所需的基本日语交流能力，2019 年基金会公布了基于《国际交流基金会日语教育标准》开发的《国际交流基金会生活日语能力量表》，据此编订日语教材《多彩生活日语》，并在线发布。该教材由“入门”“初级 1”“初级 2”三部构成，其中的“入门”相当于《国际交流基金会日语教育标准》A1 水平，“初级 1”“初级 2”相当于 A2 水平。除日语版外，该教材还推出了中文版、蒙古语版、印度尼西亚语版、高棉语版、泰语版和越南语版（各语种均包含“入门”“初级 1”“初级 2”）。

（三）丰富网络学习资源

基金会建有丰富的日语网络学习资源。2019 年度，这些网络资源保持了较高的访问量，如“原汁原味（拓展版）”约 555 万次，“艾琳学日语（网络版）”约 350 万次，“大家的教材网站”约 170 万次，“日语真棒”约 108 万次，“动漫学日语”约 95 万次。基金会对网络学习资源不断进行更新与维护。2019 年度，通过在日语学习平台中增加资源，优化系统，加大宣传，使用户数量实现倍增；全面更新日语学习门户网站“日语真棒”，以方便学习者在移动终端登录使用。

二　组织赴日研修与交流

为推进海外日语教育，基金会定期组织海外日语教师与学习者赴日研修，并邀请相关国家教育部门负责人访日交流。

① “在留资格”是外国人在日本的居住身份。

（一）组织日语教师与学习者赴日研修

基金会每年邀请海外日语教师和学习者赴日本研修，前者主要由日语国际中心负责，后者由关西国际中心负责。2019 年度，基金会邀请海外日语教师 340 人次赴日本研修。其中包括中学日语教师 53 人（韩国 35 人，中国 18 人）以及其他各类日语教师。2019 年度，基金会邀请海外日语学习者 217 人次赴日学习，其中包括各国外交官、公务员以及成绩优秀的学习者等。

（二）继续实施“经济合作协定”日语预备教育事业

为满足老龄化社会对医疗、护理服务人员日益增大的需求，日本与印度尼西亚、菲律宾基于“经济合作协定”达成了护士、护理师引进协议。基金会负责在申请者赴日之前对其进行为期 6 个月的基础日语培训。2019 年度，基金会针对该年度报名者 662 人以及上年度报名者 657 人实施了日语预备教育。

（三）邀请教育部门负责人访日交流

为进一步在海外推广日语教育，提高日语教育水平，2019 年度，基金会邀请了澳大利亚、泰国的教育行政部门负责人及中学校长代表赴日，体验日语教育，了解日本社会与文化。

三　派遣日语教育专家与志愿者

为切实提高海外日语教育水平，基金会积极向海外派遣日语教育专家和日语志愿者。

（一）派出日语教育专家

基金会定期向其他国家教育部、基金会海外办事处以及日语教育机构等派遣日语教育专家和指导助手。2019—2020 年度共向全世界 41 个国家与地区派遣 126 人次，负责当地日语教师研修、协助编订教材与改进日语教学法、帮助形成教师内部网络、对教育机构进行巡回指导等。例如，2019—2020 年度基金会在印度、越南、缅甸等国实施新日语教师培养与教师技能提升培训，共有 1147 人参加培训。此外，基金会还向美国初等与中等教育机构派遣了 12 名年轻日语教师。

（二）派出“日语伙伴”志愿者

2012 年以来，为配合美国重返亚太战略，也为巩固日本在东亚地区经济、政治与安全领域的地位，日本政府面向东南亚推行积极的外交政策。为全面推进与东盟各国的文化交流，2014 年国际交流基金会设立亚洲中心。该中心是继日美中心（1991）、日中交流中心（2006）之后，国际交流基金会设立的第三个国别区域派出机构。2015 年，亚洲中心正式启动“亚洲文化交流强化事业”，该项目计划在 2020 年之前派遣 3000 名日语教育志愿者赴东南亚日语教育机构，作为当地日语教师与学习者的“日语伙伴”。“日语伙伴”由基金会面向日本全国公开募集，报名对象无须具备日语教育相关专业知识或经验，凡具备英语日常会话能力、年龄在 20—69 岁之间的日本公民均可报名。参加为期 8 个月的培训后，入选者将被派往东南亚各初中、高中，作为教师教学助手或是学习者的学习伙伴，辅助日语教学，介绍日本文化。入选者不仅可以协助促进当地日语教育，同时自身也可以学习当地语言与文化，体验当地生活，实现双向交流。2019 年度，基金会向 501 所学校派出 515 名“日语伙伴”志愿者，其中占据人数前三位的国家分别是印度尼西亚（168 人）、泰国（127 人）、越南（64 人）。2014—2019 年间，亚洲中心累计派出“日语伙伴”志愿者 2375 人，教授学生人数达 654 553 人。

四　开展日语能力测试与教育调查

为准确评估海外日语教育水平，把握世界日语教育现状与发展动向，基金会每年举行日语能力测试，定期举行海外日语教育机构调查。

（一）实施日语能力测试

日语能力考试是测试、认定非日语母语者日语能力的考试，由国际交流基金会和日本国际教育支援协会（原日本国际教育协会）于 1984 年共同发起，现已成为全世界规模最大的日语考试，每年 7 月与 12 月各举行 1 次。2019 年度日语能力考试新增两个实施国（不丹和贝宁），10 个实施城市（中国绍兴、郑州、信阳，菲律宾卡加延德奥罗，印度塞勒姆，加拿大渥太华，墨西哥萨拉曼卡，西班牙瓦伦西亚、拉斯帕尔马斯，俄罗斯喀山），在全世界 87 个国家与地区 307 个城市中实施。报名总人数和参加考试人数都保持增加，分别为 1 362 167 人和 1 168 535 人，自 1984 年开始考试以来累计报名人数与参加考试人数分别达到 14 397 803 人、12 354 410 人。

（二）开始实施国际交流基金会日语基础测试

基金会正式开始实施“国际交流基金会日语基础测试”。日本从 2019 年 4 月起正式实施《入国管理法修正案》，扩大引入外国劳动力。为测定外国劳动力在日本生活所必需的日语能力，国际交流基金会同步推出“国际交流基金会日语基础测试”。该测试由国际交流基金会基于《欧洲语言共同参考框架》以及《国际交流基金会日语教育标准》研制而成，为赴日外国劳动者量身打造，用以测试其是否具有“进行一定程度的日常会话，进行无障碍生活”的能力。2019 年，首批在亚洲 6 个国家的 9 个城市举行，共计 70 971 人参加了考试。

（三）实施海外日语教育机构调查

为准确把握海外日语教育现状与发展动向，基金会定期实施海外日语教育机构调查。2018 年 5 月至 2019 年 7 月，基金会实施了第 12 次调查，调查报告于 2020 年 6 月正式公布。此次调查发现，全世界共有 142 个国家与地区在开展日语教育，日语教育机构与日语教师数量分别为 18 661 个与 77 323 人，以上三项数据均创下调查开始以来最高纪录。日语学习者数量在 2015 年首次回落之后重返增长轨道，达 3 851 774 人。与 1979 年调查数据相比，2018 年世界范围内日语教育机构数、教师人数与学习者人数都大幅增加，分别增至 16.3 倍、18.9 倍、30.3 倍。除 2015 年日语学习者数量出现回落之外，1979—2018 年之间世界范围内日语教育机构、日语教师以及日语学习者数量都呈现持续增长。

五 其他内容

年报最后还介绍了国际交流基金会的年度奖励与及年度财务数据等。

基金会每年颁发“国际交流基金奖”和“国际交流基金地球市民奖”，以表彰为日本对外交流做出突出贡献的个人与团体。2019 年度“国际交流基金奖”获得者是日本著名诗人谷川俊太郎、印度尼西亚留日学生协会、波兰华沙大学教授艾娃·鲁特克丝卡。该年度“国际交流基金地球市民奖”颁给了日本三重县四日市市立西笹川中学多文化共生社团、冈山县冈山市非营利活动法人“黄金之心”以及冲绳县那霸市国际儿童青少年戏剧节实施委员会。

在基金会 2019 年度费用支出中，日语教育领域占比最大（27%），其次分别为其他费用——海外分支机构经费（19%）、亚洲文化交流强化费用（15%）、设施相关费用（14%）、文化艺术交流费用（13%）、日本研究与知识交流费用（7%）、调查研究与信息提供费用（3%）以及日美亲善交流费用（2%）。

（陈林俊）

俄罗斯世界基金会年度报告（2019）

俄罗斯世界基金会（本文简称“基金会”）是一个致力于推动俄语语言文化传播和普及教育的公共组织。基金会每年在其官方网站[①]上发布年度报告，回顾一年中的工作重点、项目进展和活动情况。

2019年度报告仅有35页，由9个部分组成：（1）引言；（2）重要的国际项目；（3）俄语推广及研究项目；（4）人文领域的交流合作；（5）各地俄语中心和俄语教研室的活动；（6）基金会项目资助概况；（7）出版情况；（8）多媒体平台建设；（9）专家活动。

一　重要的国际项目

（一）俄罗斯世界大会

第十三届俄罗斯世界大会于2019年11月在俄罗斯雅罗斯拉夫尔市举行，为了纪念即将到来的伟大卫国战争胜利75周年（1945—2020），大会主题确定为“俄罗斯世界的记忆和荣耀空间”，与会者们围绕“保存历史记忆”等议题进行了分组讨论。

大会还举行了语言文化主题的相关讨论，比如“学习俄语——了解俄罗斯”“历史的真相和伟大胜利的记忆”“俄罗斯世界的信息空间：数字时代的挑战”“俄罗斯文明——文化和宗教的联结”。另外，在戏剧年的框架下举办了主题为“俄罗斯戏剧在国外——俄罗斯文化传播者”的研讨会，讨论俄罗斯戏剧在国外的发展以及青年演员的专业发展。

① 信息来源：俄罗斯世界基金会官网（https://russkiymir.ru）。

（二）国际教育论坛

第六届国际教育论坛于2019年12月在俄罗斯索契市举行，主题为“俄语和文化：相互关系与协同促进”。此次论坛活动有：以“语言是文化的‘镜子’和变革的工具”以及“中小学的语言学：教还是不教？”为主题的全体会议；多主题研讨会，涉及话题包括“文化的主要文本”“新的百科知识：语言教育系统中的辞典”“俄罗斯语言、文学和文化”“多元文化环境中的俄语”和“现代俄罗斯媒体空间中的俄语”等；关注双语文化和对外俄语教学的圆桌研讨会；纪念陀思妥耶夫斯基200周年诞辰的圆桌会议“彼得堡文化空间中的陀思妥耶夫斯基”；主题为“全民听写”和“国内教育的学校写作：历史和时代的挑战”的大师课。

（三）其他项目

基金会还举办了其他重要国际会议和比赛，例如，（哈萨克斯坦）第十四届国际俄罗斯语言和文学教师协会代表大会“多语种世界中的俄语：身份认同·资源·融合”；（保加利亚）第八届国际俄语学生节；“全俄普希金”青年诗人和作家国际创作大赛；（白俄罗斯）第六届“水晶墨水瓶”国际教师技能大赛；国际俄罗斯浪漫曲青年歌唱家大赛；第三届“俄罗斯世界记者”国际电视大赛；第一届国际数字新闻大赛。

二　俄语推广及研究项目

俄语推广是基金会工作中一个重要的方面，自2018年2月1日起，俄罗斯世界教学计划已经更新运行。在其框架内，基金会为俄罗斯和国外教育机构以及个人（通过特别决定）的教学活动提供资助。根据2019年报告，其活动内容主要包括俄语教育推广、国际会议和文化活动以及俄语教学和国际交流。

（一）俄语课程开设和俄语教育推广

在基金会的支持下，2019年俄罗斯各大高校为外国学生开设了相应的俄语课程：图拉国立师范大学为土耳其卡拉德尼兹技术大学的60名学生开设了《俄语修辞学》课程；鄂木斯克国立大学为美国得克萨斯大学的30名学生开设课程《现代俄罗斯文化中的价值观和交际》；斯摩棱斯克国立大学为奥地利的60名中学生开设《俄语毕业考试准备》课程；阿尔巴尼亚的俄罗斯侨胞协会和莫斯科罗蒙诺索夫国立大学合作为阿尔巴尼亚公民以及侨胞子女开设俄语课程，并为阿尔巴尼亚的大学教师举办高级培训课程；伊尔库茨克国立大学为蒙古国高中生和蒙古国立教育大学俄语系学生设立俄语课程；俄语文化周在德国柏林成功举办；应西班牙格拉纳达大学的邀请，俄罗斯人民友谊大学为其俄语系学生开设课程《俄罗斯互联网中的个性、交际和文化：语言方法论》。

基金会还继续支持古巴学生在俄罗斯大学的学习，并提供了交通、住宿、医疗保险、奖学金等形式的财政援助。

（二）国际会议和国际文化活动

基金会举办了众多国际会议和文化活动来推广俄语，其中较具代表性的有：第二届“多语言背景下说俄语”国际大会，关注双语学校的教育活动以及双语家庭中父母对语言教育的参与与支持；第二届“俄罗斯和中国的俄罗斯学：创新实践”国际论坛；作为俄罗斯戏剧年的重要活动，主题为“戏剧作为保存俄罗斯语言和文学的典范”的国际暑期学校；在“‘俄罗斯世界’学生”计划框架内，为乌克兰的大学生们组织暑期学校。

（三）俄语教学和国际交流

基金会在俄语教学法领域的普及和推广活动多以合作的形式开展：与瓦尔纳自由大学合作，邀请来自保加利亚、格鲁吉亚、意大利、波兰、俄罗斯和罗马尼亚 12 所大学的代表参加第二届“对外俄语教学中的现代教学技术”国际教学技能暑期学校；协同俄罗斯联邦独联体国家、侨居国外同胞和国际人道主义合作事务署，为来自 33 个国家的俄罗斯语言和文学青年教师举办高级培训课程；与斯洛伐克的俄罗斯语言学家协会、俄罗斯驻斯洛伐克大使馆等一起组织了第八届俄罗斯学研究者国际论坛；作为俄罗斯戏剧年的活动之一，（保加利亚）普罗夫迪夫大学俄罗斯中心在俄语教研室的协助下，举办了第九届“翻译技巧的教学”国际研讨会。

基金会一如既往地支持国际俄罗斯语言和文学教师协会及其活动，推动俄语作为跨文化交流与国际合作的重要工具得到更多研究和传播。在基金会的支持下，国际俄罗斯语言和文学教师协会举行了以“思维方式：俄语—西班牙语互译实际问题”为主题的科研会议；基金会在俄罗斯和叙利亚教育部的支持下，组织了叙利亚的俄语奥林匹克竞赛获奖者在“阿尔捷克”国际中心的活动；基金会还和德国协会联盟“西方—东方”在柏林举行了“非政府组织在欧洲推广俄语做出的贡献”国际会议；联合俄语教师协会亚太分会，在俄罗斯城市符拉迪沃斯托克开展的第三届“亚太地区空间的俄罗斯语言、文学和文化”论坛框架内，基金会组织并举办了“亚太地区的俄罗斯世界”圆桌会议。

三　人文领域的交流合作

2019 年，基金会除了继续推进人文领域的交流合作，还延续传统开展了纪念伟大卫国战争胜利的国际行动“心的记忆”，并在此框架内支持举办了一系列纪念活动。

（一）文化纪念活动

为纪念苏联红军解放摩尔多瓦 75 周年（1944—2019），基金会举行了红军士兵纪念碑建筑综合体的开幕式；在斯洛文尼亚总统的关怀下，当地俄罗斯教堂举办纪念活动，向二战中牺牲的俄罗斯士兵纪念碑敬献花环；在俄罗斯驻以色列大使馆的支持下举行了“记忆的空间”国际会议，讨论了永久纪念纳粹主义受害者的问题和维护第二次世界大战真相的必要性等。

（二）节庆活动、国际论坛和会议

在基金会的支持下，各种类型的文化节庆活动和国际论坛等有序展开。文化节庆类活动有：（伦敦）第十一届俄罗斯文化节谢肉节活动、（都柏林）俄罗斯文化节“谢肉节（2019）”、（墨西哥）“柴可夫斯基——俄罗斯之心”音乐节、（格鲁吉亚）国际暑期戏剧学校、（独联体国家和俄罗斯各大城市）支持俄语的城市诗歌快闪活动、（特维尔）全俄青年诗人大会“绿叶”和诗歌音乐节。国际论坛和会议类有：（慕尼黑）俄罗斯-德国论坛、（雅尔塔）第五届国际人道主义利瓦季亚论坛、（巴西利亚）金砖国家学术论坛、（奥伦堡）“全球的欧亚”国际青年教育论坛、（圣彼得堡）第十四届青年记者国际媒体论坛“文化的对话”、（摩尔多瓦）“苏联解体后欧洲空间的社会文化现象中的普希金”国际科研会议、（莫斯科）“俄德关系：青年对话的作用”会议、（莫斯科）“教育领域的欧亚一体化进程，俄语科学和出版活动的问题和前景”国际科研会议。教育活动类有

（莫斯科）“青年领袖学校”国际科研教育计划、（科洛姆纳）顿涅茨克和卢甘斯克历史和政治系学生的暑期学校、中亚国家的实用新闻学校。

四 俄语中心和俄语教研室的活动

截至 2019 年，基金会现有 116 个俄语中心，分布在全球 52 个国家：欧洲 52 个、亚洲 25 个、美国 7 个、独联体国家 27 个、俄罗斯 5 个。基金会在 2019 年新设立 3 个俄语中心，它们分别落户于瓦伦西亚（西班牙）、布宜诺斯艾利斯（阿根廷）、第比利斯（格鲁吉亚）。2019 年俄语教研室总数达到 134 个，分布在 62 个国家，其中在 4 个国家新增 6 个俄语教研室。

基金会在 2019 年不仅对多个俄语中心的图书馆藏进行了补充，而且将更多的设备交付给俄罗斯中心使用。整个年度俄罗斯中心组织的活动丰富多彩，总数达到 4432 项，其中包含 1730 项教育类活动，418 项科研类活动，1324 项艺术活动和 960 项社会活动。

五 基金会项目资助概况

基金会的资助项目一般分为两个领域：俄语推广类项目和文化推广类项目。基金会收到来自世界各地的项目申请，专家委员会从中选出有趣、新颖和有意义的项目。2019 年度基金会总共收到来自 47 个国家的 595 个项目申请。专家委员会批准了其中的 143 个项目，根据获得资助项目的数量统计：欧洲位列第一，占比 38.5%；第二名是俄罗斯，占比 30.1%；第三名是独联体国家，占比 25.2%。

2019 年，基金会完成了 35 个既定目标的合作项目，签署了 150 份捐助项目合同，分为俄语推广类（65 项）和文化推广类（85 项）两大类型。

报告中特别列出了基金会 2019 年度最具代表性的资助项目，主要有：（库尔斯克）第七届全俄高校外国留学生俄语奥林匹克竞赛的校内比赛、（里斯本）“在葡萄牙同胞和外国公民中教授俄语的专题问题和经验交流”科学和实践会议、（米兰）俄罗斯民间艺术节、（马里兰州）“戏剧假期”儿童和青少年夏令营、（哥本哈根）“丹麦的俄语和文化日”国际暑期学校、（维尔纽斯）第十四届国际民俗节、（马德里）西班牙俄语奥林匹克竞赛、（科伦坡）“俄语及其教学方法的实际问题”科学研讨会、（澳大利亚、新西兰和中国香港等）俄罗斯文艺复兴电影节。

六 出版情况和多媒体平台建设

（一）年度出版情况

《俄罗斯世界》杂志是基金会自 2007 年创办以来最重要的出版物之一。杂志旨在保护俄罗斯的文化遗产，激发读者对俄罗斯语言、历史和文学的兴趣，帮助俄罗斯树立正面的海外形象。纸质版杂志主要在俄罗斯国家机构和政府部门、俄罗斯驻外使馆、外国驻俄罗斯使馆、俄语中心和俄语教研室、著名大学、博物馆和图书馆之间传播，电子版杂志可以在俄罗斯世界的官网[①]上自由获取。

基金会在 2019 年度继续支持俄罗斯语言和文学教师协会主办的《世界俄语》杂志，一年 4 期，刊载有关语言学、文学研究、教育学和文化研究的科普信息，以及与俄语教学、研究有关的实用材料等。

基金会还支持国外公共组织出版的其他传媒出版物，如（乌克兰）《中小学的俄罗斯文学作品》杂志、（格鲁吉亚）《俄罗斯俱乐部》杂志、（摩尔多瓦）国际历史杂志《卢森尼亚人》。为了支持阿塞拜疆的俄语传媒，基金会与独立日报《新时代》的项目合作继续开展；另外出版了安德烈·法图拉的新书《卢森尼亚·亚喀尔巴阡的罗斯·外喀尔巴阡》，并举行了（斯洛伐克）新书推介会。

（二）多媒体平台建设

作为基金会的门户网站，“俄罗斯世界”网站是基金会进行文化教育、信息传播的平台和窗口。2019 年，网站的访问者总数约为 150 万，来自 190 多个国家和地区。年度新闻报道总计发布 8 千多条，还涉及一些敏感话题的讨论，如波兰和乌克兰拆毁苏联纪念碑，乌克兰、摩尔多瓦和拉脱维亚攻击俄语和俄语学校等事件。基金会网站的英文版定期更新，2019 年翻译和发布材料的总数超过 2.5 万份。门户网站的西班牙语、法语、德语、意大利语和中文版本包含了基金会的基本信息及其主要活动，并根据需要进行更新。

2019 年度“俄罗斯世界”电视频道向观众提供了 120 个信息类、科教类和

① 信息来源：俄罗斯世界杂志官网（https://rusmir.media）。

娱乐类节目，持续时间从 10 到 30 分钟不等，以及一系列的电视节目“俄罗斯世界的新闻”“俄罗斯世界的明星”“俄罗斯女性”“学校世界”等。电视节目在其门户网站和视频网站优兔频道上全天候播放。“俄罗斯世界”广播电台在 2019 年直播了 360 个教育类、科教类、信息类、娱乐类、文学和历史类节目，并在过去的一年中多次参与重大文化活动。

七 专家活动

报告的最后一个部分简要介绍了基金会的专家活动情况：2019 年继续支持俄罗斯金砖国家研究国家委员会的活动，组织和开展关于金砖国家与世界政治和经济中其他“新兴大国”的研究；基金会在俄罗斯和外国专家代表的参与下，共同组织了一些关于俄罗斯联邦外交政策专题的国际会议、研讨会和圆桌会议；在基金会的运行和管理下，语言文明与移民进程研究所发展良好。基金会的专家委员会集合了移民政策和移民适应问题领域的学者和专家。研究所经常组织圆桌会议和国际会议的活动，如（德国）“人权和安全之间的移民政策”科研会议、（比利时）“欧洲子午线，全球移民背景下的俄罗斯和欧洲”社会政治论坛、（加里宁格勒）“欧洲移民问题和解决方法”国际会议等，促进俄罗斯和西方专家分析移民过程，交流移民法律政治监管以及文化语言适应融合方面的经验。

（卫少梅）

德国歌德学院年度报告（2019）

歌德学院2019年度报告共140页，除院长、秘书长与执行主任的前言以及末尾的致谢部分外，共有六个主要栏目：（1）重点工作；（2）德语推广；（3）文化活动；（4）德国信息传播；（5）年度人物评选；（6）国家与区域工作总结。此外，报告还公布了学院的年度经费使用情况以及人员组织架构等信息。需要说明的是，歌德学院年度报告通常呈现的是当年至次年3月31日的内容，即截至报告正式出版之前。因此在2019年的年度报告中，有不少项目及活动是围绕着2020年初暴发的新冠肺炎疫情开展的。

一　重点工作

新冠肺炎疫情的暴发改变了公众的生活方式与交往手段，同时也间接促进了歌德学院的数字化进程。为此，歌德学院专门盘点了本年度所开展的与之相关的活动：“倾听时代”项目由歌德学院与德国柏林电视台合作举办，邀请国际知名作家和小说家，通过线上视频的方式为公众讲述作品选段或分享其身边的真实故事。参与者包括诺贝尔文学奖获得者赫塔·米勒、英国著名小说家肯·福莱特、挪威青年作家马娅·伦德等。“后思考”活动邀请了世界各地的知识分子和艺术家，共同探讨他们对后新冠时期的思考与建议，受邀者包括德国电影评论家与作家格奥尔格·赛斯伦、肯尼亚政治学者南吉拉·萨姆布利、以色列社会学家伊娃·易洛思等。

目前，歌德学院不少在线学习软件及教学培训项目是免费的。早年开发的“德语为你”在线学习社区，以及为移民提供学习机会的“职场德语”和“通往德国之路”等在线德语学习程序，在疫情时期发挥了十分重要的作用。除此之外，为提升艺术家在其他地区的知名度和影响力，学院新开发了名为“文化在线”的数字平台，供世界各地的艺术家进行免费直播或者点播。观众可以通过该平台为心仪的艺术家提供资助。

除德语学习外，学院还通过名为“增补项目”的活动，为儿童和青少年提供在线知识传播，其中包括对交互式学习平台“数字化儿童大学”以及德国音乐播客频道的推广。此外，还有针对12—14岁青少年的“数字青少年大学”活动，吸引青少年在机器人技术、太空旅行、可再生能源开发等领域中以游戏的方式在线学习德语。

歌德学院总秘书长约翰内斯·艾伯特在2019年度报告撰文，盘点了近年来学院为促进欧洲团结与融合所做的努力。他指出，歌德学院早在13年前就协助成立了欧盟国家文化协会，以支持欧洲各国的文化交流与发展。目前，歌德学院在欧洲设置的数量远高于其他地区。以欧洲为重点区域开设的文化项目超过40个，投入资金超过两千万欧元。例如，携手法国和比利时以电影节的形式对外推广欧洲电影，与立陶宛、乌克兰及法国合作为艺术家提供奖学金到国外进行交流等。他在文章最后强调，随着当前疫情带来的新危机，欧洲各国通过文化和社会活动进一步团结显得更加重要，歌德学院将为此继续努力。

二 德语推广

根据2019年的统计，每年有超过55万人参加歌德学院或其合作伙伴举办的德语考试。学院提供不同种类的语言课程与教学培训，其模块化的课程体系涵盖了各个级别，同时还有不同领域的专业德语以及跨文化研讨课程，此外还提供以自学为主的在线课程。学院始终致力于将德语教学融入国外的教育体系中，并为世界各地的德语教师提供专业教学培训。目前，歌德学院为国外超过10万所正规学校提供德语课程。其中通过“学校：塑造未来伙伴”项目与歌德学院合作的学校数量达到700所。

根据2019年的统计，全球共有1545万人在学习德语，其中940万人来自欧洲。本年度学习德语人数显著增长的国家是俄罗斯、科特迪瓦、法国和埃及。2019年，全世界共有约1340万名中小学生将德语作为外语学习，占德语学习者的87%。歌德学院在名为“教育合作德语”项目的框架下，为国外的中小学德语教学提供支持，其中包括与当地教育部门合作、为学校提供教材、向学生和老师提供有针对性的交流计划等。目前共有1.1万名教师参加了歌德学院的专业德语教师认证计划。近年来，全球多个地区的歌德学院提供德语课程数量显著提升，其中以波黑、俄罗斯、多哥和中国等地最为明显。

2019年，歌德学院开发的名为“德语为你”在线学习社区的注册人数达到了60万人，是目前世界上最大型的免费外语学习平台。其注册成员可以通过该平台进行A1至C1级别的德语语言练习。歌德实验室在2019年建立，下设技术创新部门，致力于研发语言教学的电子产品与服务，例如，在线备考课程、自适应的语法训练程序等，以期让未来的德语学习者更具自主性。

长期以来，歌德学院一直是德国移民融入工作的重要参与者。2020年3月，德国政府在柏林召开第十一届移民融入峰会，歌德学院院长克劳斯-迪特·雷曼（Klaus-Dieter Lehmann）在会上公布了一项有关外来移民的融入工作研究。研究结果说明，外国专业人士事先在其本国进行语言及跨文化方面的培训，之后可以更快地融入德国社会并在德国的就业市场上获得成功。歌德学院开发的“通往德国之路”平台每年为超过50万名用户提供德语学习机会，同时为他们提供德国日常生活所需、培训以及就业等方面的信息。

为了吸引更多专业人士到德国工作，歌德学院与德国国际合作机构、德国联邦劳动局下设的外国劳务与专业技术人员介绍中心合作，在多个国家为专业技术人员开设常规及职业德语课程，并提供跨文化培训。为了提升外国专业人员的德语听读水平，学院自2017年起设立“职场德语语言水平测试”，并在2019年进一步开发“护理行业德语测试”，通过该测试的学员，其德语水平可以达到欧洲语言共同框架B2级别。

三　文化活动

2019年，歌德学院举办了约3.2万场文化活动，平均每天举办88场，其中980场为音乐类活动，全年活动共吸引了1300万人参加。其中备受欢迎的活动有德国行为艺术家安妮·伊姆霍夫举办的名为“性”的展览（有5万人参观），以及在明斯克举办的“虚拟现实中的卡夫卡变形记”活动（有3.5万人参与）。

歌德学院于2019年共资助331本图书翻译，涉及39种语言。其中译出语言最多的为英语，其次是西班牙语和荷兰语。被翻译次数最多的作品是亚历山大·乌尔里希·博希威茨的小说《旅者》，共译成8种外语。

歌德学院承担了5部电影的字幕翻译工作，涉及11种语言，其中被翻译次数最多的电影是《煤工歌手冈德曼》《百年包豪斯》《基伯龙三日》。以“洪堡及生命之网”为主题的科幻电影节在马尼拉举办，有9万名中小学生受邀观看了

30余部电影。

2019年是美国的德美友谊之年，为此歌德学院与德国外交部、德国工业联合会以及其他超过500个伙伴机构，共同在美国举办了2800场活动，覆盖美国560个城市和地区，吸引200万人参与其中。

此外，2019年有207名艺术家获得驻留项目。2019年，歌德学院在魏玛举办了一场名为"路径被重新规划"的研讨会。会议围绕人类自治如何因人工智能而改变、未来的数码工作环境场景、如何应对日益增长的民粹主义及分裂的社会等诸多当下备受关注的议题，70名嘉宾开展了热烈的讨论。受邀嘉宾来自多个不同领域，其中包括新南威尔士大学人工智能科学教授托比·沃尔什、美国智库"新美国安全中心"的人工智能和国家安全领域的专家卡拉·弗雷德里克、耶鲁大学历史学家蒂莫西·辛德，以及专门资助女性创业者的"90后"福布斯上榜者萨拉·陈等。

此外，在德国"扩大东部国家及俄罗斯伙伴关系"项目的框架下，由外交部资助，歌德学院于2019年在俄罗斯新西伯利亚州举办了一场名为"新西伯利亚48"的音乐节，来自俄罗斯和德国的艺术家共同演出了48个小时。

四　德国信息传播

目前，歌德学院在全球范围内共建有95所图书馆，免费为公众提供德国及德语相关媒体资讯、个人咨询服务以及合作可能性。2019年共有150万人次使用了歌德学院的图书馆，出借的图书及多媒体光盘共计71.2万次，其中多媒体材料出借份数为25万，平均每天借出图书及多媒体光盘约2300份。位于曼谷、塔什干以及加尔各答的图书馆使用频率最高。"在线借阅"平台每天有700份出借记录，使用人数最多的地区是法国、中国和西班牙。本年度歌德学院的脸书及推特两个社交媒体账号共有470万关注者。埃及、巴西、德国以及墨西哥的歌德学院社交账号受关注程度最高。

受德国外交部的委托，歌德学院每年组织世界各地不同领域的专业人员、媒体工作者及艺术家前往德国进行交流访问。2019年共有1300名文化传播者到访德国，其中人数最多的来源国有美国、英国以及土耳其。文化传播者参与的活动主题主要集中在信息化转化、教育与培训、后殖民主义、创业情境以及可持续发展。本年度歌德学院的报道共计约10 500篇，其中以"美国的德国年”“魏玛的文化研讨会”“德法文化机构合作”为主题的报道最多。

歌德学院的在线杂志《自由纬度》旨在创立一个跨越国界的空间，由来自德国、古巴、安哥拉、肯尼亚、巴西等国的艺术家、文化学者及科学家为该杂志撰文，共同探讨殖民权力关系以及如何消解殖民的影响。以“时代精神”为名的文化项目则邀请开罗、巴西利亚、内罗毕、莫斯科、萨尔茨堡以及苏黎世的作家，使用各自母语就当前的热门政治话题写信发表意见，再经过翻译之后与其他作家进行相互对话，这些书信将在来年由歌德学院负责汇集出版。

五　年度人物评选

目前，歌德学院在全球共有3820名工作人员，其中2840人就职于国外的歌德学院及相关机构。学院每年评选出两位在国外工作的员工授予其俾斯麦院长奖[①]，以感谢他们为歌德学院工作付出的努力。本年度获得该奖项的分别是来自捷克首都布拉格以及多哥首都洛美的员工。此外，歌德学院每年还颁发歌德奖章，用以表彰在德语语言以及国际文化交流传播方面做出特别贡献的非德国人士。2019年，获得歌德奖章的分别是土耳其作家多甘·阿克汗里、伊朗艺术家兼制片人施林·奈沙特、蒙古出版人兼评论人恩赫巴特·鲁松。

六　国家与区域工作总结

该部分是报告的常规章节，将全球歌德学院按区域划分，由区域总负责人撰写，简要介绍所在国家与区域的年度工作情况。具体划分如下：德国、中欧、北非/近东、北美、欧洲西北部、东亚、东欧/中亚、撒哈拉以南/非洲、南美、南亚、东南亚/澳大利亚/新西兰、欧洲东南部、欧洲西南部。自2016年起，区域工作栏目主要由数据统计和问答两个部分组成。其中，数据统计显示该区域的歌德学院数量、参加语言课程的学员人数、参加语言考试的人数、举办文化活动的次数、图书馆使用人数以及区域网页浏览次数。年度工作总结由区域负责人撰写，以问答方式阐述如下几个问题：当地人有何新动向，本年度歌德学院在该区域举办了哪些项目，举办活动时所面临的最大挑战是什么，哪一个

① 该奖项以克劳斯·冯·俾斯麦名字命名，他于1977—1989年担任歌德学院院长。

瞬间是最让人印象深刻的，2020—2021 年的工作计划是什么。

从 2019 的年度报告可以看出，歌德学院针对移民与融合的项目及活动收效显著，并仍在进一步开发相关课程及产品。此外，学院的活动形式更为多样，涵盖多个不同领域，并且加大了数字化信息领域的活动投入。

（郭　瀚）

法国法语联盟年度报告（2019）

法语联盟（本文简称“法盟”）成立于1883年，致力于在世界各地推广法语和传播法国文化，至今已在全球131个国家和地区成立了832家分支机构。法语联盟基金会（本文简称“基金会”）是法盟的总部机构，位于法国巴黎。2019年，基金会进行了改革，具体措施包括通过新章程、更改基金会名称、进行人员调整等。

法盟的年度报告由基金会撰写，每年下半年在基金会官网发布，供读者免费下载或在线阅读。2019年年度报告[①]总篇幅95页，包括基金会主要工作以及全球法盟网络主要数据和活动两大部分。与上一年相比，报告中取消了单独的财务和人力资源报告，在基金会主要工作中重点介绍了2019年发生的变化。

一　基金会主要工作

（一）基金会工作

基金会通过了新的章程，稳定了财政状况，与法国外交部、法国文化中心和巴黎法盟建立了明确的合作关系。基金会同外交部和法国文化中心签署了两项协议，同法国文化中心就质量评估达成共同标准，做到各方职能互补，密切合作。

1. 通过新章程

法盟的新章程于2019年10月14日由理事会一致通过，该章程允许基金会重新界定其活动范围、调整其组织架构（包括新的名称、新的管理方式及重新规划的任务等）。此外，基金会的法语名称由原本的La Fondation Alliance Français改名为La Fondation des Alliances Françaises。

① 信息来源：法语联盟基金会官网（https://www.fondation-alliancefr.org）。

2. 开展机构合作

基金会与法国外交部、法国文化中心继续开展合作。2019 年 7 月，基金会与法国外交部签署协议，延续双方的合作。同月，基金会、外交部和法国文化中心签署三方协定，确立了 4 个工作核心：支持法盟网络、培训法盟职员、评估质量、交流沟通。其目的在于明确各机构的工作任务，在尊重各自使命和法盟自主权的基础上加强协作。

基金会与法国文化中心于 2019 年 2 月举行了研讨会，探讨有效的、建设性的合作。双方将共享围绕共同标准规划的质量评估工具，负责管理法国文化中心的工具与培训，确保所提供的工具和服务符合法盟的需要和期望，在专业化、文化活动等方面开展不同程度的合作。作为密切合作的一部分，基金会将以前从属于法盟网络的文化和艺术项目移交至法国文化中心。

基金会在 2018 年同法国文化部建立了伙伴关系，旨在加强法国本土法盟的协调和凝聚力，并实施一些具体项目。目前已有 12 个项目被文化部选定资助，以两条主线为基础部署实施：（1）促进法语的学习和传播；（2）保障人民都能参与文化活动。法盟为参与这些项目的志愿者提供教育培训。

3. 人力资源建设

基金会进行了人员调整，裁撤一部分职员，并对部分职位进行调整改划。2019 年，基金会的专职员工由 11 位缩减到 9 位，基金会现任秘书长为马克·塞尔当。报告中记录了截至 2019 年 12 月 31 日基金会团队的人员名单和职务介绍。另外，作为改革的一部分，基金会同法国外交部达成一致，废除了法盟的地区总代表，采取地方协调的新模式。各地法盟拥有员工共计 14 100 人，其中 267 人为法国外交部派遣，有 42% 的员工在 2019 年接受了培训。

4. 稳定财务状况

法盟 2018 年财务状况艰难，理事会也因此减少了基金会的各类活动。2019 年，基金会财务状况得到恢复，预算框架稳定，继续开展自 2008 年启动的储蓄计划。

2019 年，法盟的年度总收入为 1005 万欧元，主要来自法盟的经营收入、投资收入等。年度总支出为 936 万欧元，主要用于工资及税务开支、日常运营成本、法盟网络开支等。基金会本年度捐赠收入达 705 594 欧元，主要得益于阿马特家族 60 万欧元的遗赠。法盟各地分支机构的总营业额为 2.16 亿欧元，比 2018 年增长 1.8%，其中教学收入为 1.74 亿欧元，比 2018 年增长 2.6%，另外3.1%为法国外交部和法国文化中心的补贴，1.1%为法国其他公共补贴。目前，各地法盟的经济自给率达95.8%。

（二）对法盟网络的管理

由于2018年财务状况艰难，基金会为期五年的“法盟网络2020现代化计划”中很多项目都被搁置。2019年，基金会在法盟品牌管理、在线平台建设使用、对法盟网络提供文化支持、法盟3.0项目等方面继续稳步推进。基金会工作人员在国外的法盟网络中总共完成14次外出任务，包括出席地区性会议、参加揭幕仪式等重要活动。过去一年，法盟网络发展较为稳定，全世界共有法盟分支机构832家，与2018年持平；法语学习者比上一年增长3.2%。在品牌管理方面，目前有51个国家的法盟标志受基金会保护、监督和更新。

1. 法盟品牌管理

基金会的中心任务之一是为法语联盟提供认证或除名，以保证全球法盟网络的一致性、影响力以及法盟的数量和发展质量。与上一年相比，2019年新增法盟数量较少，仅在俄罗斯乌里扬诺夫斯克成立一家新机构。基金会继续实施品牌保护政策，成立法盟授权委员会来管理法盟品牌的认证，强化了推动促进法盟网络发展的结构性工具，包括年度问卷、数据报告和数据手册等。基金会通过这些工具了解各地法盟的运营情况，统计关键数据，并进行可视化，还通过这些方式来宣传合作伙伴、提升整个法盟网络的形象。自2019年1月以来，基金会还为各地法盟开发了通用的数字标识和网站模板，目前已被来自28个国家和地区的85家法盟使用。

2. 在线学习平台

作为“法盟网络2020现代化计划”的一部分，基金会为整个法盟网络创建了数字在线学习系统“我的法盟”。该平台旨在使法盟拥有一个合适的、通用的工具进行数字化转型，能够展示法盟丰富的课程与数字化内容、提供远程课程以及整合社交平台，促进学员和教师团队之间另一种形式的沟通。使用该平台的法盟教师接受在线教学培训，并逐步将新的在线教学活动融入课堂中。截至2019年底，已有32%的法盟提供在线教学，相比上一年有了大幅增长，25 237名学习者参与了在线课程。

3. 对法盟网络的文化支持

基金会与法新社、巴黎市政府、伦敦阿尔伯特奖等机构进行长期合作，为全球法盟网络提供资源，开展各种类型的文化活动，如与法新社合作开展的照片展、与伦敦阿尔伯特奖以及巴黎市政府开展的观点辩论等。法盟与法国文化部进行合作，为法国本土法盟网络提供各种资源和活动。部分合作项目已于2019年完成，将于2020年继续开展，如蒙彼利埃法盟举办的“跨视野”工作坊、斯特拉斯堡法盟与瓦塞隆法盟举办的对外法语教学工作坊等。

4. 法盟3.0计划

法盟3.0计划自2017年以来一直得到基金会和摩纳哥公国政府的支持。它旨在通过加强参与者的法语技能、接触到文化以及缩小数字鸿沟，更好地促进参与者社会和职业安置。现有来自南非、马达加斯加、毛里塔尼亚和塞内加尔的38家法盟正在执行该项目的活动。

法盟3.0计划的第一阶段已于2019年完成。得益于将平板电脑和数字图书馆纳入到常规教学方法之中，参与者的技能得到了明显提升。2019年是法盟3.0计划扩大的一年。随着摩纳哥公国政府与基金会于2020年第一季度签署新的合作协定，未来三年将继续进行法盟3.0计划的第二阶段，来自摩洛哥、布隆迪和突尼斯的6家法盟将加入该计划。此部分报告中还附有2019年法盟3.0计划的一些关键数据。

5. 加强宣传

基金会通过网站、社交平台及基金会季刊来推送重要新闻、工作任务和各种活动，向各地法盟宣传比赛、倡议、招标及与合作伙伴有关的征召通知等信息。2019年共计发布4期季刊，12期新闻摘编，同时在基金会网站、脸书、领英和照片墙保持更新，各平台订阅用户数和浏览数均比上一年有所增加。此部分报告也附有一些关键数据以及基金会与合作伙伴开展的主要活动。

二　全球法语联盟网络发展状况

（一）数据报告

基金会不仅在年度报告中对数据部分进行解读，还将其单独拿出，制作公布《世界法语联盟数据报告》（本文简称“数据报告”）。数据报告以可视化的图表形式，对法盟、年度活动情况及法盟网络的相关数据进行报告。2019年的数据报告共分为15个专题，以地图、图表等形式，直观地呈现了教学和培训、水平认证、人力资源、文化活动、经费情况、在线教育以及社交媒体等方面的情况。

数据报告的数据来自基金会每年发布的法盟年度调查表，由各地法盟机构填报。2020 年上半年，753 个机构参与了 2019 年的年度问卷调查（同比降低 3.5%）。下文对数字报告中涉及教学活动、认证考试、文化活动以及社交平台的内容进行介绍。

1. 教学活动

法语联盟日常工作的重头戏是对外法语教学和培训。2019 年法盟的法语学习者人数略有上升，共有 59.7 万名学习者在各地法盟接受培训，其中 51.2 万名学习者参与了各类课程（除教育援助之外）学习，同比增长近 3%。面向公众开设的法语学习课程销量保持稳定，面向公司或机构开设的培训课程销量有显著上升，同比增长 16%。全球总计销售 2920 万学时各类课程，其中 2800 万学时为法语学习课程。马达加斯加、印度、美国、墨西哥和法国是分列 2019 年法盟学员数量前五的国家，中国、巴西、哥伦比亚、秘鲁和津巴布韦进入前十名。

除了线下课程外，不少机构开设了在线课程。目前，有 244 家机构支持全部课程或部分课程在线学习，占被调查机构的 32%，同比增长 36.3%。有 51% 的机构全部做线上授课，另有一些采用兼顾线上和线下的混合式授课。通过在线课堂参与课程学习的人数达 25 237 人次，占所有学员的 5%。

2. 水平认证

部分机构承担法语水平认证与考试工作，主要提供法语学习文凭、法语深入学习文凭、法语知识考试、法语水平考试等 4 种水平认证考试，另外还有其他证书的认证考试。2019 年参加各类法语水平认证考试的考生数也有增长，在 529 家有认证资格的法盟中，共计 21 万人次参加各类考试，同比增长 3.5%。在所有水平认证考试中，参加法语学习文凭认证考试的人数最多，占比 82%。在考生数排名中，意大利、西班牙、印度位列前三，中国位居第十。

3. 文化活动

2019 年，法盟组织了超过 24 800 场文化活动，平均每天举办 68 场，活动形式包括电影展映、视觉艺术、现场表演（戏剧、舞蹈、音乐等）、讲座或辩论以及美食品鉴等。这些活动共吸引 320 万人次参与，同比降低 7.9%。2019 年数据统计显示，法盟总计拥有 446 家多媒体资源库，年度借阅数达 110 万次，总计 385 家法盟开设“文化图书馆”，已为 73 000 名注册者提供服务。

4. 社交平台

2019 年，各地继续进行网络平台建设，在各种社交网络平台为公众提供信息。据数据统计，网站每月访问人数达 300 万人次，脸书粉丝共计 430 万人，优兔网播放量达 230 万次，推特账号订阅数达 33.6 万，照片墙订阅数达 70.1 万，微信订阅数 17.7 万。优兔网和照片墙两个平台发展势头明显，分别比去年同期增长 35.6% 和 47.6%。

（二）活动情况

报告重新将各地法盟分为 5 个大区：南美洲、亚洲、大洋洲和欧洲，非洲、中东和印度洋地区，中美洲和讲西班牙语的加勒比海地区，以及北美洲和讲英语的加勒比海地区。报告还介绍了各地法盟的年度工作情况。除此之外，报告还以表格形式介绍了海外法国人协会组织支持基金为各地法盟提供资金支持的情况。海外法国人协会组织支持基金是在 2018 年废除法盟经常使用的“议会储备金”机制之后设立的，旨在支持以教育、慈善、文化或社会经济一体化为宗旨的相关项目，有利于扩大法国的影响力，并为海外法国公民和法语受众提供支持。

（郭沐涵）

西班牙塞万提斯学院年度报告（2019—2020）

塞万提斯学院（本文简称“学院”）成立于1991年，是西班牙政府创办的一所公立机构，致力于在世界范围内推广西班牙语及西班牙文化。学院每学年发布年度报告，总结该学年内机构的工作情况。2019—2020学年，新冠肺炎疫情在全球的传播对学院各项工作都产生了巨大影响。总体来说，学院的各项数据在上半学年都呈现出向好的态势，但下半学年因新冠肺炎疫情在全球持续肆虐，这些数据又大幅回落。现将塞万提斯学院2019—2020年度报告（本文简称“报告”）主要内容综述如下。

一　学院运营状况

（一）资金使用

学院在2019—2020学年延续了2018年度预算规模，约为1.23亿欧元（以2019年9月平均汇率计算，约合人民币9.64亿元）。学院的资金自给率为46.5%，其余53.5%来源于国家财政补贴。

（二）人力资源

截至2020年8月31日，学院共有工作人员954人，延续了持续数年的减少趋势。其中，218人在西班牙本土工作，剩余736人分布在世界各地的分院。除此之外，学院还拥有835名合作人员。

（三）管理层概况

学院名誉主席由西班牙国王出任，执行主席团由西班牙首相率各部部长出任。2019—2020 学年学院名誉主席为西班牙国王费利佩六世，执行主席为西班牙首相佩德罗·桑切斯·佩雷斯·卡斯特洪，院长为路易斯·加西亚·蒙特罗。

二 教育培训活动

（一）各类课程的开发与管理

2019—2020 学年，尽管受到新冠肺炎疫情的影响，但学院开设的课程数与注册学生数仍保持基本稳定。同时，在线课程注册人数较上一学年增幅显著。本学年内学院共开设 15 000 余门西班牙语课程，注册学生数超过 13 万人次。其中，常规课程总计 9749 门，注册学生数达 8 万人次；特设课程总计 4762 门，注册学生数达 3 万人次；师资培训课程共计 822 门，培训教师数超过 14 000 人次。此外，通过西班牙语虚拟课堂参与远程学习的人数达 9820 人次，比上一学年增加 13.55%。

受新冠肺炎疫情影响，学院开设的各类课程被迫实行线上教学和远程学习。学院的正常授课秩序受到较大影响，但这一转变也促进了线上课程开发技术的进步和远程课堂的应用。学院在 2019—2020 学年报告中着重介绍了以下三类课程的开发与管理情况。

1. 面向儿童和青少年的西班牙语课程

本学年内，面向儿童及青少年的西班牙语课程需求继续呈增长态势。在学院分布于世界各地的分院中，有 92% 的分院有此类课程需求，这类课程的注册数量也占到全部课程的 10%。

此类培训主要由常规语言课程及各种特设课程组成。常规课程的最高等级为《欧洲语言共同参考框架》下的 B2 等级。特设课程的形式则多种多样，其中包括适合不同学段的强化课程、阅读与写作课程、对外西班牙语水平证书考试（DELE）青少年考试备考课程、中学考试备考课程等。

鉴于此类课程需求持续增长，学院已将其视为未来短期内的工作重心之一。学院计划在 2019—2020 学年对全球各分院此类课程的开展现状进行调研，以便对其增长状况有所预期。

2. 西班牙语全球在线课程

尽管目前面授课程的需求量仍占最大比例，但线上课程的需求也在稳步增

长。同时，新冠肺炎疫情使线上课程注册人数在2019—2020学年进一步增加。西班牙语虚拟课堂一直是学院发展在线教育的重要阵地。受新冠肺炎疫情影响，学院开设的众多面授课程都被迫转为远程授课。在此期间，西班牙语虚拟课堂平台充分保障了相关课程的正常开展。

2019—2020学年内学院继续完善面向儿童的线上西语课程“你好，朋友！”，在前一学年上线的两个初级课程的基础上又增加了三级和四级课程，就此完成了全部四个等级课程的线上课程。其次，学院为新修订的对外西班牙语水平证书考试A2等级考试上线了配套在线备考课程。此外，学院还上线了新版慕课“发现你的西语学习理想之城”以及“速成语法”A1.1等级课程。

3. 对外西班牙语教师培训课程

学院一直致力于对外西班牙语教师的培训和资格授予工作。报告指出，本学年对外西班牙语水平证书考试考官资格、西班牙语虚拟课堂教师资格和初级塞万提斯学院教学资格这三项资格考试培训课程的开设数量占到全部师资培训课程的28%。

自2018年开始发放的“塞万提斯学院教学资格证书（初级）”是学院师资培训系统中最基础的等级证书。除去学院本部之外，目前全球还有10所分院有能力开设该资格证书的培训课程并组织资格考试。2019—2020学年该等级考试有三大新进展：一是学院开展了面向初级教学资格证书考官的第一期培训课程，二是学院开办了第二期初级教学资格证书培训课程，三是有能力开展初级教师资格考试备考课程的各大培训点在本学年均组织了时长为140小时的备考课程。通过该资格考试的学生中有80%曾参加这一备考课程。

除此之外，学院还与一些专门组织合作开展了一系列师资培训课程。比如，本学年学院与西班牙国防部合作开办了两门面向军人的西班牙语课程，与内政部合作开展了面向非政府组织志愿者、教师和培训人员的对外西语教学工坊，并且在撒哈拉以南非洲地区开办了数期对外西语教学师资培训营。

受新冠肺炎疫情影响，本学年学院在各类课程的授课方式层面采取了三种模式：一是通过视频会议进行授课，大多数分院选择了此种授课方式；二是将视频授课与导师远程指导相结合；三是完全通过西班牙语虚拟课堂平台进行远程教学。

在师资培训层面，由于线上教学在技术上存在一定门槛，学院及时开展了多种形式的教师培训活动，对教师进行课程设计、师生互动方式和考核评价模式等方面的指导。为促进全球各分院教师进行线上教学经验交流，学院还搭建了“塞万提斯学院线上教学平台”，以便学院全体工作人员从不同职能视角进行线上教学经验的分享。此外，学院还开设了诸如“塞万提斯学院数字教学资料制作”线上课程和第三期“教学能力提升”慕课等远程师资培训专题课。

（二）水平认证与考试

2019—2020 学年，学院继续为对外西班牙语教学机构和西班牙语学习者提供资格认证与水平考试服务，报告中强调了以下三种考试系统的建设。

1. 对外西班牙语水平证书考试

受疫情影响，2019—2020 学年学院共组织了 6 轮 20 场考试，比上一学年考试场次减少 11 场。该学年考生人数为 58 000 余人次，比上一学年减少 50.32%。参加 A 级别考试的人数最多，占全部考生的 45%。

本学年学院取消了四月和五月的考试，并在七月和十月分别增加了一轮考试以尽量满足全球考生的需求。同时，鉴于全球公共卫生状况的不确定性，学院将考试报名后的可退款时间由原先的 14 天延长至两个月。除此之外，本学年学院还更新了 A1 和 A2 级别的考试内容，以使其更适应当前考生的特点。

2. 西班牙语国际评估测试（SIELE）

该测试是由学院与墨西哥国立自治大学、西班牙萨拉曼卡大学、阿根廷布宜诺斯艾利斯大学合作创设的、以预约制机考方式进行的西班牙语水平测试。本学年考生人数为 1 万余人次，较上一学年减少 27.87%。

3. 西班牙宪法与社会文化知识测试（CCSE）

自 2016 年起，欲获得西班牙国籍的非西班牙语母语申请者必须通过对外西班牙语水平证书考试 A2 等级和西班牙宪法与社会文化知识考试。新冠肺炎疫情未对本项考试造成太大影响。2019—2020 年，学院共组织 10 场考试，考生人数超过 10 万人次，较上一学年增加 10.20%。

三　文化活动

（一）学院组织或参与的文化活动

2019—2020 学年，学院共组织了 4882 场文化活动，数量与上一学年基本持平。在学院举办的各类文化活动中，电影展映活动占全部活动的 50%，紧随其后的是文学与思想交流类活动，占比 16%。各项活动的参加者人数超过 199 万，是 2018—2019 学年的 3.5 倍有余，其中 80 万人为现场观众，其余 119 万余人以在线形式参加。学院活动得到 3242 位各界人士的支持，其中包括作家、学者、艺术家等。

受新冠肺炎疫情影响，学院从 2020 年 3 月开始几乎取消了全部线下文化活动，转而开始策划诸如播客、视频、虚拟展览会等形式的线上活动。在 2019—2020 学年下半学期，学院共计举办了 1154 场线上文化活动。

报告在第五部分详细列举并介绍了各个类别中较具代表性和影响力的活动。

（1）文学与思想类。例如，面向儿童的“小塞万提斯”工作坊、供犯罪题材小说的作者与读者进行交流的“叙述中的会面”座谈会、在疫情期间推出的“有声书与你同在”活动等。

（2）以文学为主题的展览类。例如，以女性主义视角审视西班牙黄金世纪文学的“睿智而英勇——女性与黄金世纪写作”展览和关注西班牙摄影史的“流浪与摄影：赫塞·A. 费尔南德斯 (Jesse A. Fernández) 的世界”摄影展等活动。

（3）影视类。例如，在马尼拉、斯德哥尔摩、布拉格等地的商业影院进行西班牙语电影展映。同时，学院与多个著名电影节进行合作以传播西班牙语电影文化。

（4）音乐和舞台艺术类。例如，第四期“欧洲之声：黄金世纪的西班牙语音乐”音乐展演、在德国不来梅举办的第九届“舞动西班牙”舞蹈节以及为方便外国剧团演出而启动的西班牙语剧目外语翻译计划等。

（5）科学与历史类。例如，纪念麦哲伦环球航行 500 周年的系列历史知识讲座活动、以环境保护和生物多样性保护为主题的“500 年后的海洋”讲座和以科技发展为主题的“人工智能与机器人”讲座等。

（二）塞万提斯图书馆的建设与发展

2019—2020年的统计数据显示，学院已开设60家图书馆，藏书达143万册，数量较上一学年继续增长。图书馆馆藏资源类型包括纸质图书及杂志、影音资料和电子文档资料。本学年学院图书馆会员人数共计54 000余人，其中学习西班牙语的学生约占58.15%，西班牙语教师及研究人员占比9.48%，普通公众约占32.37%。受疫情影响，2019—2020学年图书馆线下借阅量共计39万余册次，较上一学年下降19%。

但是，线下借阅的不便也促使公众转而使用图书馆的线上资源。2019—2020学年期间，线上塞万提斯图书馆的访问量大幅增加，较上一学年增长了32%。同时，图书馆举办了四次线上阅读俱乐部，参与者达310人次。

分布于世界各地的塞万提斯图书馆一直是学院举办各类文化活动的重要平台之一。2019—2020学年间，学院借助这一平台以线上形式在世界多地举行了与图书有关的文化活动。比如，2020年“世界图书日”期间学院在中国北京塞万提斯图书馆开展了线上“塞万提斯周”活动，在法国波尔多塞万提斯图书馆通过视频会议组织了贝尼托·佩雷斯·加尔多斯作品在线阅读会，位于埃及开罗的塞万提斯图书馆通过该馆的脸书主页发起了“我们在家读书”活动，邀请参与者录制自己在家中阅读的视频。

四　网络平台建设

学院一向注重拓展自身在各大网络平台中的影响力。2019—2020学年，学院继续通过多种方式推动信息化建设。

（一）官方网站与社交网站建设

学院通过目前已有的68个网络主页在互联网上以西班牙语或主页所在地语言为公众提供各类信息。这些网站包括学院官网、学院各分院官网、学院组织的各类考试主页、西班牙语全球在线课程网站及与西班牙语语言文化有关的内容类网站。

受新冠肺炎疫情影响，本学年学院举办的许多活动更加依赖社交媒体层面的宣传，有些活动甚至完全转移至社交网络上进行。例如，在2020年“塞万提斯周”举办的“《堂吉诃德》选段阅读”活动、在推特平台开展的第三届“女性与诗歌”活动、在声田音乐流媒体平台上开展的“在音乐中学习西班牙语”活动等。

数据显示，学院在社交网络上的关注者人数已达150万人。脸书是学院目前拥有受众最多的社交网络平台，粉丝数近94万人，较上一学年新增8%。紧随其后的是推特平台，学院在该平台上的53个账号共有关注者42万余人，较上一学年增加7%。除此之外，学院还在优兔网、照片墙、微博、豆瓣、优酷等社交平台上开设了账号，分享学院在活动组织、图书馆服务、课程提供等方面的动态。

（二）学院网络中心建设

作为学院重要的内容发布平台，塞万提斯网络中心一直是学院网络平台建设的重心之一。2019—2020学年，学院继续更新和丰富该平台上的内容以辅助对外西班牙语教学。本学年的内容更新重点仍是西班牙和西班牙语美洲文化。同时，学院还在该平台发布了多种电子出版物并举办了主题丰富的线上展览会。

在报告开篇的院长寄语中，路易斯·加西亚·蒙特罗充分肯定了学院在2019—2020学年各方面工作中付出的努力和取得的成果。值得注意的是，蒙特罗着重强调了本学年新冠肺炎疫情对学院造成的影响，同时称赞了学院全体工作人员为恢复学院正常工作秩序做出的努力。线下教学和线下文化活动的被迫取消使得学院的开课数量、各项考试人数、文化活动举办数量等各项数据都受到了一定影响，但蒙特罗也对因疫情影响而加快的学院网络平台建设予以肯定并对其进一步发展持积极态度。

报告指出，2019—2020学年是十分特别的一年，新冠肺炎疫情给学院发展带来了前所未有的挑战。但学院快速而积极的应对措施减少了疫情对学院各项业务造成的冲击。目前，学院也在探索以线上方式满足公众多样化需求的可能性，以适应后疫情时代的新变化。

（李昕璐）

全球英语熟练度指标报告（2020）

2020年12月8日，全球英语熟练度指标正式发布。该报告根据2019年220万名参加英孚标准化英语测试的考试数据所得，揭示了全球100个母语为非英语的国家和地区的成人英语水平。英语熟练度指标是业内重要的衡量英语综合能力的指标，为比较不同国家、地区的成人英语熟练程度提供了数据参考。编写机构收集分析来自全球数百万语言应试者的考试成绩，对不同国家英语熟练度进行比较，并发布全球英语能力年度报告《英孚英语熟练度指标：100个国家与地区的英语技能排名》。2020年的报告中，中国英语熟练度指标为520分，全球排名第38位，位于中等熟练水平。其中，上海得分542分，与香港并列全国第一。

一　英语熟练度指标提出的背景

自2011年起，测试中心为各阶段的英语学习者提供免费线上标准化测试，目标是让英语熟练度测试成为可靠、易行、易得的英语能力测试。在创制的最初阶段，该测试是为英孚教育内部提供英语能力排名、晋升、证书的语言测试，之后开放为公众可以参加的免费标准化测试，意在突破英语考试在价格、途径和时间等方面的障碍。该测试旨在按照“欧洲共同语言参考标准”建立的六个等级将受试者的语言能力进行分类，专家团队开发了时长为15分钟和50分钟的在线英语测试，包括四种语言模态的测试，测试听、说、读、写的能力。由于测试结果受到很多跨国公司与社会机构的认可，每年数十万人参与测试，而其测试结果同时成为年度报告与研究的主要数据。征求参试者的同意后，测试中心将对受试者数据进行匿名化处理，参试者的每项分数都用作全球英语熟练度年度报告的研究数据。

二　2020 报告要点

英语熟练度的参试者分布在世界各地。2020 年报告根据 2019 年的数据分析而来。2019 年，在 100 个国家和地区中，有 34 个欧洲国家、24 个亚洲国家、19 个拉丁美洲国家、13 个非洲国家以及 10 个中东地区国家的成人参加了测试。根据测试结果，不同国家与地区的英语能力呈现出以下特点[①]。

（一）英语能力的性别差异在缩小

2019年的女性参试者略多于男性，女性为54%，男性为46%。世界范围内，女性的英语水平仍高于男性，但这一差距正在缩小。两年前，世界大多数国家女性的英语熟练度比男性高，这种性别差异正逐年缩小。在亚洲，男性测试成绩首次追平女性；在拉丁美洲和欧洲，男性分数比女性略高一点。在中东地区，女性测试成绩领先男性，但男女差距也在缩小。在非洲，女性英语流利度比男性高出很多。

（二）20 多岁的青年群体英语熟练度水平最高

从代际差距来看，20 岁左右的青年群体的英语熟练度水平是最高的。参试者的平均年龄为 26 岁，94% 的参试者在 60 岁以下。平均分最高的参试者年龄段分布在 26—30 岁之间，获 517 分；其次为 21—25 岁年龄段，获 507 分；18—20 岁年龄段的平均分最低，仅 470 分。26—30 岁的青年英语能力最强。该数据说明，世界各地的大学教育中，英语教学效果显著提升。21—25 岁的青年在今年的年度报告中英语流利度平均分排名第二。英孚教育据此提出，在工作中使用英语与正式的英语培训都可以满足成年人早期职业生涯所需的英语能力。

（三）全球英语熟练度普遍提升，但区域差异明显

从国别区域来看，全球英语熟练度在提升，除了 26 个国家的测试分数有明显提升（平均分提高了 20 分以上），7 个国家有明显下降以外，大多数国家的英语熟练度分数较之前没有太大变化。但是地区之间的差异较明显，欧洲平均分最高，获 550 分；其次是亚洲，获 497 分；非洲紧追亚洲，获 492 分；拉丁美洲 480 分；中东 441 分。在各国成绩中，荷兰（652 分）、丹麦（632 分）

① 信息来源：英孚英语熟练度指标网（https://www.ef.com/wwen/epi）。

和芬兰（631分）位居世界前三。亚洲的新加坡（611分）、非洲的南非（607分）、拉丁美洲的阿根廷（566分）以及中东地区的伊朗（483分）在各自区域中领先。（见表1）

表1 英语熟练度指标地区差异

英语熟练度指标得分	欧洲	亚洲	非洲	拉丁美洲	中东地区
地区平均分	550	497	492	480	441
地区最高分及国家	652 荷兰	611 新加坡	607 南非	566 阿根廷	483 伊朗
地区最低分及国家	432 阿塞拜疆	381 塔吉克斯坦	408 卢旺达	411 厄瓜多尔	383 伊拉克

欧洲的英语能力呈两极化分布，东西部差距明显[①]。欧盟国家的英语熟练度逐年提高，在过去三年，法国由于教育改革，其测试分数持续增长。西班牙和意大利仍落后于欧盟其他国家。欧洲英语熟练度最高的国家集中在斯堪的纳维亚半岛，这些国家的学校采用了关键的语言学习策略，比如早期注重沟通技巧、课内外增加对英语的接触以及职业语言教学等。欧盟的信息共享网络也让有效的英语学习策略得以在欧洲各国进行传播。欧洲大陆边缘的土耳其英语熟练度有所下降。土耳其的学校英语教学注重语法和翻译，而不是语言沟通能力，大部分英语课都是用土耳其语教授，所以英语能力有很大的提升空间。

亚洲各地的英语能力相差迥异，世界排名第10的新加坡（611分）和排名第100的塔吉克斯坦（381分）都在亚洲地区。亚洲的平均英语熟练度在过去5年保持稳定，然而，相比去年，2020年亚洲将近一半的国家在分数上有所下降。在人口加权地区平均值上，中国熟练度的稳步提高与其他国家熟练度的下降相互抵消。中国英语熟练度的提高离不开国家战略与语言教育政策的持续改革。中国从制造业转向知识驱动型发展，需要更高的英语熟练度。近年来，中国对英语教学进行了积极改革，从死记硬背的语法教学法转向以培养沟通能力为主的交际法教学、任务法教学、结果导向法教学等。日本由于老龄化问题突出，经济停滞不前，全球贸易转向亚洲其他地区，导致英语熟练度下降，世界排名55位。中亚地区的英语熟练度明显低于其他地区，其第二语言通常是俄语。南亚的斯里兰卡（排名第68）、柬埔寨（排名第84）、泰国（排名第89）的较低

① 信息来源：英孚英语熟练度指标网（https://www.ef.com/wwen/epi）。

英语熟练度不利于当地旅游业的进一步发展。印度和巴基斯坦的教育体系面临着更严峻的结构性挑战，巴基斯坦需要增加儿童受教育的机会，而印度的很多学校将英语作为主要教学语言，削减了当地学生对核心学科内容的理解。一项研究表明，印度只有 27% 的三年级学生能做两位数减法，所以应提倡更多使用母语教学，而将英语作为第二语言进行学习。亚洲经济体的持续经济增长，在服务业和知识驱动型产业上构建了全球网络，因而亚洲地区国家将持续改进英语教学，提高整体英语水平。

拉丁美洲国家英语能力正在提升①。2018—2019 年间，拉丁美洲参加测试的 19 个国家中有 12 个国家表现出很大的进步。由于墨西哥英语水平的下降，人口加权地区平均值只略显增加。拉丁美洲英语水平的上升得益于很多国家近年来保证了所有儿童都能接受教育，并在师资培训上增加了投入。2015 年，乌拉圭为师资匮乏的学校投入远程英语教学资源，为教师提供在线英语培训，提升了小学生在英语毕业考试中的成绩。

非洲国家英语熟练度差距不断扩大②。2019 年，肯尼亚、尼日利亚和南非这三个非洲最大的经济体与非洲其他 10 个参与测试调查的国家在英语熟练度上的差距不断扩大。非洲 54 个国家和 7 个地区中，仅有 13 个国家参与了测试与调查，目前的数据无法了解非洲大陆的整体情况。非洲的政治、经济、文化情况复杂，城市和农村生活水平之间的差距明显，人口迅速增加，给非洲的教育体系带来了很大的压力。近 10 年，外国对非洲基础设施和商业项目的投资激增，提高英语熟练度有助于外国投资者与非洲合作伙伴更公平透明的交流和更顺畅的合作。

中东国家的平均英语水平在世界范围内仍是最低的，与去年的成绩相比，地区平均分有少许提升③。依赖石油和天然气的海湾国家政府意识到全球能源市场的变化和地区关系紧张，需要对国家经济结构做出调整，充分利用人力资源，在英语教育上有更多的投入。但是国家对教育的投入与学生的成绩并不成正比，中东地区的英语熟练度仍是所有地区中最低的。为了改变现状，在过去的 20 年，政府放宽了对公立大学的垄断，支持私立大学聘请受过西式教育的学者开设英语课程。阿联酋和卡塔尔的政府官员还邀请西方精英大学在本国建立了卫星校园，这样的举措促使公立大学也进行了相应的改革，在部分学位课程

①②③ 信息来源：英孚英语熟练度指标网（https://www.ef.com/wwen/epi）。

中使用英语教学。政府也为学生提供了奖学金资助，截至目前，已经帮助20多万名大学生在美国或英国的大学攻读了学位，在阿联酋和沙特阿拉伯的义务教育私立学校，招收了近100万名学生，占全球国际学校学生总数的20%。尽管如此，整个地区的英语水平仍未有起色，问题的根源在于英语教育资源失衡。研究数据显示，迪拜的英语熟练度远远高于所属国家阿联酋的整体水平。沙特阿拉伯人口分布不均，各学校的英语教育条件千差万别。很多私立学校和大学更愿意从国外聘请教师，但培养本土专业英语教师队伍才是让本土学校更好发展的方案。中东其他国家则需要将财力用于为难民提供基本服务，以满足其生活需求，可用于教育的投资非常有限。

（四）英语能力有利于提高创新力和发展能力

英语能力与企业和个人的经济竞争力、创新力、发展能力等有明显的正相关性。英语是国际合作与交流的主要语言，英语熟练度调查显示，企业英语能力和其研究与开发的多渠道投资存在正相关联系，来自不同国家的公司管理者更有创新力来获取多方投资，远远超过文化与语言单一的竞争对手。使用英语的团队更能吸引多样化的人才，并接触到来自世界各地的创新性思想，这样的团队与国际合作单位也更紧密。

在世界范围内，管理层和决策层的员工在英语熟练度的测试分数上有一定的差距。相比初级员工，管理层与海外同事和客户的交流更频繁，所以有更多的机会使用英语。此外，英语技能具有溢价性，英语能力更高的人更容易被提升为管理层。而决策层的年龄相对较大，不少是从本土企业环境中脱颖而出，对英语并不是很重视。研究表明，在企业高层提升英语熟练度能使企业更好地进行内部信息分享，并帮公司获得更多元的人才。

（五）现代技术有利于英语的学习与传播

现代技术赋能远程教育，让来自世界各地的人们不用付出昂贵的学费就能学习英语。虽然远程教育的潜力仍有待发掘，英孚调查发现英语熟练度和技术的运用成正相关关系，比如人均服务器、信息与交流技术的出口、宽带订购量等均与该地区的英语熟练程度有关。同时，各种英语媒体也大大丰富了人们学习英语的途径和资源。

目前，英语是世界上学习人数最多的第二语言。英语具有很强的网络效应，使用英语的人越多，英语在全世界范围内就越有使用价值。97% 的欧洲中学生以英语为第一外语，在亚洲和拉丁美洲的很多学校，英语是必修课；非洲很多国家将英语作为教学语言。然而，尽管在英语教育与学习上做了大量的公共投资和私人投资，学习结果却因人因地区而异。幸运的是，现代教育技术让学生和教师获得大量可靠的学习资料和实践模块，便于个性化教学。特别在英语师资匮乏的国家与地区，人工智能英语学习设备能为学生提供自主学习的材料与课程。各个年龄阶段的学生都可以受益于灵活的在线教学，获得丰富的英语学习与交流经历。

（余　华）

西班牙语编年史（2020）

自2020年起，西班牙皇家语言学院决定在每年年末发布《西班牙语编年史》[①]，旨在汇总和宣传该机构于相应年度在各个方面的发展成果，呈现和解释西语世界所面临的最突出的语言问题，明确西班牙皇家语言学院处理这些问题的立场与观点，并总结一年中西班牙语词汇与语法所经历的新变化。这个系列的首部作品——《西班牙语编年史（2020）》于2020年11月由埃斯帕萨出版社正式出版。

一　编制机构

《西班牙语编年史（2020）》由西班牙的语言本体规划机构——西班牙皇家语言学院编纂而成。“纯洁、凝固、铸就辉煌”的箴言，准确概括了西班牙皇家语言学院的目标和责任。作为世界西班牙语语言研究领域最高的权威机构，西班牙皇家语言学院以维护西班牙语的纯洁性和规范化为工作主旨，致力于维护西班牙语的纯正与优雅，通过词典编纂、语法及正字法的修订等工作，为现代西班牙语的规范化和标准化建设做出了巨大的贡献。

《西班牙语编年史》系列也是由世界西班牙语学院联合会合作参与的重要项目。西班牙皇家语言学院以服务世界西班牙语为宗旨、捍卫世界西班牙语的统一为主要任务[②]，自20世纪50年代起便与美洲和菲律宾的西班牙语语言学院一起构成西班牙语学院联合会。他们基于共同的责任和平等的地位合作，在“泛西班牙语世界”[③]中寻求语言多样中的统一，携手推动西班牙语的发展与传播。尽管西班牙语使用面积广、变体多，但总体而言，整个西语世界的交流基本不存在障碍，语言的一致化程度和规范化程度很高，这与西班牙皇家语言学院的长期努力、西班牙皇家语言学院与西班牙语学院联合会的通力合作密不可分。

---

①② 信息来源：西班牙皇家语言学院官网（https://www.rae.es）。

③ 这里的“泛”译自古希腊文的前缀“pan”，意为“广泛、普遍”。

二　编纂目的及背景

在2019年的世界西班牙语学院联合会大会上，编纂并出版一套“编年史”的计划被提出。这一计划的推出，一方面源于西班牙皇家语言学院自身发展和宣传的需要，另一方面作为与世界西班牙语学院联合会共同推进的重要项目之一，对促进西班牙语在全世界范围的可持续发展也具有重要意义。此外，全球化和数字化的时代背景让语言问题更加复杂多变，以年度为单位梳理西班牙皇家语言学院的工作成果，有助于语言研究及相关实践适应时代的发展，也有助于机构、学者和普通语言使用者把握语言发展的最新动态。

（一）对透明性与信息性的追求

正如西班牙皇家语言学院院长圣地亚哥·穆尼奥斯·马查多在序言中所说，《西班牙语编年史》系列的出版追求“透明性与信息性”。在此之前，词典如何编写、如何收录词汇、如何制定正字法等问题只是语言学家关注的课题，对广大语言使用者来说却是神秘和遥远的。在“编年史”系列作品中，语言学家直接向语言使用者介绍词典编写、语法制定等过程，将与人们生活息息相关的语言问题清晰地呈现给语言使用者与语言学习者，既有助于增进普通民众对学院的了解，同时也有助于人们在日常生活和工作中更加注意语言使用的规范。

（二）数字革命的大背景

从时代发展的大趋势来看，数字革命对语言服务与出版行业提出新的要求，而随着全球化和数字化进程的不断深入，新词表达、外来语处理等语言问题也更加复杂。这样的时代背景下，定期发布语言工作报告显得格外重要，有助于相关机构和研究者更好地把握语言发展动向，让语言研究和语言实践与时代接轨，更加贴近广大语言使用者的真实生活。

新冠肺炎疫情的暴发更是在客观上加速了西班牙皇家语言学院各项工作的数字化进程。在视频会议等信息技术手段的支持下，西班牙皇家语言学院2020年的各项工作和活动在疫情期间依然顺利开展。不论是《西班牙语编年史（2020）》的筹备与编纂，还是呈现于这本书中的年度工作成果，都与数字革命的时代背景息息相关。

三 主要内容

《西班牙语编年史（2020）》包括“统一与多样”“字典和其他重要作品的不断革命”“词典编纂的艺术”“语言规则制定”“有关性别中立词语的争论”“数字领域的西班牙语”“专业术语”“学院的历史印记”“学术论文”“我们的书”“我们的期刊”“教育、交流与文化倡议”“西班牙语世界年度词汇”13 章，全面汇总了西班牙皇家语言学院 2020 年的学术研究和工作会议、出版物及出版项目、语言服务、语言教育与宣传和文化活动。其中，语言规范化、数字革命中的新工作、语言的可持续发展、语言教育与宣传和文化活动是四个被重点阐释的话题。

（一）语言规范化

西班牙皇家语言学院作为语言本体规划机构，语言规划自然是该机构常规工作中的关键组成部分，而语言规范化则是语言规划中的重要内容。《西班牙语编年史（2020）》主要从工具书更新、专业术语标准化和语法规则研讨三个方面对该年度与语言规范化相关的工作进行汇总。

1. 词典的编纂和修订

自西班牙皇家语言学院成立之初，词典的编纂和更新便是该机构的重点工作之一。“字典和其他重要作品的不断革命”一章集中呈现了《西班牙语词典》《新编西班牙语历史词典》《泛西班牙语法律词典》《泛西班牙语释疑词典》和《新编西班牙语词典》5 部词典学作品在近年所做的更新。

值得一提的是，与《西班牙语词典》相关的内容另辟专门章节，从词汇更新、正字法更新、线上词典服务三个方面向读者细致地展示了此次修订工作。《西班牙语词典》最初是在西班牙皇家语言学院成立 300 周年之际由西班牙皇家语言学院与世界西班牙语学院联合会共同编纂的一部词典，旨在收录西班牙和众多西语国家广泛使用的词汇，并以内容丰富化、现代化、连贯性为主要目标。作为一本词典学著作，此次更新中在词汇层面的修订及增减内容尤其受到了学者和词典使用者的关注，因此也是这一章节中的重点内容。通过若干具体实例，这一章节将词典修订工作生动地呈现出来，以小见大，使读者清晰了解每一个词汇的修订背后都是西班牙皇家语言学院院士们的细致工作和可靠的语言学依据。

2. 术语的标准化

专业术语标准化也是西班牙皇家语言学院近年来格外关注的一项工作。术语标准化的目的在于减少以至消除一义多词或一词多义、含义不清、相互矛盾等混乱现象，使各专业领域的概念和术语尽可能统一，有利于专业知识的交流、传播、翻译与出版，进而促进相应行业的规范化与发展。西班牙皇家语言学院在 2020 年落实和完善了线上科技术语库“科学语言网络数据库”平台①。这一语言服务平台由西班牙科学技术基金会与西班牙皇家语言学院共同推出，旨在方便人们对科技词汇的理解与管理，迄今为止已经集合了包括医学、生物学、历史学、词源学、工程学在内的多个科技领域的术语词典。同时，西班牙皇家语言学院也着手落实了对其他学科术语的规范化工作，《泛西班牙语法律词典》（电子版）和《戏剧语言报告》的发布很大程度上为法律和戏剧专业从业者在处理术语和其他语言问题时提供了参考。

3. 语法规则的研讨

在语法层面，西班牙皇家语言学院尤其关注语言在实际使用中产生的问题。《西班牙语编年史》系列专著计划保留固定章节，用于探讨每年度最具争议的语言问题，旨在让公众了解西班牙皇家语言学院在这些问题上的立场和观点。

在《西班牙语编年史（2020）》中，“西班牙宪法中的性别中立语”作为本年度话题度最高的语言问题被呈现给广大的读者。这是西班牙皇家语言学院首次系统地解释院士为使女性在词汇和语法结构中得到更多重视所做的一系列工作。报告认为，根据语用实例判断，宪法文本规范地使用了“具有包容性特征”的阳性名词。但同时报告也指出，为使某些特定表达更加符合当下现实并适应更广泛的语用环境，在适当情况下进行性别中立语改革是可取的，例如，在与婚姻、伴侣关系、亲子关系、残障群体或其他与女性身份有关的表达中考虑用性别中立语或相应的阴性形式来取代用于泛指的阳性词汇的可能性。

（二）数字化的语言服务

《西班牙语编年史（2020）》中设有专门章节“数字领域的西班牙语”，对为适应数字革命而采取的新举措进行论述，集中讨论了如何在数字化背景下更好地向广大语言使用者提供优质的语言服务。

---

① 西班牙皇家语言学院“科学语言网络数据库”平台官网（https://enclavedeciencia.rae.es）。

为应对数字革命时代带来的变化与挑战，西班牙皇家语言学院此前已搭建了一个较为完整的电子语言资源平台，而2020年是在这一线上语言服务平台的发展中具有里程碑意义的一年，线上《西班牙语词典》的访问量于2020年4月突破一亿，与此同时，《西班牙语法律词典》的访问量突破200万，《泛西班牙语释疑词典》的点击量也达到约150万。在现有语言服务平台的基础上，西班牙皇家语言学院在2020年工作中继续推动了其他重要出版物的电子化进程，进一步完善了已有的线上语言服务。例如，《泛西班牙语法律词典》的电子版本于7月在西班牙皇家语言学院网站上线运行，除了在线词典的基本功能之外，人们还可以在词条内容中直接链接到各个国家或地区的相关法律条文原文；全世界数百万西班牙语使用者都在查询的《西班牙语词典》电子版本于年末更新至23.4版，其中包含了2557项更新内容。

（三）语言的可持续发展

西班牙皇家语言学院需要继续与世界西班牙语学院联合会密切合作，推广“泛西班牙语”理念及语言政策[①]，促进西班牙语在世界范围的可持续发展。“泛西班牙语”的语言政策基于西班牙语历史和地域的特点，并综合经济、文化等因素确立，于西班牙本土而言，西班牙国内民族分裂势力长期威胁着国家统一，“泛西班牙语”理念的推广标志之一，减弱一些自治大区官方语言的政治影响力[②]。于全球的西语世界而言，拉丁美洲与西班牙同属一个大型语言区，“泛西班牙语”政策的推广有利于整个西班牙语区国际影响力的提升，也有利于西语世界20多个国家整合优势，以一个整体的形象在全球化激烈的竞争中与英语抗衡。

这一理念贯穿在《西班牙语编年史（2020）》的多个章节中。“统一与多样”一章中收录了哥伦比亚作家加夫列尔·加西亚·马尔克斯、秘鲁作家马里奥·巴尔加斯·略萨、墨西哥作家卡洛斯·富恩特斯·马西亚斯和奥克塔维奥·帕斯、尼加拉瓜作家塞尔吉奥·拉米雷斯等西班牙语世界极负盛名的文学家在世界西班牙语大会的发言，通过散文化的语言表达了西班牙与拉丁美洲各国在语言层

① “泛西班牙语”的概念始于十九世纪三十年代的“西班牙语联盟”的提出，由此带来了一系列以推动西班牙语国家合作与团结为目的的社会、经济和政治运动，同时在语言学领域也得到了认可和发展。作为一种语言政策，“泛西班牙语”的表述也已被国内学者普遍接受。

② 陆经生、陈旦娜《语言测试与语言传播：以西班牙语全球传播战略为例》，《外语教学与研究》2016年第5期，745-754页。

面休戚与共的理念，西班牙语不仅仅是属于西班牙的语言，更是拉丁美洲的语言和世界的语言。此外，在“泛西班牙语”理念及政策在一系列工具书的陆续编写、出版、更新的过程中得以推广落实。2020年，西班牙皇家语言学院将电子版《泛西班牙语法律词典》在其官方网站上线，并提出了对《泛西班牙语释疑词典》进行更新的计划。

（四）教育、宣传和文化活动

近年来，西班牙皇家语言学院逐渐开始关注语言领域外的工作，旨在让更多普通民众认识、了解和参与到机构的活动中。《西班牙语编年史（2020）》在“教育、交流与文化倡议”一章中汇总了教育、宣传和文化这三个对社会发展至关重要的领域所落实的倡议与活动。

1. 教育教学

西班牙皇家语言学院在充分尊重土著民族语言的前提下，大力推动了印第安民族聚居区的大学西语师资建设。此外，该机构还与世界西班牙语学院联合会一起，与西语美洲国家教育部门达成合作，实施了“鼓励阅读”计划，推动西班牙语教育在该地区的普及。

2. 媒体宣传

西班牙皇家语言学院已经实现了在电视、广播、报纸、杂志和网络的全媒体覆盖，尤其是在2020年三至四月间，学院的网络访问量大幅上涨，大量西语使用者通过网络媒体了解与疫情相关的一系列新术语、新表达及其使用规范。西班牙皇家语言学院在各平台社交媒体账号上定期推出的“每日词语”“本周查询”“大事记”“外来语的选择”“语法与正字法冷知识”“时事新闻与语言建议”等专题内容，在2020年共86 978条来自广大西语使用者和学习者的语言咨询中，94%是通过西班牙皇家语言学院的推特账户实现的。

3. 文化活动

西班牙皇家语言学院计划通过开展高质量的文学论坛、向公众免费开放古典图书馆和阅读俱乐部等活动，创造阅读爱好者与院士讨论和交流的空间。为将经典作品带给更多年轻人，建立一个适合儿童或青少年的阅读俱乐部也被列于西班牙皇家语言学院的文化活动企划之中。学院还提倡将文学之外的其他艺术形式与文学相结合，让文化活动的形式更加多元，例如，举办音乐会并邀请艺术家们讨论他们的谱曲作词工作以及曾经从文学作品中汲取的灵感。

作为西班牙皇家语言学院2020年工作成果的汇编,《西班牙语编年史(2020)》涉及了语言规划、语言服务、语言教育与文化交流等各个领域，重点关注了语言在实际使用中的问题和时代发展中的特点，让语言研究更加贴近普通语言使用者，这有助于拉近语言规划机构与普通民众之间的距离，也有利于加强人们在日常使用语言时的规范意识。

（于 漫、丁伊雯）

全球德语学习情况报告（2020）

为更好地了解全球德语学习情况、助力德语推广，德国外交部牵头，联合德国学术交流中心、歌德学院、德国国外学校教育司等机构，自1985年起每5年开展一次“全球德语学习情况”调研，2010年起发布调研报告供大众参阅，至今已发布2010年、2015年、2020年共计3份报告。

参与此项调研的机构中，德国学术交流中心通过支持各类学术科研项目，增进德国大学同国外大学的联系；歌德学院致力于促进国外德语语言教学并从事国际文化合作；德国国外学校教育司负责监管国外各类德国学校；德国之声、德国学术学习准备和考试研究协会等机构协助开展调研。

《全球德语学习情况报告（2020）》（本文简称《报告》）于2020年6月正式出版，正文共52页，包括导言、基础数据以及国别和区域报告三个部分。

一　导言

2020年，全球德语学习面临新境况。2020年3月1日，德国《专业人才移民法》正式生效。《专业人才移民法》针对非欧盟国专业人才及计划在德进行职业培训的人员，规定了相应的招聘要求。语言能力对于这些人员来说至关重要，这也为德语全球推广提供了新的契机。歌德学院及其他德语推广机构、“学校：塑造未来的伙伴”项目合作学校，特别是国外德国学校将主要承担德语推广任务。

《报告》指出，德语全球推广的主要阵地在中小学。有的国家中小学德语教育体系已臻完善，有些国家则还有待发展。2020年，全球开设德语课程的中小学（包括一外、二外或三外）共有105 846所，比2015年增加了10 688所。这主要得益于德语推广项目的实施。最具代表性的是“学校：塑造未来的伙伴”项目，它于2008年2月正式启动，由德国外交部协调组织，与德国国外学校教育司、歌德学院、德国学术交流中心和德国各州文化部部长联席会议交流教育中心共同实施。[①] 该项目通过与世界各地中小学建立联系、输出课程和师资、提供校友服务等举措，激发学习者对德国的兴趣和热情，鼓励青少年学习德语，创建全球学校网络。目前，“学校：塑造未来的伙伴”项目网络已经覆盖全球100多个国家或地区约2000所学校，主要分布在中东欧、近东、中东以及亚洲。

随着数字化时代的到来，数字工具在学习生活中扮演着越来越重要的角色。为了从多层面提高各国德语学习兴趣、提供高质量德语课程，德国学术交流中心、歌德学院等机构相继开发出各种线上学习和培训平台。例如，德国学术交流中心推出德语教师网络培训平台 Dhoch3，专门设立本科、硕士阶段线上学习交互模块，为师资储备以及全球师资培训现代化奠定基础。为了使世界各国学生足不出户就能感受德国大学，歌德学院于2019年开始开发基于混合学习模式的数字预科学院，致力于将传统的面对面活动与现代的数字化学习形式相结合。还有其他诸如数字化儿童大学、LingoMINTmobil 应用程序等多个项目。

二　基础数据

目前，全球共有1545万德语学习者。近10年来，这一数字逐步上升，2010年为1488万，2015年为1530万。《报告》主要聚焦近五年的变化，发现5年间德语学习者人数从数量上看增长不多，但不同区域呈现出截然不同的发展趋势。欧洲仍然是德语学习者最多的洲，约占全球德语学习者总数的73%；非洲德语学习人数占比从2015年约7%升至2020年约10%；美洲德语学习者仅占全球总数的5.26%；在亚洲和大洋洲，德语学习者比例从10.76%略增至11.48%。

《报告》指出，尽管人们普遍认为德语复杂难学，但德语在世界大部分地区仍享有很高的声誉。在许多鼓励多语教育的国家中，德语往往是英语之后的第二外语。

三　国别和区域报告

《报告》择取部分国家年度发展情况，对该国的德语学习发展作具体分析，报告的“基础数据”部分附有各国德语学习详细数据。

① 信息来源：德国歌德学院中文官网（https://www.goethe.de/ins/cn/zh）。

（一）欧洲

欧洲虽然是德语学习者最多的洲，但欧洲各国德语发展趋势不尽相同。

2019 年的《亚琛条约》为德法关系带来了新的活力。根据《亚琛条约》第 10 条，德国和法国将增加学习对方语言的人数。虽然法国现行的《高中改革》缩减了外语总学时，这或将对德语的发展产生负面影响。但总体而言，法国的德语学习者人数还是从 100 万增加到 119 万。约有 3% 的中小学生将德语作为第一外语，约 16% 作为第二外语。不过,《报告》也指出，由于德语“难懂”，法国中小学中学习能力较弱的学生往往倾向于学习其他外语，因此在法国中小学领域推广德语仍然艰难。

土耳其人一如既往地向往赴德工作或学习。《报告》指出，土耳其校外德语学习者数量大大增加，越来越多的土耳其年轻人在德国寻求发展机会。虽然阿拉伯语、汉语、日语对德语地位的冲击与日俱增，但对土耳其人来说，德国仍然是他们工作和学习的首选国家。当然，土耳其的德语教学质量尚需提升，教师教学水平有待进一步提高，德语在学校第一外语的地位有待巩固。

英国和波兰等国对于德语的兴趣有所下降。伦敦歌德学院的课程量减少了 25%,《报告》认为这极有可能与英国脱欧有关。波兰是世界上德语学习人数最多的国家，但该国自 2017 年起实施教育改革，大大缩减了传统第二外语德语的学时。尽管中小学中德语学习者人数与 2015 年相比增长了 5.8%，但是波兰全国德语学习者总数却下跌了 14%。

俄罗斯的德语学习者人数再次回升。2015 年报告中，俄罗斯的人数下滑幅度最大，2020 年这一数字则从 154 万回升至 179 万。2015 年，俄罗斯制定了新的国家课程标准，规定二外为中小学教育中的必修科目。该政策初步遏制了俄罗斯德语学习者数量下降的趋势。据俄罗斯教育部统计，将德语作为一外或二外进行学习的中小学生人数显著增加，这带来了诸如教师教学质量与培训等相关问题。鉴于此，德国学术交流中心通过“Dhoch3”搭建线上继续教育平台。同时，为顺应 2019 年俄罗斯国家课程标准的修订，歌德学院将在俄罗斯做出新的努力：2020 年将推出“面向未来的教育：学校”项目，以进一步支持德语在俄罗斯的发展。

《报告》认为，在欧洲，欧盟各机构在德语推广方面起着至关重要的作用。因此，歌德学院“欧洲德语网”计划专门为欧盟职员学习德语提供奖学金资助。

（二）亚洲和大洋洲

亚洲和大洋洲的德语学习者比例上升主要得益于印度、中国、日本以及伊朗的学习者人数迅速增加。尽管乌兹别克斯坦的德语学习者从 508 000 降至 406 000 人，但它仍然是亚洲德语学习者最多的国家。在大洋洲，澳大利亚的德语学习者人数保持稳定，新西兰的则大幅下降。

在印度和越南，德语面临新的机遇。外语政策并不是印度政府的优先政策，该国的德语学习发展却十分惊人。仅大学阶段的学习者就由 2015 年的 2300 名激增至现今的 30 000 名。在越南，越来越多的年轻人将德国作为他们学习和工作的目的国。

《报告》认为，亚洲和大洋洲德语学习者人数增长背后最大的推动力是《专业人才移民法》。该法为非欧盟国家合格专业人才移民提供了新的框架，放宽了对专业人才的学历限制，因此，具备更好的德语知识无疑更有利于他们获得移民机会或在当地德企就职。

（三）美洲

美洲的德语学习发展情况也因地而异。就学习者人数而言，南美的阿根廷和巴西略有下降，而在其他国家，这一数字正缓步增长。北美的情况喜忧参半，中美洲几乎整个 5 年间都保持强劲的增长势头。

由于社会和政治因素，美国对外语学习的兴趣越来越小。受此影响，德语学习者人数从 2015 年的近 50 万下降至 42.2 万。一方面德语在就业市场上并非加分项，另一方面德语师资严重短缺。对此，德国学术交流中心在高校推行双重战略：一是提供奖学金、推行“德语 + 工科”专业模式等直接推广德语，二是通过宣传提高德语的吸引力。

墨西哥的德语学习者人数与 2015 年相比呈上升趋势，从 75 176 人增至 85 896 人。大学和成人教育领域的德语学习人数猛增。《报告》推测这一情况同样与《专业人才移民法》正式生效有关。在中小学领域，德语学习兴趣并没有明显的提升。

《专业人才移民法》并没有给巴西带来积极影响：该国德语学习者从 5 年前的 134 588 人跌至 117 301 人，跌幅最大的是成人教育领域，其次是大学。《报告》认为，《专业人才移民法》可能在未来几年内会推动越来越多的巴西专业人才移民德国，但实现这一愿景的前提是尽快弥补德语师资的匮乏。

（四）非洲

德语学习者在非洲大陆的分布极为不均：北非埃及德语学习者历来居多，近 5 年学习者人数在原有基础上仍大幅增长（从约 25 万增至 40 万），阿尔及利亚与 2015 年相比甚至翻了一番；中非和非洲南部几乎没有变化；西非国家，包括喀麦隆、贝宁、多哥和科特迪瓦等略有增加；大部分东非国家增长较少。

德语在埃及深受欢迎，近 5 年德语学习者人数增长了 60%，主要集中在中小学。《报告》预计这一数字将继续上升，因为埃及政府计划规定所有公立学校从 7 年级开始（原定 10 年级）就要为学生提供学习二外德语的机会，政府还规定，所有公立大学的工科和医科都要有德语课程。因此，德语的发展在埃及面临师资短缺的挑战。对此，德国学术交流中心、歌德学院等机构致力于提出本土师资培训和继续教育的相关方案，歌德学院也计划于 2020 年加大力度宣传教师职业形象，提高德语教师职位吸引力。

尽管德国与西非国家之间没有签订文化协议，但自 20 世纪 60 年代以来，越来越多的科特迪瓦人开始学习德语。仅在过去 5 年中，学习者人数增加了一倍多，目前共有 436 940 名德语学习者。其中，德国学术交流中心、歌德学院以及“学校：塑造未来的伙伴”项目发挥了积极作用，许多项目参与者在此后的专业选择上更倾向于到德国就读相关专业。

肯尼亚人对德语也越来越感兴趣，自 2015 年以来，该国德语学习者数字已增长一倍以上。德国突出的学术条件极具吸引力，在肯尼亚出国留学目的国排行榜中，德国位列第十一。《报告》认为，《专业人才移民法》会对肯尼亚的德语需求产生积极影响。此时亟待解决的也是师资问题，不过肯尼亚的互联网基础设施相对稳定，便于德国学术交流中心 Dhoch3、歌德学院 Deutsch Lehren Lernen 等平台开展线上培训。

四 全球在线德语学习

受数字化发展的影响，《报告》首次加入在线教学平台的统计信息。《报告》称，多年来，越来越多的人在语言学习中采用在线课程。仅在欧盟成员国，在线课程的使用率就从 2007 年的 3% 增长至 2019 年的 10%。可以预见在未来几年中，将有更多人使用智能手机而非书本进行学习。现今市场上已经有各种不同的在线学习教材以及课程，许多用户还将线上学习作为线下学习的补充，因为这种不受时间、空间限制的学习方式更便于巩固知识。数据显示，2019 年歌德学院以及德国之声的在线学习平台访问量均破千万人次，线上课程注册人数分别为 541 240 及 189 482 人。

尽管报告篇幅有限，但依旧可以反映在线德语学习的概貌。总体而言，数字学习的产品种类多样，在德语学习中的地位日益提升。另一方面，在许多国家，德语师资的短缺与日益增长的德语学习需求产生了冲突，因此，Dhoch3 等在线教育平台之重要性不言而喻。数字工具在未来将变得越来越重要。

五　中国德语学习概况

中国的德语学习者人数增长势头不减。近 10 年来中国德语学习热度不断攀升，德语的地位日益提高，在中小学、大学以及成人教育等领域，德语学习均十分热门。①

特别是在中小学，德语学习人数在过去 5 年中几乎翻了一番，其中 30% 的中小学生将德语作为一外，70% 作为二外。另外，中国还有世界上最多的“学校：塑造未来的伙伴”项目合作学校，在提供德语课程的 200 多所学校中，共有 131 所是项目成员。

大学中德语学习也在稳步发展，不仅德语专业的数量进一步增加，而且越来越多的大学为学生提供外语学习特别是德语学习的机会。目前，一些试点大学针对非外语专业的学生开展特定项目，要求学生必修第二外语。另一方面，中德大学之间交流频繁，德国大学对于中国学生极具吸引力，中国学生十分认同并致力于获得德国大学学位，中国留学生在全球赴德留学生群体中为数最多。

成人教育和课外领域中的德语学习热度不减，大多数德语课程参与者想赴德进修或者就业。中国的德语学习发展积极向好，因而歌德学院、德国学术交流中心等在中国的分支机构也相当活跃。

《报告》预计未来中国的德语学习者数量仍会增加，因此要在教师岗前培训及继续教育的内容和机制上进行创新，进一步提升德语教学质量。

① 数据来源：2010、2015、2020 年《全球德语学习情况报告》。

《报告》延续了2010—2015年报告的基本框架，数据翔实、条理清晰，结合社会问题，聚焦重点国家，多方位展现了近5年全球德语学习图景，并结合数字化发展趋势展望了各国德语学习的未来发展，提出了一些具体措施与倡议，为全球德语语言学习者、教育者和研究者提供了极好的借鉴与参考。

（李　媛、黄含笑）

阿拉伯教科文组织《阿拉伯语的前途系于全体阿拉伯人》

2019年，总部位于突尼斯的阿拉伯教科文组织以官方名义刊印了一篇关于阿拉伯语问题的专题报告《阿拉伯语的前途系于全体阿拉伯人》[①]，报告执笔人是突尼斯马努巴大学资深教授、突尼斯语言学会院士穆罕默德·萨拉丁·沙里夫教授。该报告发布的背景是：进入21世纪以来，标准阿拉伯语的教育出现诸多新问题，阿拉伯国家教育文化界纷纷探讨解决之道，阿拉伯社会也一直期待切实的举措，阿拉伯教科文组织积极发挥协调作用，希望通过汇集各方观点，凝聚各界共识，共同推进标准阿拉伯语教育的改革。

成立于1970年7月的阿拉伯教科文组织是阿拉伯国家联盟下属的一个专门机构，成立的目标是通过教育、科学和文化等手段，实现阿拉伯国家的思想统一，提升阿拉伯民族的文化水平，促进阿拉伯伊斯兰文明与世界其他文明的良性互动，在世界文明的发展长河中履行自己应尽的义务。任务包括：提高阿拉伯国家人力资源的利用水平，促进教育、科学、文化和环境事业的发展，加深阿拉伯国家相互之间的关系，同时在阿拉伯国家和非阿拉伯国家共同推动阿拉伯语和阿拉伯伊斯兰文化的发展，为阿拉伯文化和其他文化构建对话与合作的桥梁。

阿拉伯教科文组织共有22个成员国。约旦、阿尔及利亚、苏丹、叙利亚、伊拉克、科威特、利比亚、埃及和也门是最早加入该组织的国家。之后，巴林、巴勒斯坦、卡塔尔、阿联酋、沙特阿拉伯、阿曼、突尼斯、毛里塔尼亚、摩洛哥、索马里、吉布提和黎巴嫩先后加入该组织。2002年，科摩罗成为该组织第22个正式成员国。所有成员国每年都必须向组织提交一份报告，内容是关于各国内部教科文事业的发展情况，内容可包括立法、统计、项目、方案等各个方面。

---

① 信息来源：阿拉伯教科文组织官网（http://www.alecso.org）。

一 报告出台背景

（一）标准阿拉伯语的使用状况并不理想

目前，标准阿拉伯语在阿拉伯社会的实际使用状况并不理想，阿拉伯民众的标准阿拉伯语水平普遍不高。导致阿拉伯语实际使用状况不佳的原因有两个：社会因素和学校教育。社会因素方面：从政府到社会对标准阿拉伯语的重视程度不够，对相关标准执行不严，以致各个国家阿拉伯语方言大行其道。学校教育方面：从事标准阿拉伯语教育的师资力量严重不足，良莠不齐；教育手段落后，对学生的吸引力不足，导致各类在校学生的标准阿拉伯语水平均不理想。

（二）英法等外语的影响日益增强

大多数阿拉伯国家经历过英法殖民，英法等外语的影响深入到当今阿拉伯社会生活的方方面面，这种社会背景影响和制约了标准阿拉伯语的教育和推广工作。当今时代的阿拉伯人为了获取最新西方科技和学术信息，不得不千方百计提高自己的外语水平。现在的阿拉伯社会普遍认为能讲外语的人代表着更文明的生活、更科学的理念和更高尚的社会地位。

总体来看，目前阿拉伯社会实际语言使用状况比较复杂：标准阿拉伯语的推广取得了历史性进展，但仍然面临诸多结构性困境，需要全社会形成共识去一起推动；各国的方言日渐侵蚀着本属于标准阿拉伯语的领地，对标准阿拉伯语的地位构成威胁；英法等外语的影响也日益增强，冲击着标准阿拉伯语的使用基础。

二 报告主要内容

报告共分 8 个部分，全面系统地分析和研判了整个阿拉伯世界在标准阿拉伯语使用方面遇到的问题及其原因，并提出了一些解决建议。

（一）多元视角下的阿拉伯语

报告认为，语言问题是一个公共议题，人们基于政治、经济、宗教和民族的角度会有不同立场和态度，不同立场对于不同团体的态度是矛盾的，强制推行单边政策而忽视别的团体的态度会带来冲突；实施基于多样性原则的政策，并力求达到某种程度的统一是唯一可以接受的。全社会都应该建立一种超越宗教、民族、政治、经济纷争的科学的意识，建立起对所有人类语言的全面和客观的认识，尊重多样化客观现实的同时不要产生排他性的倾向。

（二）语言多样性

报告认为，所有的人类语言都是在人类社会的自然发展过程中产生和发展起来的，没有优劣之分，没有高低之别，对于阿拉伯语也是一样。每一种语言，如俄语、法语、德语、英语，还有汉语，都有方言，这是一个很自然的现象，并不是阿拉伯语独有的。一般的认识是：方言的分布跟语言传播的范围和时间相关，使用人群越是集聚，互相联系越是紧密、分布地理范围越小，方言的差异就越小，反之则越大。

报告认为，方言尽管有各自的特点，但是同一语系的方言还是有很多共性，这种共性反映了他们共同的政治、经济和宗教等特点，只有这样才能使它们之间的沟通成为可能。有一个现象值得关注，那就是统一的官方语言标准确定之后，并没有强制消灭一些通用的地方标准，只要不与官方标准冲突，不影响官方语言的共性特征，地方通用语还是可以因地制宜地使用，这就是语言多样性的开始。官方标准和通用标准的同时存在是阿拉伯语方言产生的历史原因，历史上的阿拉伯伊斯兰帝国虽然有统一的官方语言，但是各地都发展出了跟自己地域特点密切结合的方言，几个世纪以来一向如此，长久以来就形成了几个较大的方言区。

（三）语言多样性的减少

报告认为，在过去的一个千年，由于人类通信、交通和科技手段的发展，各种族和民族间的交流大大加强，这加剧了语言种类的消亡。根据联合国教科文组织和各类语言组织的统计，世界语言种类较以往有很大的缩减，这体现在两个方面：一是很多方言区逐步合并统一成更大的方言区，二是一些使用者较少的语言在逐渐消亡，导致总的语言数量大幅度减少。

报告认为，阿拉伯语面临的事实是某些方言在逐步衰落，现在已经很难区分邻近的城市和乡村的语言差别，也很难辨别各个省份之间的语言差别。报告认为，没有一个阿拉伯国家独享一种方言，阿拉伯语方言是跨境方言，大多数国家都操着相近的方言，所以按照国家来界定语言使用反映了一种意识形态方面的分离主义倾向，是不符合客观事实的。

报告认为，有长久生命力的语言通常意味着多民族的融合型特征，阿拉伯语就是一个很好的例子：它就是由多民族共同使用的一个互相作用、互相影响而形成的文明型语言，尽管使用地区存在很多地理区隔，甚至有很多独立的岛屿，形成很多方言区域，但是整体上保持了共通性，也存在多样性，这样就保证了它的生命力和活力。

（四）语言争议主要由内部分歧而产生

报告认为，语言是首要的社会交际工具，同时也是不同的民族、族群和社会进行身份认同的重要标志。报告认为，尽管由于民族和宗教的原因，目前阿拉伯世界出现了一些动荡，但是维系阿拉伯人的整体意识并未消失，只是变得更加切合实际：各国纷纷以开放的态度面对不同社会构成的诉求，在国家统一完整的框架内达成多元化的解决目标。

报告认为，阿拉伯世界面临的问题并不是主要由于外部因素驱动的，更多的是内部矛盾造成的混乱。在当今的阿拉伯社会，人们日益关注在不影响整体团结统一的基础上，保护和发展其中个体的独特性。这种思潮反映在语言方面，就是人们过度地去关注和表达自己方言的独特性，而忽视了标准语作为一个整体所具备的基本事实。报告认为应该消除一个误区，就是人们理所当然地认为自己在家庭所学的语言就是标准的阿拉伯语，而没有意识到那其实只是一种阿拉伯方言。

（五）面对语言现象的官方立场

报告认为，引领语言现象的官方立场事实上一直面临着各种博弈，并出现各种摇摆。比如：标准阿拉伯语具有法律地位，它必须用于正式场合，它是阿拉伯国家的官方语言，是阿拉伯国家联盟及其成员国的语言，它还是联合国工作语言，人们有义务在正式的文件和公文中使用它；它还是半官方场合使用的语言，必须在法律、司法、行政、媒体、各级政府组织和公共事业单位中使用。但是如果仔细观察，却会发现在实际使用场景中并不如此，标准阿拉伯语存在大量使用不规范的情况，甚至在一些正式的庆典活动上，某些阿拉伯国家领导人的致辞中也会出现一些方言成分，这会导致大众的迷茫——到底该在多大程度上尊重标准语的地位？至于一些报告、通讯和公共报道方面，方言的使用状况则更为宽泛。甚至一些会议，往往规定了工作语言是标准阿拉伯语，但到了发言的时候，却又是各种方言的天下。

报告认为，阿拉伯各国语言规划的决策者们并没有特别在意自己制定的政策是否得到了执行，他们也没有来自外部和内部的压力，对标准阿拉伯语遭遇的危机并没有紧迫感，这导致了民众在语言问题上的迷茫，不清楚政府在语言问题上的清晰态度和导向。

（六）一些典型的语言现象

报告认为，对于世界上的任何语言来说，都有一些日常交流用的方言，这些口头表达大都不受严格的标准语语法结构的约束，根据日常需要进行了简化或变通，一般应用于像广告、歌舞和小品等。但是这些日常化的、口语化的表达一般具有对标准语所树立的标准的基本尊重，而不是漫无边际地随意发挥，所以也为一般民众所接受。

报告指出，有些社会团体存在一种倾向，就是有意制造一种语言事实：用当地语言去取代标准语，而不是尽量去向标准语靠拢。这种无视法律规定、无视民众感情、无视文化传统的做法并不合适。产生这种倾向的原因比较复杂，跟殖民主义制造的分离主义思想有一定关联。报告呼吁，应该创造一定的法律环境，在保护人们自由表达的同时，确立一定的边界，这当然不是摒弃语言多样性原则，主要目的是呼吁各界要严肃对待语言问题，不能随意为之。

报告同时指出，提出这样的观点并不意味着要依靠政治的、经济的、宗教的或者民族的措施来解决语言问题，因为它首先是一个科学问题。除却各种围绕它产生的纷争，它首先是一个建立在语言科学发展基础上的纯粹语言命题。世界上不存在完美的语言解决方案，语言规划只有建立在严谨、客观、科学基础之上才能真正获得成功。

（七）达成语言的自然平衡

报告认为，事实上，绝大多数世界语言的使用者忽视了滥用语言多样性原则的危害，无论是语言的群体使用者还是个体使用者，都在自觉和不自觉地改变官方用语的使用标准。语言的发展是建立在这种语言使用者的自觉意识之上的一个自然过程，起决定作用的是两种社会力量，这两种社会力量超越了一般

语言使用者的分析意识和感知能力：一种倾向于展示个体、集体、社区乃至地区多样性的力量，另一种倾向于为了维持整体沟通而保持最低限度的团体共性的力量。这两种力量在内部的互相作用形式表现为：一方面，倾向于多样性的力量试图使自己的团体独立于别的团体，倾向于保持整体性的力量则致力于保持语言的统一并阻止分裂。

报告认为，全球化在人类历史发展中会产生很多影响，它将越来越促进区域化和国际化，对语言亦然。这种趋势在保持相对统一的框架内接受多样性，至少，在语言方面会相对保持语系、语族的稳定性。阿拉伯语在历史上曾经受到过殖民语言的压制和排挤，但最终还是战胜了这些语言，证明了阿拉伯语语言及其分布区域的相对稳定性。

（八）阿拉伯语自然的发展进程

报告最后总结指出，阿拉伯语正朝着包含多样性原则基础上的、统一的方向前进，而不是分崩离析。因为民族国家理性平和发展的重要保障是保持语言的统一性，任何试图动摇这种原则的努力都会带来阿拉伯民族的集体焦虑，这种焦虑源自内心深处对殖民主义卷土重来的警惕，并将最终导致各种宗教的、民族的、极端的思潮泛滥，使本地区重新陷入动荡。

事实上，标准阿拉伯语的推广和普及自从20世纪五六十年代广大阿拉伯国家取得独立以来就一直在持续推进，历经半个多世纪，虽然期间也有很多波折，甚至反复，但是总体来看，作为对阿拉伯地区遭受的百年殖民压迫的反作用浪潮，从趋势上来看是不可逆转的。虽然由于殖民统治造成阿拉伯各国政治、经济和语言文化方面存在巨大差异，推进“阿拉伯化”的力度和决心也有差别，但是“去殖民化”的大方向还是一致的。阿拉伯语教育作为“阿拉伯化”运动的核心要义和关键领域，始终面临来自两个方向的压力和博弈，一是当地的方言在日常生活中的压倒性应用，二是英法等外语在高等教育和工商外贸等领域的强势地位。这种结构性的难题倒逼着阿拉伯语教育改革，唯有做好自身，做强自己，才是应对各种挑战的办法。

基于多年的调查和研究，在这篇报告出台后不久，阿拉伯教科文组织在2019—2020年工作计划中将“在全部教育阶段改进阿拉伯语的教学手段和方法、在所有阿拉伯国家基础教育阶段前三年实行统一的教学大纲并提高学生阿拉伯语阅读水平”[①] 作为在教育领域实施的重点工程进行推进。这项工程的目标是发展基础教育阶段阿拉伯语课程教师的能力，丰富他们的业务知识。这项活动预期成绩是，提升阿拉伯语课程开发人员使用现代技术领域中的能力，重新制定课程以适合网络时代的需求，为现代阿拉伯语课程的更新带来益处。目前该工程正在稳步推进。

展望未来，标准阿拉伯语的普及和推广面临着诸多困难，要想持续推进，改革标准阿拉伯语教育是一个根本解决之道，而这正是阿拉伯教科文组织提出的应对之策。

（孔令涛）

① 信息来源：阿拉伯教科文组织官网（http://www.alecso.org）。

第五部分

语　词　篇

韩国年度网络热词与新词（2019—2020）

韩国知名财经网站“首尔经济”[①]于每年12月发布年度网络十大热词，雇佣劳动部[②]会不定期发布年度网络十大新词[③]，本文是根据上述两个网站的报告整理而成。

一 2019年

（一）年度网络最热词语

2019年排名前十位的网络最热词语如下（按热词榜排名顺序）：

（1）꾸안꾸（自然美）：出自韩国综艺节目《惊人的星期六》，用来形容自然美。比起精心打扮的华丽风格，看似没有打扮的自然、简约风格更受现代人的青睐。在韩国，随着追求自然妆容的消费者数量增加，素颜霜、素唇妆等也开始流行起来。

（2）스라밸（学习生活两不误）：英语 Study and Life Balance 的音译词。对学生来说，保持学习和休息的平衡非常重要。目前韩国教育界正在努力增加学生的休息时间和休息场所。

（3）얼죽아（冻死也喝冰咖）：即使天气寒冷，也要喝冰咖啡，不喝热的。这是现代韩国年轻人的咖啡偏好。

（4）자만추（随缘相遇）：追求自然而然的相遇相爱。如今很多韩国年轻人都希望在日常生活中自然而然地与自己喜欢的人相遇、相识、相爱，而不是通过相亲等意图

---

① 信息来源：韩国“首尔经济”官网（https://www.sedaily.com）。

② 信息来源：韩国“雇佣劳动部”官网（http://www.moel.go.kr）。

③ “首尔经济”的网络热词一般由韩国的综合大学进行问卷调查后对词语进行排序，或者根据韩国社交媒体（kaokaotalk、脸书、blog等）上使用频率较高的词语整理而得。“雇佣劳动部”的网络新词一般是通过对各大企业职工的问卷调查、社交软件的网络回帖、韩国娱乐节目及社交媒体上爆红的新词整理而得。

性明显的活动结成姻缘。

（5）졌잘싸（虽败犹荣）：虽然败给了对方，但过程却很精彩，输得漂亮。该词多用于形容虽然失利，但过程精彩、堪称经典的比赛。网友们也常用这个词语表示“比赛所展示的精神胜利和斗志”。

（6）제곧내（题目即内容）：为了减少浏览文章的时间，现在许多网络文章的标题都已涵盖文章主要内容，读者只需浏览标题就可知道文章大意。

（7）닉값（昵称值）：意思是“昵称很值钱”。如果某人发表的网络言论与自己的昵称相符合，就是名实相符，可以使用“닉값”。如果不符合，就使用“닉값 못한다”，意思是“昵称不值钱”。

（8）뽀시래기（萌萌哒）：源自全罗道方言，最初主要形容小巧可爱的事物，现在也用来形容年龄小又可爱的人。这个表达的发音听起来很甜，给人可爱的印象。

（9）탕진잼（挥霍的乐趣）：该词当年被《国语辞典》收录为新词，意思是“体验小小的挥霍带来的乐趣”。由于近年来经济不景气，收入不高的年轻一代喜欢用较少的开销获取最大限度的满足，以此作为一种解压方式。通过些许消费获得的微小幸福能够让人感觉到自己的生活变得更加美好。因此，韩国的千元店近年来非常受大众欢迎。

（10）내또출（明天还上班）：明天又要上班了。这是上班族们普遍使用的流行语，表达了他们心中的问题：“什么时候才能休息呢？”韩国的加班文化、连轴转式的工作模式，让上班族们疲惫且无奈。

（二）年度新词语

2019 年排名前十位的年度新词如下：

（1）만반잘부（见到你很高兴，请多多关照）：多用于网络聊天，与对方打招呼时使用。

（2）아바라（冰香草拿铁）：是法语 ice vanilla latte 缩略形式的音译，也用来代指当下十分流行的甜类饮品。韩国街头有很多饮品店，这个词语反映了当下韩国人希望生活能够像甜品一样甜蜜的心情。

（3）오놀아놈（哦！是会玩的家伙吗）：在韩国，转校或升入新年级认识新的同学和朋友时，经常使用这个词语，用来互相问候、拉近彼此的关系。

（4）홀로가（我的家）：表示“属于自己的个性化居住空间”。这是一个合成词，“홀로”是“혼자”（独自）和 YOLO（You Only Live Once，“只活一次”）音译

词的合成词，“가”（ga）是汉字词“家”。随着享受单身生活的单身一族人数增加，这个词语也逐渐流行起来。意为只需根据自己的喜好来装修房间，可以把家装扮成咖啡屋、书店、网吧等样式，不用在意其他人的眼光。

（5）워커밸（平衡店员和顾客）：意思是“店员要亲切对待顾客，顾客也应该遵守对店员的基本礼仪”。这个表达是在“顾客为王”“顾客至上主义”的口号下提出的。在韩国，因为消费者的刁难，许多店员饱受身体和精神痛苦。为了改变这一不良消费风气，向来强调“亲切待客”的许多韩国企业，相继出台措施用以保护本公司职员的利益。

（6）복세편살（复杂世界里舒适生活）：意思是“在繁忙的生活中，不要想得过多，不要有太大压力”，就像这个词语的字面意思一样，悠闲地生活。

（7）에어노마드족（寻找优质空气一族）：这是英语 air（空气）和拉丁语词 nomad（游牧民）的合成词，这一新词的出现反映了目前大气污染的严重程度。随着雾霾加重引起的呼吸系统疾病、心肌梗死、脑中风、忧郁症等患者数量越来越多，Air Nomad 一族移居到 PM（细颗粒物）指数更低的郊外地区或空气质量优良的国外。根据最近全球大气污染调查机构 AirVisual 发表的《2019 世界空气质量报告书》，在全世界细颗粒物污染度最高的 100 个城市中，首尔排第 44 位。最近在韩国流行这样一句话：“再这样下去，空气也要买来吸。”

（8）삼귀다（暧昧）：指两人在正式恋爱前的暧昧状态。该词是将“사귀다”（交往）中的“사”（sa）改为“삼”（sam）。“삼”对应的数字是 3，“사”对应的数字是 4，把“사”改为“삼”，意思是还没到达“4”的程度，处于“还未成为正式恋人”的状态。

（9）별다줄（随意缩略）：表示“因为过度使用缩略语而产生的不悦感”。现在韩国社会存在过度使用缩略语的现象，食品名、餐饮行业甚至公共机构名称中都出现了大量缩略语。缩略语可以更便捷地表达，但如果过度缩略，反而会影响正常沟通和交流。

（10）믿거페（自动过滤）：原意是“不要相信脸书上的信息”。当今社会中，大量的夸张广告是导致这一现象的主要原因之一。脸书上的虚假广告越来越多，导致读者被骗事件屡屡发生。人们也渐渐地厌倦了追究信息的真伪，干脆不再相信脸书上的内容了。

二 2020年

（一）年度网络最热词语

2020年排名前十位的网络最热词语如下（按热词榜排名的顺序）：

（1）쌉파서블（一切皆有可能）：这是“쌉”和英语 possible 音译词的合成词，这是千禧一代表达自己的心情时经常使用的词汇。“쌉”作为前缀，通常在表示强调时使用。

（2）이생망（今生砸了）：20多岁年轻人的常用词，有点自嘲的意味。它作为表达对社会极端不满的词语，不仅反映了当下的韩国社会面貌，也表达了年轻人对这个时代的绝望。许多韩国年轻人由于社会压力大，放弃了生育和恋爱，被称为“二抛一代”。有些人放弃了生育、恋爱、就业，被称为“三抛一代”，还有些人甚至也放弃了人际关系，被称为“四抛一代”。

（3）코로나 블루（新冠肺炎忧郁症）：Covid-19 和“우울감”（忧郁症）的合成词。新冠肺炎疫情导致人们的日常生活发生了巨大变化，因为对新冠肺炎的担忧以及疫情导致的社会距离拉大，人们的日常生活受到很多限制。面临这种突如其来的灾难，很多人都会产生抑郁不安、恐惧等负面情绪。

（4）집콕족（宅家一族）：2020年新冠肺炎疫情暴发后，韩国要求民众减少外出、保持社交距离，人们外出和聚集的情况急剧减少。为避免和他人接触，大部分人选择长时间待在家里，成为宅家一族。

（5）상상코로나（新冠肺炎臆想症）：用来形容新冠肺炎疫情引起的心理不安感。疫情期间，即使只是一般的头疼、咳嗽，大家都会怀疑自己是否感染了新冠病毒，这种不安感和紧张感使人神经紧绷。大家随身携带体温计测量自己是否发热，考虑是否需要进行核酸检测，精神压力非常大。

（6）코로나케이션（新冠肺炎假期）：Covid-19 和英语 Vacation 音译词的合成词。2020年初，随着新冠肺炎疫情的持续，韩国第一次出现了延期开学的情况，同时因为疫情的持续导致开学一延再延。

（7）재택경제（宅家经济）：代指在家办公、在家上课、在家消费等。随着新冠肺炎的蔓延和扩散，人们宅家的时间越来越长，宅家经济的规模也越来越大，外卖、游戏、新媒体等产业在此期间迅速发展。

（8）확찐자（疫情胖）：疫情期间，人们减少外出只在家里活动，导致体重增加。

类似的词汇还有“코로나 비만”（Covid-19 肥胖）。

（9）돌밥돌밥（做饭做饭）：疫情期间，丈夫在家工作，孩子们在家上网课，家庭主妇每天都要为准备一日三餐而劳心劳力。这个词语描述了疫情期间妈妈们每天买菜做饭、按点做饭的劳累状态。

（10）언택트（非接触）：uncontact 的音译词，源自英文 contact，在它前面加上否定前缀 un-，变为 uncontact。用来形容新冠肺炎疫情暴发后，大家减少外出、在家办公、自觉保持社交距离的现象。

（二）年度新词语

2020 年十大年度新词如下：

（1）어퍼웨어（只用整理上衣）：英语 Upperwear 的音译词，意思是“在家参加视频会议的公司职员只要整理上衣即可”。疫情期间人们都在家中办公，参加视频会议只能看到上半身，因此大家只需精心整理上衣即可。

（2）금스크（金口罩）：像黄金一样珍贵的口罩。2020 年疫情初期，口罩紧缺并且价格也较贵，人们每天都要去药店询问什么时候可以买到口罩。口罩一到货，药店门口就会排长队。原本 200 韩币左右的一个口罩，疫情期间出价三四千韩币也买不到，可见当时口罩的稀缺。

（3）코로노미 쇼크（新冠肺炎经济冲击）：这个词语的前半部分是Covid-19和英语economy的合成词，“쇼크”是英语shock的音译词。随着新冠肺炎疫情的持续，全世界很多企业的销售额急剧减少，失业率居高不下。由于经济危机的持续，低收入阶层的生活难上加难。

（4）코비디어트（新冠肺炎傻瓜）：Covid-19 和英语“idiot（傻瓜）”的合成词，指的是“疫情期间不进行自我隔离、不戴口罩，给他人造成危险的人”。该词语是对没有公德心和社会责任感人群的斥责。

（5）코비디보스（新冠肺炎离婚）：Covid-19 和英语 divorce（离婚）的合成词。疫情期间，人们在家办公时间持续延长，导致夫妻之间矛盾增多，离婚率上升。

（6）집관（在家看比赛）：疫情期间，许多体育赛事现场都没有观众，体育迷们只能在家中观看比赛。该表达源于“직관”（直观）一词，指体育迷们在赛场亲自观看比赛。“집관”将“직관”一词中的“직”（直接、亲自）改为了“집”（家）。

（7）산스장（山上健身房）：“산”（山）和“헬스장”（健身房）的合成词。疫情期间，由于要保持社交距离，人们无法使用公共室内体育设施，选择上山

运动的人逐渐增多，山上的运动器械受到许多健身爱好者的青睐。

（8）이시국여행（这种情况还去旅行）：主要用于批评“疫情期间，不顾大局执意旅游出行的人”，也用来批评“被确诊为新冠肺炎感染病例，却不接受隔离四处游荡的人”。

（9）갑통알（该赚钱了）：看了一眼存折，发现该赚钱了。该词用来形容大手大脚花完钱后，发现存折余额太少，需要赚钱时的心情。这也是现代许多韩国年轻人的普遍状况。

（10）아시타비（我是他非[①]）：“我是对的，别人都是错的”，用来讽刺韩国社会反复出现的双重标准现象。在韩国，把错误归咎于他人，互相指责、推卸责任的内耗竞争十分常见。

（尹　悦、景　莹）

① 保持了韩语汉字词的译法。

日本年度热词与年度汉字（2019—2020）

日本有两个最知名的年度词语评选活动：一个是由自由国民出版社与U-CAN教育集团共同举办的“新词、流行词大奖”，另一个是日本汉字能力检定协会举办的“年度汉字”评选。前者创办于1984年，每年从该年度新产生的词语中评选出最能代表当年世态人情且广为使用的热词。后者始于1995年，每年向全日本公开征集最能代表该年形象的汉字，从中选出得票最高者。这两个活动已成为日本每年年底最受关注的语言文字活动。

一 2019年

“ONE TEAM”获得新词、流行词年度大奖，“令”被评为年度汉字，该年度“新词、流行词大奖”和“年度汉字”前十名如下。

（一）年度新词、流行词

（1）ONE TEAM（团结一致）：这是日本橄榄球队主教练杰米·约瑟夫提出的口号。在2019年橄榄球世界杯比赛中，包含来自7个国家的15名外籍选手在内的日本橄榄球队斩获四连胜，首次进入决赛。近年来，世界多地出现排外倾向；但同时，由于老龄化问题日益严重，日本不得不扩大引进外国劳动力。在此背景下，该词引起日本社会广泛关注，最终获新词、流行词年度大奖。

（2）計画運休（计划停运）：当台风靠近且达到一定级别时，铁道部门可根据规定停止运行。2019年，日本接连遭遇强烈台风，其中15号台风和19号台风都带来强降雨，在多地引发河流泛滥、泥石流等灾害。气象厅号召社会各界及早采取避难措施，各铁路公司纷纷实施了计划停运。尽管如此，台风还是给日本带来了巨大损失。例如，19号台风来临时，尽管铁路公司已实施计划停运，北陆新干线列车停放中心仍遭淹没，由此产生的损失高达150亿日元。

（3）軽減税率（轻减税率）：2019年10月起，日本正式将消费税率提高至

10%。作为过渡性措施，部分与民生密切相关的生活必需品暂时仍维持原先的8%税率。由于分类体系过于复杂，范围界定模棱两可，消费者在购物时有些不知所措，两种税率并存也加重了收银员的工作负担。此外，日本政府迟迟不公布临时轻减税率到底持续到什么时候，使国民感到不安。

（4）スマイリングシンデレラ（微笑的灰姑娘）：2019年8月，年仅21岁的高尔夫球手涉野日向子获得英国高尔夫公开赛冠军，这是日本人时隔42年再次问鼎该项赛事。因行事低调，同时又始终保持微笑，涉野日向子被英国BBC电视台称为“微笑的灰姑娘”。该词在日本迅速走红。

（5）タピる（喝珍珠奶茶）：“タピ”指珍珠奶茶中的珍珠（“タピオカ”）。2019年，日本迎来了珍珠奶茶热潮，珍珠奶茶消费量是前一年的约4倍。人们将珍珠“タピ”动词化，形成了动词“タピる”，意为“喝珍珠奶茶”。

（6）# Ku Too（我也苦）：2017年，好莱坞知名电影制作人哈维·温斯坦性侵丑闻曝光后，不少受害女性在社交媒体上发起了勇敢说出自己遭遇的“#Me Too”运动，引发全球对性骚扰与性侵事件的关注。“# Ku Too”模仿自“# Me Too”，发音与日语“鞋子”和“痛苦”近似。日本女性发起“# Ku Too”运动，旨在抵制日本企业要求女性必须穿高跟鞋或浅口女鞋的规定，呼吁在工作中实现男女平等。

（7）○○ペイ（××支付）：近年来，日本开始积极推广无现金支付，尤其在日本政府对使用无现金支付实行积分返还政策之后，无现金支付进一步普及，多家公司纷纷推出了各自的无现金支付服务。

（8）免許返納（返还驾照）：随着社会老龄化程度日益加深，日本老年人引发交通事故的现象增加。2019年4月，87岁的某原政府官员在驾驶过程中误踩油门，致使2人死亡、10人受伤。事件发生后，全国65岁以上老年人向交管部门返还驾照的申请急剧增加。

（9）闇営業（接私活）：指艺人不经过所属经纪公司私自参与演出，将出场费纳入自己囊中。2019年，知名经纪公司吉本兴业的多名艺人被曝曾私自参加某诈骗集团的年底聚会。后来，该经纪公司又被曝出大量艺人缺乏协议保障以及收入过低，这也引发人们对艺人接私活的思考。

（10）令和（令和）：2019年4月1日，日本政府公布新年号“令和”。“令和”取自日本首部和歌集《万叶集》。日本此次打破往年借用中国典故命名年号的惯例，首次从日本传统典籍中取材。

（二）年度汉字

（1）令（令）：2019 年，日本新天皇即位，改元为“令和”。该年号出自日本和歌集《万叶集》，是首个选自日本古典作品的年号，体现出当代日本对本国传统文化的重新认识。同时，“令”有美好、和谐之意，表达了民众对新时代的期待。

（2）新（新）：2019 年，日本启用新年号，进入新的时代。东京奥运会主会场新国立竞技场建设稳步推进，涉野日向子等运动员在世界级比赛中创造新纪录，无现金支付带来支付新变化，多个领域实施新制度，显示出新时代的到来。

（3）和（和）：2019 年，日本新年号被确定为“令和”。在该年举行的橄榄球世界杯中，由多国籍选手组成的日本代表队齐心合力，首次进入决赛，也让人再次认识到和睦共处的重要性。

（4）変（变）：2019 年，日本社会经历了诸多变迁：年号变更，消费税率发生变化，台风、暴雨频发，天气变化无常，东京奥运会马拉松赛道由东京变更至北海道等。

（5）災（灾）：2019 年，日本发生多起天灾人祸。一方面是台风、暴雨频频袭来，位于冲绳县的古琉球王国遗址首里城突发大火，历史文物遭到严重破坏；另一方面，政界丑闻、交通事故等人祸也接连发生。

（6）嵐（岚）：2019 年，日本著名偶像团体“岚”突然宣布将自 2020 年 12 月 31 日起无限期停止活动，引发民众唏嘘。同时，频频袭来的台风以及最终落地的消费税增税，也让人感到风波不止。

（7）水（水）：新天皇以“水”为研究对象，新天皇即位典礼使用的奉祝曲是菅野洋子作曲、偶像团体“岚”演唱的“水光”。另一方面，该年度由于台风引发的洪水、断水等水害不断，也让人再次认识到水的威力与宝贵。

（8）風（风）：2019 年，日本改元后吹来令和新风，同年，强烈台风在日本列岛肆虐。日本橄榄球队闯入世界杯决赛，涉野日向子在高尔夫英国公开赛中夺冠，体育界迎来阵阵新风。另一方面，消费税率提高后，国民生活将迎来逆风，令人忧虑。

（9）天（天）：2019 年，日本新天皇即位，新海诚导演的电影《天气之子》引发热议，天才吉野彰获得诺贝尔化学奖，小行星探测器“隼鸟 2 号”登陆小行星“龙宫”，人类拍摄首张黑洞照片等，与天相关的话题不断。另一方面，该年度依然台风、暴雨等天灾不断。

（10）税（税）：2019 年 10 月起，日本消费税率正式从 8% 提高至 10%，直接影响国民生活。另一方面，某知名经纪公司艺人集体逃税，时任首相安倍晋三涉嫌在使用国民税金举办的赏樱会中徇私舞弊。

二 2020 年

“3 密”获得新词、流行词年度大奖，“密”被评为年度汉字，该年度“新词、流行词大奖”和“年度汉字”前十名如下。

（一）年度新词、流行语

（1）3 密（3 密）：2020 年春，新冠肺炎疫情在日本扩散后，为避免集体感染，厚生劳动省呼吁国民在生活中要避免“3 密”：避免前往密封空间，避免人员密集，避免亲密接触。该口号经东京都知事小池百合子使用后迅速蹿红，引发广泛关注，获评新词、流行词年度大奖。

（2）愛の不時着（爱的迫降）：新冠肺炎疫情在日本扩散后，人们居家时间变长，在线视频节目需求激增。在此背景下，韩剧《爱的迫降》播出后大受欢迎。该剧由玄彬、孙艺珍主演，描写了因飞行滑翔伞遭遇意外迫降到朝鲜境内的韩国财阀大小姐与朝鲜军人之间的爱情故事。剧中男女主人公跨越国家界限、彼此尊重的爱情令人感动。

（3）あつ森（动森）：《集合啦！动物森友会》是任天堂公司开发的一款卡通风格经营策略游戏，玩家在游戏中可以操控角色建造一座无人岛，将其变成一个拥有特色的小镇。该游戏发售于 2020 年 3 月，正值疫情在全世界不断蔓延。在此背景下，该游戏大获成功。

（4）アベノマスク（安倍口罩）：随着新冠肺炎疫情不断扩散，2020 年 2 月开始，日本国内口罩供货出现不足。为解决这一困难，安倍政府决定给全国每户家庭配发两只纱布口罩。然而，在实施过程中，不断有人反映“怎么也收不到”“尺寸太小”等问题，该口罩也因此被人戏称为“安倍口罩”。

（5）アマビエ（尼彦）：“尼彦”是日本江户时期传说中的妖怪，据说可以通过描画她的形象防止瘟疫流行。新冠肺炎疫情暴发后，人们描画、收集了形

形色色的“尼彦”图像，市场上还出现了大量的衍生商品，该形象还获得了厚生劳动省的认可。

（6）オンライン○○（在线 ××）：随着新冠肺炎疫情不断扩散，人们越来越难在线下聚集。与此相对，各类活动纷纷转为在线举行，如在线医疗、在线求职、在线会议、在线课程等层出不穷，甚至还有在线聚餐。菅义伟内阁成立后，为应对信息技术的高速发展，计划于 2021 年 9 月正式设立数字厅。

（7）鬼滅の刃（鬼灭之刃）：《鬼灭之刃》是根据吾峠呼世晴的同名漫画制作的动画作品，描写了卖炭少年炭治郎为保护妹妹祢豆子以及为家人复仇而与恶鬼不断战斗的故事。这一作品获得了广泛关注，漫画单行本已突破一亿册，剧场版电影票房迅速突破 200 亿日元，超越宫崎骏的《千与千寻》成为日本影史上票房最高的动画电影。该作品广受欢迎，甚至首相菅义伟在国会答辩中也借用了该剧中的台词。

（8）GoToキャンペーン（GoTo 运动）：为挽救因为新冠肺炎疫情而陷入困境的观光、餐饮、零售等行业，安倍内阁推出了通过政府补贴刺激居民消费的“GoTo 运动”。该政策在一定程度上刺激了居民消费，但同时也出现了个别商家设置陷阱欺骗顾客、套取政府补贴等现象。另一方面，该政策的推行也在一定程度上造成了新冠肺炎疫情在东京、大阪等地再度暴发，最终被紧急全面叫停。

（9）ソロキャンプ（独自露营）：近年来，作为一种暂时脱离喧嚣社会的休闲方式，露营开始受到不少日本人的青睐。在新冠肺炎疫情暴发后，出门旅行受到限制，而与“3 密”无关的露营不在受限之列。于是，露营更加受到人们的青睐，其中，独自一人外出露营、独自享受自然与宁静的“独自露营”更是引人关注。

（10）フワちゃん（福娃酱）：福娃酱是日本搞笑艺人、优兔播客，以其独特的穿着打扮以及率真直接的语言在 2020 年爆红。

（二）年度汉字

（1）密（密）：2020 年，新冠肺炎疫情席卷全球，为防止疫情扩大，日本厚生劳动省呼吁国民避免“3 密”——避免前往密封空间，避免人员密集，避免亲密接触，以防止疫情扩大。

（2）禍（祸）：因为“（新）冠祸”一词在疫情中被广泛使用，使得“祸”字广为人知。同年，熊本县发生暴雨灾害、筹备已久的东京奥运会最终被迫延期等灾祸不断发生。

（3）病（病）：2020年，新冠肺炎肆虐全球，同时因疫情而患心理疾病的人也在增加。面对疫情，医院[①]工作人员的敬业表现也令人敬佩。此外，前首相安倍晋三因旧病复发而突然辞去职务。

（4）新（新）：新冠肺炎、新生活方式、新工作方式、新首相诞生等新闻新事不断。同年，电影《鬼灭之刃》票房迅速突破百亿日元，打破《千与千寻》的记录，藤井聪太成为日本象棋史上最年轻双冠王，新纪录接连诞生。

（5）変（变）：由于新冠肺炎疫情，日本人面临的生活、工作、经济和医疗等环境发生了巨大变化。同时，东京奥运会会期变更、日美两国政府首脑更迭等，国内外各种变化此起彼伏。

（6）家（家）：2020年，由于新冠肺炎疫情，人们无法外出，在家时间普遍变长，与家人相处时间也因此增多。新冠肺炎疫情的暴发使人们再次重视起家人和家庭的意义。

（7）滅（灭）：由于新冠病毒，人们纷纷忙于灭菌，期待扑灭新冠病毒。此外，2020年，现象级动漫作品《鬼灭之刃》在日本爆红。

（8）菌（菌）：因为新冠肺炎疫情暴发，除菌、杀菌、灭菌等成为人们日常生活中不可或缺的环节。同时，原定于2020年举行的东京奥运会和残奥会被迫延期，于是有人开玩笑说"'金'牌成了'菌'牌"。

（9）鬼（鬼）：2020年，新冠肺炎疫情肆虐日本。传染病在古代日本曾被称为"鬼"，而以保护家人、杀灭恶鬼为主题的动漫作品《鬼灭之刃》播出后大获成功。另一方面，由于新冠肺炎疫情，人类内心深处潜藏着的"鬼"也暴露出来。

（10）疫（疫）：2020年，新冠肺炎这一疫病引起世人普遍担心，关于是否感染病毒的检疫也为人熟知，人们普遍更加重视提高身体免疫力。同年，在新冠肺炎疫情暴发的背景下，本不为人熟知的江户时期据说可以驱除瘟疫的妖怪"尼彦"也再度走红。

（陈林俊）

① 日语汉字写作"病院"。

奥地利年度词语（2019—2020）

奥地利德语协会下属的学术性组织奥地利德语研究中心负责观察、记录德语在该国的使用及发展情况，并对外宣传、推广奥地利德语。该组织于2019年迎来奥地利年度词语评选的20周年纪念。年度词语评选最初由奥地利语言学家鲁道夫·穆尔教授倡议发起，他在庆祝评选活动举办20周年的新闻发布稿中指出，奥地利年度词语评选已经成为反映奥地利社会事件及公众生活的重要参考，入围以及当选的年度语词表达均生动地回顾了当年本国民众所关心的种种话题与各类社会现象。奥地利每年评选出五类年度词语，包括年度热门词、年度不当词、年度青少年用语、年度热门语句及年度不当语句，最终评选结果由奥地利通讯社公布。[①]

一　2019年

2019年5月，奥地利政坛爆发的“伊维萨岛丑闻”（IBIZA）引起轩然大波，奥地利德语研究中心特意将当年的网络初评阶段从常规的9月提前至5月份开始。为此奥地利公众的反响亦十分热烈，短时间内便收到4900份年度语词提名。奥地利德语研究中心本年度最终收到的语词提名共计36 000份。而IBIZA一词也当选奥地利年度热门词第一位。2019年，奥地利年度热词和热门语句主要与当年政坛爆发的“伊维萨岛丑闻”事件有关，由此可见民众对本国政治事件的密切关注以及对官员违规行为的强烈不满。

（一）年度热词

（1）IBIZA（伊维萨岛丑闻）：这个单词在当年公众投票阶段以绝对优势占据榜首。2019年5月，德国《明镜》周刊和《南德意志报》同时公布了一段拍

① 信息来源：奥地利德语研究中心官网（http://www.oedeutsch.at）。

摄于西班牙度假胜地伊维萨岛的视频。视频的主要人物是时任奥地利政府副总理的海因茨–克里斯蒂安·施特拉赫与自由党执事会成员的约翰·古登努斯，两人与一个自称某俄罗斯寡头亲属的年轻女郎密谋超过六小时。这一政治丑闻堪称奥地利版的通俄门事件，直接导致奥地利副总理辞职、执政联盟破裂、国家被迫提前举行大选等一系列政治动荡事件的发生。评审团在通讯稿中指出，由于政治事件，一个中性的地理名词在奥地利公众生活中被赋予了特殊含义。

（2）Teigtascherlrazzia（非法饺子大搜捕）：Teigtascherl（小饺子）是奥地利德语特有的表达，① 与 Razzia（大搜捕）构成奇妙的大小对比关系，颇有讽刺意味。这一表述特指 2019 年 7—10 月期间在维也纳开展的一系列搜捕行动，查封了多家非法制作饺子的作坊，其数量之庞大令民众哗然。

（3）Strachmatt（施特拉赫败局）：属于混成词，由“伊维萨岛丑闻”事件主角海因茨–克里斯蒂安·施特拉赫的姓“Strache”，与下棋术语“将死”（Schachmatt）结合而成，流行于各大媒体，预示了施特拉赫政治生涯的终结。

（二）年度不当词

（1）Bsoffene Gschicht（酒后的糊涂事）：2019 年年度不当词的第一位同样与“伊维萨岛丑闻”事件有关。这一表述的原意是指人们在喝醉酒后做出的种种糊涂事，属于典型的奥地利口语。当权政客密会俄国富商爆发丑闻，各大媒体在相关报道中纷纷使用了这一表达，充分体现了奥地利公众对此类官商勾结行为的极度震惊与强烈不满。

（2）Einzelfälle（个别现象）：奥地利自由党成员经常使用这个概念，用于评论右翼极端主义事件的发生。其当选年度不当词的原因在于，这一采用委婉手段的表述是对极端事件的淡化。然而，恰恰因为个别现象的多次发生令这个词汇频繁地出现在公众视野中，反而充满了政治讽刺意味。

（3）Zöpferldiktatur（辫子独裁）：该词是时任奥地利自由党党魁的诺贝特·霍费尔对来自瑞典的环保活跃者、人称“气候少女”的瑞典姑娘格蕾塔·桑伯格的评价。诺贝特·霍费尔公开指责格蕾塔·桑柏格的环保倡议属于过激行径，并称其为“气候谎言”的代表。

① -scherl 作为名词的后缀是奥地利德语特有的“小称”现象。小称后缀的作用类似于汉语的“小”和“点”，常常起到缓和语气、表达亲切感和好感的作用。

（三）年度青少年用语

（1）Brexiten（脱欧般的欲走还留）：这是由近几年流行概念 Brexit 衍生出来的德语动词化形式，源于英国脱欧的冗长过程。这一动词逐渐在奥地利青少年群体中流行起来，其使用已经跟英国脱欧没有太大关联，而是用来形容某个人做事拖泥带水，不够干脆。事实上 Brexit 一词近年来一直是多国年度词汇的热门选项，早在 2016 年就已经当选德国年度热词第二位。

（2）Ehrenmann / -frau（绅士 / 淑女）：奥地利青少年近期流行使用这一表述，以感谢身边的好友所提供的帮助。这个原本文雅程度较高的词汇，在青少年的使用过程中显得略带戏谑。

（3）Random（行吧）：被奥地利青少年作为语气助词使用，表示某事可有可无或者一种无所谓的态度。

（四）年度热门语句

Nur Mut und etwas Zuversicht, wir kriegen das schon hin.（只要有信心勇气，我们总能应对。）：语出奥地利总统亚历山大・范德贝伦。他在“伊维萨岛丑闻”爆发后，于 2019 年 5 月 21 日发表的讲话内容。事件发生后，总统及时发表了坚定而又鼓舞人心的讲话，以平息这场政坛混乱。

（五）年度不当语句

（1）Zack, zack, zack（唰唰唰）：这个句子在德语口语中指某人做事利索，或某事进展迅速，有时也被用于对他人的催促。“伊维萨岛丑闻”事件主人翁海因茨–克里斯蒂安・施特拉赫在流出视频中曾经使用了这个句子。视频中，施特拉赫使用这一表达形容其做事风格，他打算在俄国寡头富商接管了奥地利《皇冠报》后迅速赶走那些他不喜欢的记者。随着秘密视频流出，这个句子突然成了奥地利街头巷尾脍炙人口的流行语，同时还新增了一层负面含义。为此，评审团将这个原本在公众投票阶段排名第二的句子，最终列为年度不当语句的首位。

（2）Ich glaube, dass das Recht der Politik zu folgen hat, und nicht die Politik dem Recht.（我相信，是法律遵循政治，而非政治遵循法律。）：这个句子是奥地利前任内政部部长赫伯特・基克尔的名言。属于奥地利极右翼自由党的基克尔以此解释了他本人对政治的理解，他认为司法机构应该从属于政治。评审团认为这样的言论破坏了民主社会的秩序，是政治独裁的表现。

二 2020年

2020年的年度热词和热门语句基本都与新冠肺炎疫情有关，可见其对民众生活的影响之深。

（一）年度热门词

（1）BABYELEFANT（象崽距离）：由于新冠肺炎疫情暴发，奥地利政府规定国民必须保持一定的社交距离。在政府的官方抗疫宣传片中，拍摄者以大象幼崽的动画形象作为参照比例，阐释了社交距离的适当长度。参与投票的奥地利公众认为，这一表达缓解了公众对社交距离规定的抵触。

（2）Corona（新冠病毒）：这一词汇充斥于2020年的各个方面，在本年度意味着威胁、限制以及改变。新冠病毒的出现彻底改变了公共及私人领域的一切生活方式。

（3）verblümeln（粉饰）：时任奥地利财政部部长的格诺特·布吕梅尔在参加“伊维萨岛丑闻”的调查会中，多达86次强调了自己无法记起事件经过，同时声称他并没有在工作中使用过笔记本电脑。该政客的荒诞话语引发公众强烈不满，故而有人在其姓氏Blümel前加上前缀“ver-”使之动词化，意为粉饰、算错账。

（二）年度不当词

（1）CORONAPARTY（新冠派对）：尽管奥地利政府颁发了聚集禁令，仍有不少公众无视规定。这一表述在新闻报道中明显带有贬义色彩，以谴责违反禁令者将他人的健康置之不顾。评审团认为，尽管媒体使用这个词汇表示对违反禁令者的不满，同时也淡化了问题的危险性和严重程度。

（2）Social distancing（保持社交距离）：这一表述是对英语的滥用。为了防止病毒传播人们需要在空间上保持一定的距离，而social（社交）一词则或多或少强调了人与人之间的接触，容易给人带来误解。

（3）coronabedingt（受新冠影响的）：德语后缀-bedingt指“受……决定或影响的”，如今许多人以新冠病毒为由使用coronabedingt这一表述，作为推脱责任的借口。这个单词同时也是公共领域在采取防疫措施时的高频表述。以至

于许多人看到这个词汇就心生反感，在2020年度不当词评选中位列第三。

（三）年度青少年用语

（1）BOOMER（婴儿潮一代）：该词一开始指第二次世界大战结束后至20世纪60年代末爆发的婴儿潮。当下的奥地利青少年总喜欢说“Ok, Bommer”（行了，你们这些婴儿潮出生的人），以此抨击上一代人带来的种种问题，如气候变化、环境破坏、就业机会减少等。

（2）lost（迷茫）：同样是时下年轻人常用的字眼，很好地阐释了他们对自身缺乏正确认知、没有明确目标、不知所措的心理状态。

（四）年度热门语句

（1）SCHLEICH DI, DU OASCHLOCH!（滚吧，你这个混蛋！）：2020年11月2日，维也纳发生恐怖袭击，导致4人死亡25人受伤。一位路人朝着恐怖分子逃离的方向喊出这个句子，这一场景恰好被其他人拍摄下来并将其上传至社交网络。随后这一维也纳方言的表达迅速在网络上走红，同时也被不少媒体引用，以此谴责恐怖主义。

（2）Wir kriegen das schon hin.（我们能够应对。）：这个句子在上一个年度同样被评选为年度热门语句。该句出自奥地利总统亚历山大·范德贝伦之口。总统在今年使用这个句子，是为了安抚公众面对新冠肺炎疫情的恐惧与不安。

（五）年度不当语句

（1）Wir werden auch in Österreich bald die Situation haben, dass jeder irgendjemanden kennt, der an Corona verstorben ist.（每个人都会有熟人因新冠肺炎丧命，这种情况不久也会在奥地利出现。）：奥地利总理库尔兹在2020年3月有关新冠肺炎疫情的一个采访中做出上述评论。这样的表述非但没有确保奥地利公众遵守禁足令，反而增加了众人的不安与恐慌。评审团指出，所幸总理的这番话语并没有成为现实。

（2）Die Behörde haben alles richtig gemacht.（政府部门从未做错。）：尽管奥地利蒂罗尔州感染新冠病毒的人数不断增加，该州卫生部部长伯恩哈德·蒂尔格在接受媒体采访的时候仍不断重复这个句子，不满的公众将其评选为年度不当语句。

（郭　瀚）

德国年度词语（2019—2020）

德国每年举办语言使用方面的评选活动，评选结果反映了德国政治、经济、社会和文化生活中的热点问题。德国3个最知名的评选活动是：德语协会主办的“年度热词”、德国语言批判行动委员会主办的“年度不当词”和德国语言协会主办的“年度语言掺杂者”评选。

一　年度热词

“年度热词”由德语协会评选，这一活动始于1971年，自1977年起每年举办。由语言学家、协会理事会组成的评审委员会每年从各大媒体及民众提议中选出当年影响显著、讨论热度高的10个词语，并在协会出版的《语言服务》杂志上刊登年度榜单。

（一）2019年度热词

（1）Respektrente（尊严养老金）：该词源于德国计划实施的一项养老金制度，指为工作了35年但养老金水平仍旧处于最低生活标准之下的退休人员提供基本养老金，使其无须申请基本生活保障以维持生计。老年人贫困一直是德国社会政策关注的重要问题。2019年，德国劳动和社会事务部部长胡贝图斯·海尔呼吁引入“尊严养老金”制度，倡议在缓解贫困的同时体现对“人生贡献的认可”。德语协会在评选说明中指出，该词体现了德语无限的构词能力，也创造了政治辩论中的新话语。

（2）Rollerchaos（电动滑板车乱象）：2019年，德国颁布《电动小型运输工具规定》，允许最高时速低于20千米的电动滑板车在自行车道上行驶。随着共享电动滑板车规模增大，使用者不注意交通安全、违反交通规则，以及乱停乱放等现象频频出现，成为德国众多城市的难题。

（3）Fridays for Future（星期五为未来）：自2018年8月起，由瑞典学生格蕾塔·桑伯格发起的、要求政府减少碳排放的抗议活动蔓延至许多国家。这项活动倡议学生周五不上课，后被命名为“星期五为未来”，并逐渐发展为有组织性的气候保护运动。学生们效仿格雷塔·桑伯格，于星期五罢课上街游行，要求政界和经济界领导人关注气候变化的危险并采取相应措施。评审委员会认为，没有哪个词比它更能代表现在的年青一代。

（4）Schaulästige（讨人嫌的看热闹者）：德国西南广播三台的主持人在播报一起交通事故时首次将形容词 schaulustig（爱看热闹的）和 lästig（讨人嫌的）组合为 Schaulästige。该词指在事故现场好事围观而阻碍现场交通、妨碍救援的人，表明在事故现场看热闹并不是“有趣的”，而是“讨人嫌的”。

（5）Donut-Effekt（甜甜圈效应）：甜甜圈效应是一种城市地理现象，指越来越多的房屋被建于城市边缘区域，而人口活动也随之集中在此。久而久之，这种现象将导致城市中心因房屋不足、人口萎缩、缺乏活力等因素而荒芜，整个城市形成类似甜甜圈的空心化结构。该词语早已存在，并于 2019 年获得更多关注，因为越来越多的德国城市出现了类似现象。

（6）brexitmüde（厌倦英国“脱欧”的）：自 2016 年 6 月英国全民公投决定“脱欧”以来，整体进程缓慢。2019 年英国议会下院、英国政府和欧盟间就“脱欧”协议反复拉锯，“脱欧”期限也不断被推迟。由 Brexit（英国“脱欧”）和 müde（厌倦的）组成的形容词 brexitmüde 用来形容德国民众对这一漫长进程所产生的厌倦感。德语协会指出，作为 2019 年榜单中唯一的形容词，它和 2016 年的年度热词 Brexit（英国“脱欧”）、2018 年的 Brexit-Chaos（英国“脱欧”乱局）一起，充分表现了英国漫长的“脱欧”进程给公众带来的紧张不安已持续了好几年。

（7）gegengoogeln（谷歌再检索）：该词由动词 googeln（使用谷歌检索）和前缀 gegen（反对、反方向等）组成，指人们不全盘接受未经验证的网络信息，而是通过谷歌检索查验其真伪。德语协会认为，与虚假信息做斗争的主题在 2019 年变得愈加重要，也使该词具有更重大的意义。

（8）Bienensterben（蜜蜂死亡）：由于单一农作方式和大规模使用农药，越来越多昆虫物种濒临灭绝。2019 年初起，德国巴伐利亚州和巴登符腾堡州民众相继以 Rettet die Bienen（拯救蜜蜂）为口号，希望当地政府立法保护物种多样性，并申请公投。此后，类似的活动也蔓延至全欧洲。

（9）Oligarchennichte（寡头侄女）：2019 年 5 月 17 日，德国《明镜》周

刊和《南德意志报》曝光了一段秘密视频，内容为时任奥地利副总理的海因茨–克里斯蒂安·施特拉赫于2017年大选前疑似“通俄”。视频中副总理在伊维萨岛与一位据说是俄罗斯寡头侄女的女性进行政治利益交换。在视频曝光后，施特拉赫于次日宣布辞职。

（10）Geordnete-Rückkehr-Gesetz（有序返乡法[①]）：2019年6月，德国大联合政府[②]通过了关于难民、工作移民和驱逐移民的相关法律法规。此项法律旨在更有效地督促未获得合法居留身份的在德难民履行离境义务。评审委员会认为，“形容词＋名词＋Gesetz（法律）”的构词形态（例如Gute-Kita-Gesetz，优质托儿所法律）代表了政治领域新的构词潮流，但这种复合构词方式在语法上尚存争议。

（二）2020年度热词

（1）Corona-Pandemie（新冠肺炎病毒大流行）：新冠肺炎病毒自2019年12月被发现以来，很快发展成Pandemie（全球大流行）级别，评审委员会选取该词作为年度词汇，用以记录这一贯穿2020年的主题。德语协会在评选说明中指出，Corona-Pandemie一词一方面指示了新冠肺炎疫情这一被默克尔和许多专家视为二战以来最严重危机的事件，另一方面也暗示了这一事件在语言层面促成了许多相关词汇的诞生，例如，Coronavirus（新冠肺炎病毒）、Coronakrise（新冠肺炎危机）、Corona-Demo（反疫情防控措施游行）、Corona-Hotspot（新冠肺炎高病例数地区）、Corona-Warn-App（新冠肺炎病毒预警手机应用）、coronabedingt（受新冠肺炎疫情限制的）等。

（2）Lockdown（封锁）：也有人称为Shutdown，指政府颁布的、限制社交接触的措施。由于感染人数不断攀升，德国在2020年3月和10月末分别实施了封锁政策，规定餐馆、旅店、商店、大型公共场所必须关闭，学生停止上学，公共生活趋于停摆。尽管德国政府制定了经济援助计划，但德语协会指出，封锁政策所造成的社会后果及对民众精神产生的影响无法被消除。

（3）Verschwörungserzählung（阴谋论）：在2020年世界新冠肺炎疫情和美国大选的背景下，起源于2017年网络上“匿名者Q”行动的阴谋论持续升级，

① 德语全称为Zweites Gesetz zur besseren Durchsetzung der Ausreisepflicht（为更有效贯彻离境义务的第二法律）。

② 指由联盟党（基民盟和基社盟）与社民党组成的执政联盟。

先后提出了“新冠肺炎病毒是一场骗局”“美国总统特朗普是选举舞弊的受害者”等论断。在德国，还出现了类似的极右翼主张，例如“过度异化[①]”。

（4）Black Lives Matter（黑人的命也是命）：2020年5月，非洲裔美国公民乔治·弗洛伊德因警察暴力执法而死亡，源于2013年的黑人反种族歧视运动“Black Lives Matter”再次兴起。在德国，该运动也引起了关于系统性种族歧视问题的公共讨论。

（5）AHA（距离、卫生、口罩）：在新冠肺炎疫情的严峻形势下，德国提倡民众遵守首字母缩写为AHA的防疫规范，即Abstand（距离）、Hygiene（卫生）、Alltagsmaske（日常口罩），以防止病毒传播、减少感染人数。如在室内，该规范还增加了Lüften（通风）要求，缩略词也相应变为AHAL。

（6）systemrelevant（关乎社会系统的）：该词用于描述所经营内容对于保障国家安全、维持社会正常运转具有基础性作用的企业。在新冠肺炎疫情中，部分职业也表现出相似的基础性作用，如医护人员、警察、消防员、清洁工等。在封锁期间，这些职业的从业人员必须坚守岗位、保障其他社会成员的生活。

（7）Triage（分诊）：该词派生于法语词trier（分类、拣选），指在灾难中或某些紧急状况下，依据患者情况排列治疗优先顺序的分诊措施。德语协会指出，该词作为外语派生词入选年度词汇榜单是极少见的，却代表了新冠肺炎疫情中最黑暗的情况之一。疫情下的“分诊”也许意味着，治愈概率较低的患者会被停止治疗。

（8）Geisterspiele（空场比赛）：在新冠肺炎疫情期间，为避免大规模感染，德国诸多体育赛事，尤其是足球比赛，不得不只允许很少观众在体育场馆内观看或完全无观众，这也是疫情流行的直接影响之一。

（9）Gendersternchen（性别星标）：2020年，性别星标被《杜登词典》采纳，体现了语言上对性别平等的追求。添加了星号的词语可以指代男性、女性和其他性别者，从而避免了语言上的性别歧视，如Lehrer*innen（老师）。但德语协会指出，性别星标既不符合德语语法，也无法与正字法保持一致，因此并不建议使用。

（10）Bleiben Sie gesund!（请您保持健康！）：在新冠肺炎疫情中，人们时刻面临威胁，于是这句话成了德国人常用的告别语，借此表达祝福与安慰。而

① “过度异化”指过多外国人在德国生活，影响了德国本民族的生活。

德语协会用该词结束2020年度词语榜单，也含有祝福之意。

二 年度不当词

德国“年度不当词”评选始于1991年，由德国语言批判行动委员会举办，旨在提升社会对语言使用的关注度。该评选以批判性的眼光挑选出各领域中不恰当的、有违人性的词语或表达，尤其是违背人类尊严准则、违背民主原则、歧视社会单一群体、表达模糊或具有迷惑性的句子。

（一）2019年度不当词

当选为2019年度不当词的是Klimahysterie（气候癔症）。星期五为未来（Fridays for Future）运动、欧洲历史性高温天气和联合国气候大会等事件使气候变化与环境保护成为德国2019年的核心政治话题之一，也在社会中引起激烈讨论。“气候癔症”一词被多次使用，尤其受到德国另类选择党[①]的青睐。他们否定人类活动对气候变化产生决定性影响，并将气候保护活动笼统地称为一种集体癔症。评选委员会认为这一用词污名化了气候保护运动，抹黑了关于气候的重要讨论。此外，在气候变化已得到科学证实的情况下，使用该词会对公众造成误导，具有反科学倾向。

入选2019年度不当词榜单的还有：

（1）Umvolkung（民族转化）：这是德国右翼极端人士阴谋论中的一个概念，指在欧洲及澳大利亚、新西兰、美国等国通过难民和其他非白人移民改变当前的国家民族结构。2019年，德国另类选择党主席蒂诺·克鲁帕拉在德国电视二台（ZDF）的访谈中使用这一德国纳粹时期的政治用语，引起了争议。评选委员会认为该词是在为另类选择党的极右政治主张张目，是对移民的歧视。同时，其背后的阴谋论也有将2019年3月新西兰基督城清真寺枪击案[②]作案者动机合理化之嫌。

（2）Ethikmauer（伦理之墙）：2019年8月1日，德国《世界报》刊登了一篇关于日本科学研究的评论文章。该项研究旨在于动物体内培育人类器官以

① Alternative für Deutschland，为德国右翼政党。

② 2019年3月15日，澳大利亚籍男子布伦顿·塔兰特持枪袭击新西兰克莱斯特彻奇市的两座清真寺，造成多人伤亡。塔兰特称自己为法西斯主义者，作案前在网络上发布了极端主义宣言。

用于疾病治疗。文章作者在评论中使用了“伦理之墙”一词，以反驳在伦理道德方面对该研究的批评。提名该词的理由是，它将所有对于伦理基本问题的考虑都打上了阻碍进步的负面标签。

（二）2020 年度不当词

2020 年是“年度不当词”评选活动 30 周年，尽管蔓延全球的新冠肺炎疫情是全年的主题，但评审委员会希望，此次评选能关注其他社会话题中“不当”的语言使用。最终，Rückführungspatenschaften（返乡支持）和 Corona-Diktatur（新冠肺炎–独裁）两词被选出，这是该评选历史上首次出现双词并列位居榜首，也是首次榜单上没有其他入选词汇。

（1）Rückführungspatenschaften（返乡支持）：2020 年 9 月，欧盟议会提出新措施，取消了强制性的难民接收配额，而不愿接收难民的成员国则须为其他成员国提供物质帮助或承担难民的遣返工作，即所谓的“返乡支持”。评审委员会指出，使用 Rückführung（返乡、归国）一词实质是对 Abschiebung（遣返）的美化，与源于基督教中教父母传统的 Patenschaft（自愿承担对他人的照顾责任）一词相结合，暗示人们难民遣返是“积极的人道行为”，极具讽刺性。

（2）Corona-Diktatur（新冠肺炎–独裁）：指部分进行所谓“独立思考者运动”的人及右翼极端理论人士对德国防疫措施的称呼。评审委员会认为，“独裁”的表达被允许出现在抗议政府防疫措施的游行示威中是自相矛盾的，淡化了真正的独裁行为并影响了“对防疫措施的合理怀疑和建设性讨论”。

三　年度语言掺杂者

德国语言协会成立于 1997 年，始终致力于维护德语作为文化语言和科学语言的独立性，旨在在英语占据主流地位的现状下促进德语发展。自成立以后，该协会每年评选“年度语言掺杂者”这一负面奖项，选出该年度在德语使用方面出现不当行为的个人或机构。

（一）2019 年度语言掺杂者

德国汉诺威市前市长斯特凡·朔斯托克以 1542 票当选为 2019 年度语言掺杂者。他此前规定在政府文书中使用“性别平等的语言表达”，即通过使用性别星标、动词分词名词化、去除阳性词尾等方式使词汇中性化，如 Mitarbeiter*innen（职员）、Wählenden（选举人）等，许多语言爱好者认为此举扰乱了德语的语言规则。

位于榜单第二、三位的分别是德国交通部部长安德烈亚斯·朔伊尔和时尚偶像海蒂·克鲁姆。前者因在自己海报中仅使用英文口号、后者因在其制作的电视节目中大量使用 Challenge 等英语词汇而受到语言爱好者的批评。

（二）2020 年度语言掺杂者

德国电视一台的《今日新闻》节目和电视二台的《当日新闻》节目以共计 1996 票当选为 2020 年度语言掺杂者。两档节目在播报新冠肺炎相关新闻时直接使用了大量英语外来词，如 Lockdown（封锁）、Homeoffice（在家办公）等。此外，两档节目对性别星标的使用也受到了批评。德国语言协会认为它们既没有尽到用母语为公众传达信息的责任，也没有起到公共广播在规范使用德语方面的示范作用。

联邦教育与研究部部长安雅·卡尔利泽克及德国奥尔登堡市韦希洛伊区的法美拉超市分别以 873 票和 798 票当选为第二和第三名。联邦教育与研究部部长欲在学位名称中引入英语，如 Bachelor Professional（职业学士）等，而法美拉超市则在其广告中用大量英语词汇代替德语词汇。

（张申威、钟　芊）

俄罗斯年度词语（2019—2020）

自 2007 年以来，俄罗斯俄语发展中心专家委员会每年通过投票选出当年的“年度词语”“年度短语和语句”“年度反语”及“年度新词”，以此对过去一年所发生事件进行简要总结。年度词语不一定在评选之年出现，但它具有一定的历史意义，反映了当年新颖、独特的事件。

一　2019 年

（一）年度词语

（1）Протест（抗议）：指巴黎、莫斯科等城市的抗议活动。2019 年，法国巴黎先后爆发多次罢工抗议活动。同年 3 月及 7—8 月在俄罗斯的莫斯科、圣彼得堡等近 50 个城市也发生了大规模集会抗议活动。

（2）Допускай!（к выборам）（准许参加选举）：该词与上述莫斯科 7 月份的抗议活动有关。在此之前，部分俄罗斯公民被取消参加莫斯科杜马选举的资格，其原因是莫斯科选举委员会发现，这些人在收集必要支持签名的过程中出现购买、伪造他人署名等违规行为。

（3）Пытки（拷问）：2019 年 8 月 7 日，俄罗斯著名的反腐败反酷刑组织的网站发布了关于圣彼得堡 kresty 2 监狱的囚犯在狱警的指示下使用酷刑拷问同牢室友的照片及视频。这一事件引起社会各界的关注和热议。

（4）Предпенсионеры（即将退休人员）：它延续了 2018 年度词语的热度。2018 年 10 月，俄罗斯政府宣布修改退休法案，计划提高退休年龄，该法案已于 2019 年 1 月 1 日起执行。

（5）Транзит（交接）：2019 年 3 月，哈萨克斯坦首任总统纳扎尔巴耶夫宣布辞职，该国举行了独立以来的首次“权力交接”，托卡耶夫成为该国独立以来的第二任总统。

（6）Отпускай!（или Выпускай!）（放开！或释放！）：与上述 Допускай!（к выборам）（准许参加选举）有关。

（7）Автозак（囚车）：指试图抵抗上述 Протест（抗议）活动的镇压车辆。

（8）Клоачный（污浊的）：俄罗斯国立高等经济大学教授加桑·古谢因在脸书上用该词形容了俄语，引起了俄罗斯各界人士的负面反应。

（9）Абьюз（虐待）：来自英语单词 abuse（虐待），因家庭暴力话题引起民众的广泛讨论。

（10）Самозанятые（自由职业者）：自 2019 年 1 月 1 日起，俄罗斯“自由职业公民法”生效。该法案针对没有正式工作的公民规定了相应的规则和义务，至于“自由职业者”的明确范畴尚未说明。

（二）年度短语和语句

（1）Московское Дело（莫斯科案件）：指在上述选举 Протест（抗议）活动中所发生的大规模骚乱和对安全部队施加暴力事件的刑事案件。

（2）Клоачный язык（污浊语言）：与上述年度词语 Клоачный（污浊的）相同。

（3）Я/МЫ（我 / 我们）：Я（我）指的是个体，МЫ（我们）指的是国家。与上述 Протест（抗议）活动相关。

（4）Мусорные бунты（垃圾抗议）：2019 年，俄罗斯发生了针对垃圾场的大规模抗议活动，游行者试图阻止新建垃圾场，认为垃圾场影响周围居民身体健康，可能致癌。

（5）Сказочный долбо..., президент（神奇的笨蛋……，总统）：根据俄罗斯联邦 2019 年 3 月 29 日生效的法律，互联网上对俄罗斯当局的不尊重被视为流氓行为，应予以行政处罚。该法律于同年 4 月 22 日首次执行，原因是俄罗斯社交平台 Vkontakte 的一名用户发布了以“普京——神奇的笨蛋”为内容的 2 条帖子，诺夫哥罗德州丘多沃区法院对这名用户处以 3 万卢布（约合人民币 2615 元）的罚款。

（6）Домашнее насилие（家庭暴力）：与上述年度词语 Абьюз（虐待）有关。

（7）Вечерний мудозвон（晚上的蠢货声）：俄罗斯歌手鲍里斯·格列边西科夫于 2019 年 9 月 28 日在优兔网发布了带有讽刺意义的歌曲视频“Вечерний

мудозвон”（晚上的蠢货声），在社交媒体上引起广泛讨论，网友们纷纷猜测这首歌暗指某位名人。目前为止，歌手仍未回应此问题。

（8）Допускай и выпускай（放开并释放）：与上述年度词语 Допускай!（к выборам）（准许参加选举）有关。

（三）年度反语

“反语”是在特定场合下使用的暗语、黑话、行话。它具有敌对性、侵略性和讽刺性。俄罗斯 2019 年度反语如下。

（1）Иностранный Агент / ИНОАГЕНТ（外国代理人）：继 2017 年后，这个词组再次作为年度反语第一名出现。

（2）Пещерные русофобы（史前时期的反俄者）：普京在 2019 年 11 月 5 日的讲话中指出：“不仅史前时期的反俄者向俄语宣战，还有激进的民族主义者也在向俄语宣战，在一些国家，这甚至成了一项国家政策。”

（3）Глубинный народ（深远民族）：俄罗斯政要人物弗拉季斯拉夫·苏尔科夫在自己的文章里写到：“俄罗斯没有深远的国家，但是有深远的民族。”该词指俄罗斯民族文化多元、源远流长。此后这一表述在社交媒体上广泛流传。

（4）Цап-царап（一下抓住）：普京于 2019 年 11 月 20 日在莫斯科举行的“俄罗斯在召唤！”年度国际投资论坛上解释俄罗斯不开采页岩石油的原因时，说道：“我们先等美国人在技术上花钱，然后一下抓住，或者我们可以低价购买。我在开玩笑！一下抓住完全没必要！”随后该词在社交平台上被人们热烈讨论。

（5）Несогласованный митинг（未经批准的集会）：与上述年度词语 Протест（抗议）有关。

（6）Массовые беспорядки（大规模骚乱）：与上述年度词语 Протест（抗议）有关。

（7）Членкиня, редакторка, критикеса（女成员、女编辑、女评论家）：乌克兰教育和科学部于 2019 年 6 月 3 日发布了新版乌克兰语拼写规则，并引入了女性职业名称。例如，女成员、女编辑、女评论家等。

（8）Вкусняшки, обнимашки, целовашки, печенюшки（好吃的、抱抱、亲亲、小饼干）：该词是俄语中对这些名词的小称形式，属于“指小表爱”的语法形式，常用于口语。

(9) Подхрюкивать（发出像猪一样的哼哼声）：根据俄罗斯第一频道报道，普京在 2019 年 2 月 20 日发布的国情咨文中表示："美国应说明单方面退出'中程导弹条约'的原因，而不是使用虚构的指控……华盛顿自己破坏了一切，然后寻找罪人并强迫附庸国'发出像猪一样的哼哼声'。"此后该词在社交媒体引起广泛热议。

（四）年度新词

(1) Бо-Бо-гвардия（像孩子般哭诉的执法机构）：与上述年度词语 Протест（抗议）有关，指抵抗抗议活动的俄罗斯执法机构。

(2) ГАСАНта–Барбара（加桑塔–芭芭拉）：与上述 Клоачный язык（污浊语言）有关。

(3) Фейсдельничать（整天刷脸书）：动词，由 фейсбук（脸书）一词的前半部分加 бездельничать（游手好闲）一词的后半部分组成，表示一个人游手好闲、整天刷脸书。

(4) Кликаньки-лайканьки（点击和点赞）：表示整天沉迷于社交网络的人。

(5) Рукавычки（用手打引号）：名词，该词由 рука（手）加 кавычки（引号）组成，表示说话时用手打引号。

(6) Отпобедать（庆祝胜利）：该词是取 отпраздновать（庆祝）一词前缀和后缀，在其中间插入 победа（胜利）一词组成，表示在节日聚餐时庆祝胜利。

(7) Моднополый（性别时尚的）：形容词，由 модный（时尚的）加 пол（性别）组成，形容根据时尚趋势确定生物性别属性的人。

(8) Дать отгугл（允许谷歌搜索）：由 дать（给，让）加 от（从，由），再加 гугл（谷歌）组成，表示允许某人进行谷歌搜索。

（五）年度主题词

按照主题词类型划分，得票最高的是与抗议活动相关的词语：抗议、准许参加选举、释放、囚车、莫斯科案件、我／我们、青年抗议者、未经批准的集会、像孩子般哭诉的执法机构。排名第二的是与加桑·古谢因教授在脸书上的帖子有关的词语：污浊的、污浊语言、加桑塔–芭芭拉。排名第三的是与家庭暴力有关的词语：虐待、家庭暴力。

二　2020 年

（一）年度词语

（1）Обнуление（清零）：俄罗斯宪法法院于 2020 年 3 月 16 日宣布，俄联邦宪法修正草案计划于 4 月 22 日进行全民公投，随后因疫情原因全民公投计划被推迟。若该修正案生效，现任总统普京可在 2024 年任期满后“任期清零”，能够再次参加总统选举，或将执掌大权至 2036 年。

（2）Коронавирус（冠状病毒）：自 2020 年 3 月 1 日俄罗斯出现第一例新冠肺炎病例之后，该词变成了热议话题。

（3）Ковид（新冠肺炎）：是英语缩写词 COVID 的音译词。

（4）Самоизоляция（自我隔离）：与新冠肺炎疫情有关。

（5）Удалёнка（远距离）：与新冠肺炎疫情有关，指远程工作、远程上课等。

（6）Зум, зумиться（云视频会议软件 Zoom）：Зум 指的是 Zoom，зумиться 是该名词的动词形式，表示通过 Zoom 开会、上课等。

（7）Пандемия（大流行病）：与新冠肺炎疫情有关。

（8）Вакцина（疫苗）：与新冠肺炎疫情有关。

（9）Карантин（隔离期）：与新冠肺炎疫情有关。

（10）Коронакризис（新冠肺炎危机）：与新冠肺炎疫情有关，指新冠肺炎疫情所带来的金融危机。

（二）年度短语和语句

（1）Жыве Беларусь（白俄罗斯万岁）：2020 年 8 月白俄罗斯总统大选中，现任总统卢卡申科获得了 8 成选票，但不少反对派民众对选举过程和结果不满，连续两周走上街头游行抗议，抗议口号为：白俄罗斯万岁！

（2）Масочный режим（口罩制度）：指疫情期间要求佩戴口罩的制度。

（3）Социальное дистанцирование（保持社交距离）：指疫情期间保持社交距离。

（4）Лица старше 65（65 岁以上的人）：新冠肺炎疫情期间俄罗斯针对 65 岁以上的人制定了更多的限制措施，从而在社交媒体上引起热议。

（5）Новая нормальность（新常态）：该词早在 2008 年金融危机之后就广

为流传，指全球经济衰退对社会经济的影响。而2020年的“新常态”不仅指的是经济，还指新冠肺炎疫情之后人类活动的各个方面。

(6) Когда всё закончится？（一切何时结束？）：指新冠肺炎疫情什么时候结束。

(7) Оставайтесь дома!（请待在家里！）：疫情期间针对公民的口号。

(8) Бункер Путина（普京的地堡）：根据俄罗斯电视台2020年12月13日报道，有欧洲国家媒体声称，自新冠肺炎疫情暴发以来，俄罗斯总统普京就一直躲在“索契地堡”里。普京的发言人12月13日针对这条消息驳斥称，普京一直在莫斯科郊外的家中办公。

（三）年度反语

(1) Навальный мог сам себя отравить（纳瓦利内可能毒死了自己）：2020年9月14日，俄罗斯总统普京应邀与法国总统马克龙举行电话会谈，双方就俄反对派纳瓦利内中毒事件交换了意见。普京表示，将纳瓦利内中毒归咎于俄罗斯是毫无根据的，没有任何证据证明此事与俄罗斯有关，并说道：“纳瓦利内可能毒死了自己。”

(2) Государствообразующий народ（构成国家的民族）：指俄罗斯族。2020年3月14日，俄罗斯总统普京签署《俄罗斯联邦宪法》修正案。该修正案第68条指出：俄联邦的国家语言是俄语，它是构成国家的民族的语言。此表达在社交媒体上引起了众多其他民族的不满。

(3) Изменения в Конституцию（宪法修正案）：与上述年度词语Обнуление（清零）有关，指《俄罗斯联邦宪法》修正案，部分民众对该法案持反对意见，从而在社交媒体上引起广泛讨论。

(4) Информационные эвфемизмы（信息委婉语）：指大众媒体上用委婉的语言表达信息，而不直面问题。例如，хлопок газа（煤气砰砰声，实指煤气爆炸）、подтопление（水渍，实指水灾）等。

(5) Гуманно применим оружие（人道地使用枪支）：白俄罗斯内政部反腐败部门负责人尼古拉·卡尔朋科夫于2020年10月16日接受白俄罗斯第一频道采访时表示：“白俄罗斯内政部在抗议者积极抵抗的情况下人道地使用枪支。”随后在社交媒体上引起热议。

(6) Гуманный теракт（人道暗杀行为）：与上述年度短语Навальный мог

сам себя отравить（纳瓦利内可能毒死了自己）有关，指纳瓦利内中毒事件。

（四）年度新词

（1）Обнулидер（清零领导人）：由 обнуление（清零）加 лидер（领导人）组成。与上述年度词语 Обнуление（清零）有关。

（2）Расковидеться（隔离之后见）：与新冠肺炎疫情隔离相关。

（3）Гоминицид（杀人凶手）：指新冠肺炎病毒。

（4）Анахронет（与时代隔绝的人）：指隔离时的状态。

（5）Френдетта（摧毁朋友）：指有计划地摧毁有过错的脸书好友。

（6）Злобовечный（一直凶恶的）：由 злобный（凶恶的）加 вечный（永远的）组成。表示一直凶恶的人。

（7）Биокорректность（生物正确性）：由 биология（生物）加 корректность（正确性）组成。指流行病学上自觉及负责任的行为。

（8）Конституциоз（迅速修改宪法）：由 конституция（宪法）加 cito（迅速地）组成，表示俄罗斯对宪法进行迅速修正的过程。

（9）Наруженосец（戴口罩时露出鼻子的人）：由 наружный（外面的）加 нос（鼻子）构成，表示戴口罩时将鼻子露出来的人。

（10）Начекизм（警惕性）：指对任何偏离政治正确性的问题要保持警惕。

（五）年度主题词

按照主题词类型划分，得票最高的是与新冠肺炎疫情相关的词语：冠状病毒、新冠肺炎、自我隔离、远距离、云视频会议软件 Zoom、大流行病、疫苗、隔离期、新冠肺炎危机、口罩制度、新常态、一切何时结束、请待在家里、普京的地堡、隔离之后见、杀人凶手、与时代隔绝的人、生物正确性、戴口罩时露出鼻子的人。排名第二的是与《俄罗斯联邦宪法》修正案相关的词语：清零、国家构成民族、宪法修正案、清零领导人、迅速修改宪法。排名第三的是与白俄罗斯反对派抗议相关的词语：白俄罗斯万岁、人道地使用枪支。

（古丽孜依·白山）

法国年度词语（2019—2020）

法国罗贝尔出版社成立于1951年，专注于法语出版事业，它出版的《罗贝尔法语大词典》一直是最经典、最权威的法语词典。罗贝尔出版社每年年底向网民公开征集热词，之后由词汇学专家选出10个词语组成热词榜。民众通过网络投票，热词榜中得票最多的词语即当选为该年度热词。

一　2019年

2019年的年度词为féminicide（杀害女性），入围词包括cyberdépendance（网络成瘾）、climat（气候）、trottinette（滑板车）等七个名词及inspirant（令人振奋的）和inclusif（包容性）两个形容词。

（1）féminicide（杀害女性）：指夫妻、情侣关系破裂后男性杀害女性。相比于2017年及2018年的热词，[①]2019年热词的社会内涵更为沉重。该词于2014年被正式收入《罗贝尔法语大词典》，最初仅限于在学术圈使用。词典的编辑主任玛丽－埃莱娜·德里沃德（Marie-Hélène Drivaud）认为，该词被公众接受是“不可否认的进步”，因为有了这个词，“因关系破裂而杀害女性”的行为成为明确的罪行，公众也更容易谈论这一行为。玛丽－埃莱娜还认为，该词被选为年度词语是一个非常明确的集体意识，意味着整个社会都要求政府采取多项行动，制止对妇女的暴力行为，这已经超出了女权主义的范围。[②]同时，她也希望公众对该词的关注在未来能够转化为保护女性的实际举措。

（2）cyberdépendance（网络成瘾）：该词是cyber（网络）和dépendance（依赖）的复合词，指过度使用电脑、手机等电子产品的行为与状态。这个词既可以形容成年人，也越来越多地用于形容青少年。2018年，法国颁布法律禁止15岁以下青少年在学校里使用手机及其他电子产品，学生在进入学校前应将电子

① 分别为perlimpinpin（江湖骗子兜售的灵丹妙药）及bienveillance（善意，好心）。

② 信息来源：加拿大新闻报官网（https://www.lapresse.ca）。

产品关机并收起来，学校及教师有义务监督此法律的执行。该词作为术语正式出现在2019年5月3日的政府公报中。[①]

（3）climat（气候）：2018年热词榜中曾出现该词，因2018年法国气候出现明显异常，气温创下近百年的最高值。2019年，法国再次迎来酷暑，并打破多个最高气温纪录，2019年也成为20世纪以来法国平均气温最高的年份之一（仅次于2018年和2014年），气候一词也再次登上法国年度热词榜。

（4）inspirant（令人振奋的）：在整体较为消沉的榜单词汇中，这个词反映了民众对新的一年及新生活的渴望与希冀。

（5）trottinette（滑板车）：2019年，电动滑板车成为法国城市交通的新宠，销量比2018年增长了105%。一方面是因为受黄马夹运动的影响，2019年法国公共交通经常瘫痪，民众不得不寻求新的代步工具。另一方面，2019年法国政府颁布法令，个人动力交通工具允许上路，也推动了电动滑板车市场的发展。电动滑板车便携、实用，既可以跑很远的距离，也可以轻松实现与其他交通工具接驳，因而备受民众青睐。

（6）autrice（女作者）：该词是auteur（作者）一词的阴性形式。法语中职业名词的阴性形式一直是法语改革的重点与难点，甚至上升至女权主义高度。早在20世纪70年代，人们便有了表达“女作者”的需要，新词auteure应运而生，并逐渐被接受与使用。2002年，auteure被收入法国新词术语委员会报告中；2012年，法兰西学术院正式通过该词。但近年来，另一阴性形式autrice越来越受青睐，因为其变化形式更符合法语的语法规则，而且与阳性形式auteur在发音上区别更为明显。2019年2月，法兰西学术院正式认可了autrice，从此auteure与autrice均可表达作者这一职业词汇的阴性形式。

（7）décryptage（解密）：该词令人联想到斯诺登于2013年曝光的震惊全球的美国情报部门“棱镜”监听项目。2019年，斯诺登出版个人回忆录《永久记忆》，详细介绍了自己如何参与建设“棱镜”项目，又如何冒生命危险揭露这一事件，再次引起了民众对互联网信息安全的关注。

（8）inclusif（包容性）：écriture inclusive（包容性写作）登上2017年法国热词榜，其名词形式inclusion（包容）也出现在2018年的热词榜中。2019年，该词继续留在热词榜上，一方面是因为法语改革仍在进行，另一方面也因为该

① 信息来源：法国文化部官网（http://www.culture.fr）。

词暗含的和谐、平衡的人文精神令人向往与期待。

（9）planète（行星）：指人类赖以生存的地球，与 climat（气候）一样，表现了法国民众对地球环境与气候的关注。该词入榜也与英国某些年度热词不谋而合。[①]2019 年是全球自 1850 年以来气温最高的年份之一，冰川消融与海平面上升速度都创下了历史纪录，气候问题因而引起全球的重视。[②]

（10）solidarité（互助）：与 inspirant（令人振奋的）一词共同构成 2019 年榜单中仅有的两个完全积极正面的词语，反映了民众尽管面对困难的生活，却依然心存善意，认同、向往和谐的社会生活。

二 2020 年

2020 年，新冠肺炎疫情改变了人们的生活，也导致大量新词出现。为了更好地记录、反映这一语言现象，也为了避免本年度榜单沦为新冠肺炎常用词榜单（如新冠病毒、隔离、疫苗等），罗贝尔出版社一改传统的热词评选办法，决定向民众征集字典中没有的、因新冠肺炎疫情而创造的复合词，再由词汇专家从中选出年度热词。这一创意赢得了民众的支持与参与，罗贝尔出版社共收到 160 多个建议，最终选取了 15 个词组成"新冠词典"[③]。这些词充分证明了法语蓬勃的创造力，也多角度地表现了法国民众在疫情常态下的生活。

本年度榜单词汇主要涉及以下几个方面：

1. 与口罩有关的词语

法国与其他西方国家一样，对口罩的态度经历了从不接受、不认可到必须佩戴的过程。该部分包括 5 个复合词，占榜单词汇的 1/3，充分反映了口罩对法国民众的影响。

（1）airgasmer（畅爽呼吸）：由 air（空气）与 orgasmer（愉悦）组成，指摘掉口罩后呼吸第一口新鲜空气时的舒畅与愉悦。

（2）s'autobuer（口罩雾镜）：由 auto（自动，自主）与 embuer（使蒙上水汽）组成，指眼镜因戴口罩而蒙上水蒸气时人们的不适状态。

---

① 2019 年，英国《牛津词典》选出的年度词为 climate emergency（气候紧急状态），《柯林斯词典》的年度词为 climate strike（气候罢工）。

② 信息来源：法国世界报官网（https://www.lemonde.fr）。

③ Dicovid，该词本身也是复合词，由 dictionnaire（字典）与 covid（新冠肺炎）组成。

（3）mascarpogne（手持口罩）：由 masque（口罩）与 la pogne（手）组成，指手里拿着口罩（而不佩戴）。

（4）masquàras（半戴口罩）：由 masque（口罩）与副词短语 à ras（齐根地，齐边地）组成，指口罩戴在鼻子以下的样子。

（5）solimasquer（独戴口罩）：由 solitaire（单独）与 masque（口罩）组成，指人们突然意识到自己单独在家却依然戴着口罩。

2. 与消毒等防疫举措有关的词语

（1）gelouser（眼红消毒液）：由 gel（乳液）与 jalousie（羡慕，嫉妒）组成，意为自己的消毒液已用完，羡慕可以使用消毒液的邻居。这一表述生动、诙谐地展现了疫情之下法国民众的生活场景及因疫情带来的邻里、朋友之间新的社交、互动内容，也体现了法国民众的幽默感。

（2）hydroalcoolisme（免洗消毒液依赖症）：由 gel hydroalcoolique（含水、酒精及杀菌成分的免洗洗手液）与 alcoolisme（酗酒，成瘾）组成，指更喜欢使用免洗消毒洗手液，而不愿洗手。该词反映了疫情给民众的生活习惯带来改变。

3. 与因疫情引起的生活变化有关的词语

（1）attestarder（补填证明）：由 attestation（证明）与 tarder（耽搁，延缓）组成，指走出家门后才意识到没有填写出行证明，只能在路上补填。法国封城期间，民众需出示出行证明才可以走出家门。该词反映了民众对这一政策的不适与调侃。

（2）cobidité（集体隔离肥）：由前缀 co（一起，共同）与 bide（肚子，肚皮）组成，指家人或朋友等因一起居家隔离而同时变胖。

（3）déconcerté（娱乐泡汤）：由反义前缀 dé 与 concert（音乐会）组成，指那些提前一年预订了音乐会却因疫情被取消的人。该词反映出民众生活被疫情打乱，很多人提前规划、预订了娱乐休闲活动，最终却因疫情不得不放弃。

（4）pénuriz（食品短缺）：由 pénurie（短缺）与 riz（米）组成，指在极有可能封城的情况下，商店和超市等地的食品被一抢而光。该词说明民众在封城令下达前普遍存在囤积食物的行为。

4. 与因疫情引起的社交与工作变化有关的词语

（1）clubster（新冠肺炎暴发地）：由 club（俱乐部，社团）与英语词 cluster 组成。cluster 在英语中的本意为“一群、一丛”，疫情发生后该词在法语中特指暴发新冠肺炎的社区或地点。热词 clubster 顾名思义为“新冠肺炎社区俱乐部”，指与同事或朋友相约在某处见面，回来后该地暴发疫情，自己被感染上新冠病毒。

（2）téléventiler（低效远程办公）：由 télétravail（远程办公）与 vent（本义为风，此处指虚妄、空洞）组成，指远程办公更多的是空谈，并未做实际的工作。

5. 与因疫情引起的观念、意识、心态变化有关的词语

（1）facultatoire（为疫所迫）：由 facultatif（可自行决定的，非强制的）与 obligatoire（强制的）两个反义词组成，意为本来是可自行选择的情况，因疫情变成不得不为之。该词通过将两个反义词组合起来的形式，生动刻画了疫情给人们的生活带来诸多不便，表现了民众无可奈何的心情。

（2）vaccinglinglin（疫苗空想）：由 vacciner（接种疫苗）与 Saint glinglin（空头支票）组成，指尽管新冠病毒疫苗的前景尚不明朗，人们仍去预测不确定的未来，表现了民众长期生活在疫情阴影下的无奈与不满，以及对战胜疫情、回归正常生活的渴望与向往。

（栾　婷）

西班牙年度热词（2019—2020）

西班牙年度热词由西班牙语应急基金会（本文简称“西语基金会”）自2013年起组织评选。2020年起，原本由毕尔巴鄂比斯开银行冠名的西语基金会更名为“西班牙皇家语言学院西班牙语应急基金会”（Fundéu RAE）。

2019年和2020年入围西班牙年度热词候选名单的12个词语是从超过250个的提名词中脱颖而出的，具有较高的社会影响力和语言价值。

一　2019年度热词

2019年的年度热词是：emoji（表情符号）。当选的并非emoji这个词语本身，而是由它所代表的各类表情符号。20世纪90年代起，人们开始使用emoticono（由标点符号组成的表情符号），21世纪诞生了emoji（由图案组成的表情符号），以及bitmoji、memoji和animoji等各类个性化定制的卡通头像和3D动态表情。时任西语基金会总负责人的哈维尔·拉斯库赖因认为，表情符号的进化历程已经证明它具备顺应科技革新和时代进步趋势的能力，使用表情符号在追求高效的时代背景下能实现简明灵活的表达，同时还能在文字沟通的过程中表达出诸如面部表情和语气情绪等只能在面对面口头交流时才能传递的信息。①

表情符号当选热词的另一个重要原因是，它的规范使用问题在语言学界引起了热议。西班牙皇家语言学院出版的首部涉及语言在数字化平台上的应用问题的学术书籍《西班牙语风格体例》建议：（1）只在非正式的书面语中使用表情符号，避免语言文字的贫乏化；（2）在使用中必须确保信息接收方能恰当解读表情符号的含义，避免因不同文化背景产生误解。

2019年度的其他11个候选词语分别是：

（1）electromovilidad（电动出行）：由表示“电力的”前缀electro-与意为

① 信息来源：西班牙皇家语言学院西班牙语应急基金会官网（https://www.fundeu.es）。

“可流动性、交通出行”的名词 movilidad 组合而成，指使用通过电动发动机驱动行驶的汽车出行的方式。西班牙乘用车与货车制造商协会 2019 年第四季度的统计数据表明，西班牙电动汽车的生产率和市场覆盖率在欧洲排名最末。[①] 对这一词语的热议，反映出人们越来越重视选择环境友好型的出行方式。

（2）desglobalización（去全球化）：这个新词是在 globalización（全球化）一词的基础上加表示否定意义或相反含义的前缀 des- 构成。近年来英国“脱欧”、各国之间的关税战等热点事件频发促使人们关注并研究“逆全球化”现象，即经济、社会、政治或文化等领域在经历了世界层面交流的阶段后，重新回归本土化、区域化发展的趋势。

（3）neonegacionismo（新虚无主义）：由术语 negacionismo（历史虚无主义）和前缀 neo-（新的）构成，指否认某些确凿无误的历史事件（如大屠杀）的发生，或否认其他已形成普遍共识的问题（如环境危机或性别暴力）的存在，是一种新的表现形式。以气候变化为例，传统的历史虚无主义首先否认这一问题的存在，随后虽然予以承认，却将其归咎于自然因素而非人为原因，最终辩称人类无力解决这一确实存在的问题。与之不同的是，新虚无主义在客观数据面前无法否认气候变化确实造成了诸多问题，但在行动上却不采取任何措施予以解决，或是在决策时尽可能地拖延。

（4）exhumación（遗骸挖掘）：1939 年起，佛朗哥在西班牙实行法西斯独裁统治长达 30 余年。1975 年，他去世后被葬在纪念 1936—1939 年西班牙内战的烈士谷陵墓，此举加剧了极右翼分子和民族主义者与内战战亡者家属以及其他佛朗哥反对者两派之间的强烈对立。包括西班牙政府和佛朗哥家族后人在内的多方经过数次拉锯和漫长的司法程序，最终于 2019 年 9 月获得西班牙最高法院的裁决，批准西班牙政府将佛朗哥的遗骸迁葬至位于马德里北郊的帕尔多公墓。

（5）DANA（高空局部气压骤降）：气象学术语 depresión aislada en niveles altos 的缩写形式，指当寒潮中的气团沉降时遇到另一股暖气流，从而造成剧烈的气候变化的自然现象。这种天气现象一般在每年的初秋和春季在地中海西部发生。2019 年 9 月，一场高空局部气压骤降在西班牙的阿利坎特地区和穆尔西亚地区引发暴雨和洪水，造成 140 年以来最严重的灾害，导致 7 人死亡，大量

① 信息来源：西班牙先锋报官网（https://www.lavanguardia.com）。

基建设施、住宅以及总计 300 000 公顷的农作物遭受严重破坏。①

（6）huachicolero（钻洞偷油）：该词原本只在墨西哥广泛使用，指在该国频发的、通过在输油管上钻洞窃油的犯罪行为。2019 年 1 月 18 日，墨西哥中部伊达尔戈州特拉韦利尔潘市疑似因油管遭窃贼破坏而引发油管大爆炸，截至 2019 年 1 月 21 日已造成至少 85 人死亡，数十人受伤，② 这一社会问题也因此受到西班牙语世界的广泛关注。

（7）seriéfilo（追剧迷）：这个新词是在名词 serie（电视剧）的基础上加后缀 -filo（朋友、爱好者）构成，指热衷于观看电视剧的人群。随着文化产业新兴业态的诞生，关注剧集的开播资讯、准时守着剧集开播并参与相关内容讨论已成为一种热门的文化生活方式。

（8）influente（网络红人）：英语中的 influencer（网络红人）一词是 2019 年西班牙媒体报道中的高频词之一，指那些在某些特定领域内，尤其是在市场营销和社交网络中享有一定知名度和声望，并且发表的观点意见能影响较多人行为的人。西语基金会建议，除了直接使用这一外来词，还可使用西班牙语中的 influente 一词。该词早在 1803 年就已收入《西班牙皇家语言学院词典》，意思是“有影响力的”。

（9）albañila（女性泥瓦匠）：在指称从事砌砖盖瓦等建设工作的女性建筑工人时，由于西班牙语中没有专门指代该群体的词语，新闻媒体通常在表示男性泥瓦工的 albañil 一词前加上表示阴性含义的冠词或是意为“女性”的 mujer 一词来说明。与其他的职业名词一样，albañila 一词是根据西班牙语的构词法规则，在 albañil 后直接加上表示阴性的词尾 -a 构成。该词的使用获得西语基金会的认可，反映出西班牙社会认识到有越来越多的女性进入了在传统观念里只有男性从事的行业，开始关注和讨论女性在各个行业中的地位问题。

（10）cúbit（量子比特）：量子信息的计量单位。量子计算机利用量子力学的特性，将量子比特作为处理信息的单位，每个量子比特在计算中可以同时具备 0 和 1 的值。这种数值的叠加效果使量子计算机相较传统电脑而言，能用更少的计算量来处理更多的信息量，因此量子计算这项技术有望推进人工智能的发展。2019 年 10 月，谷歌公司研究团队在英国《自然》杂志上发表论文，公布其开发的一款 54 量子比特数（其中 53 个可用）的芯片在 200 秒内完成了目

①② 信息来源：西班牙国家报官网（https://elpais.com）。

前最先进的传统超级计算机需要1万年才能完成的计算任务。

（11）superdesempate（“抢十”决胜盘）：指网球比赛规则中的一种，即在决胜盘，也就是男子比赛的第五盘和女子比赛的第三盘中，如果双方出现6比6平局的情况，那么首先赢得10分并且净胜分达到2分的一方才能赢得比赛。2019年赛季，澳大利亚网球公开赛改变赛制，成为四大公开赛之中首个采取“抢十”决胜盘规则的赛事。

二　2020年度热词

2020年度热词是：confinamiento（居家隔离）。和英语的lockdown一词相同，这个西班牙语词指的是强制规定民众留在家中或是某个特定区域，不允许随意进入或离开的措施。2020年，为阻断新冠肺炎疫情的传播，世界各国纷纷出台并执行居家隔离的规定。在西班牙，首相桑切斯于3月14日宣布全国进入紧急状态，经过议会3次批准延长，西班牙全国范围内的封城措施和“禁足令”一直持续到5月9日。在这一社会背景下，西班牙皇家语言学院在2020年12月最新一次的《西班牙皇家语言学院词典》修订中，在原本意指“监禁”或“流放”的confinamiento一词的词条中增加了一条释义：出于健康和安全的考量，对某个区域的居住者、某个人或某个群体所实施的非永久性隔离。confinamiento一词概括了西班牙民众2020年生活状态的巨大变化，成为媒体报道和民众热议的焦点。

除此之外，2020年的其他11个候选词中有9个与新冠肺炎疫情息息相关，由此可见这一世界性公共卫生事件对语言生活所造成的显著影响。入围该年度西班牙热词的另外11个词语分别是：

（1）coronavirus（冠状病毒）：一种可在动物和人类之间传播的单链RNA病毒。目前人类已经发现了7种可感染人类的冠状病毒，其中4种属于常见的感冒病原体，另外3种可导致严重甚至致命的呼吸系统疾病，其中就包括导致2020年全球新冠肺炎疫情暴发的冠状病毒。

（2）infodemia（传谣病）：自新冠肺炎疫情开始暴发，网络上出现了大量未经过筛选和求证的信息，其中不乏由经济或政治利益驱动而发布的虚假内容。该词由información（信息）和epidemia（流行病）这两个名词缩合构成，指在关于某个主题的信息铺天盖地、然而其中很大一部分是假消息或传言的情况下，公众难以找到可靠的消息来源从而引发信任危机。

（3）resiliencia（复原力）：来自英语 resilience 一词，词源为拉丁语。《西班牙皇家语言学院词典》对它的释义为：一个人在面临干扰或逆境时的适应能力，或是某个组织、机构或系统在经历了一场动荡之后的复原能力。在新冠肺炎疫情蔓延期间，该词频繁出现在西班牙媒体报道的标题中：《各国政府为应对疫情宣布进入紧急状态，跨国企业的复原力面临考验》《复原力是各国应对当前危机的关键》等。

（4）COVID-19（新冠肺炎）：这种疾病由冠状病毒引起，世卫组织于 2019 年 12 月 31 日从中国报告的一组病毒性肺炎病例中首次获悉这种新型的冠状病毒。COVID-19 最普遍的临床表现包括发烧和干咳，严重者呼吸困难，也有患者出现腹泻、味觉或嗅觉丧失等其他症状。根据世卫组织 2020 年 3 月公布的统计数据，COVID-19 的患者中有 80% 是轻症或无症状，15% 是严重感染，需要输氧，5% 是危重感染，需要插管。①

（5）teletrabajo（远程办公）：为了降低因人员聚集而产生的病毒感染风险，同时应对因新冠肺炎疫情停摆所造成的损失，多个国家的政府和企业倡议并执行远程居家办公的方案。据统计，西班牙有超过 200 万人因为疫情而开始远程办公。② 这种办公方式打破了地域限制，省去了员工的通勤时间，节约了企业办公场所的运营成本，为更灵活的运营方式提供了可能性。但硬件设施的配备与维护、软件的开发和应用、网络信号的覆盖以及信息安全的保障等也使远程办公的效率和质量面临挑战。

（6）conspiranoia（阴谋论执念）：该词由意为“阴谋”的 conspiración 和“妄想症”的 paranoia 两个词缩合构成，最初是指对一些无依据或是基于错误信息而产生的阴谋论持有坚信不疑的态度，含有戏谑和轻蔑的意味。近几年，人们在使用这个表述时已不再表达幽默或蔑视的语气，而是特指那些坚信某些重大的历史或政治事件是某些势力集团阴谋产物的人。西语基金会在入选理由中指出，该词在 2020 年关于美国总统选举的新闻报道中被频繁提及。

（7）un tiktok（抖音短视频）：指用社交应用软件 TikTok（抖音海外版）制作并发布的短视频。这个由中国的跨国互联网公司字节跳动开发的软件自 2017 年 5 月上线以来，已成为海外用户通过自创的短视频相互交流的热门社交平台

① 信息来源：世界卫生组织官网（https://www.who.int）。

② 信息来源：西班牙国家报官网（https://elpais.com）。

之一。2020 年，时任美国总统特朗普签署多项行政令限制 TikTok 及其母公司字节跳动在美国的运营。11 月 12 日，美国商务部称将暂不执行原定当天生效的禁令。

（8）estatuafobia（纪念雕像憎恶症）：该词由 estatua（雕像）和 fobia（憎恶）组合形成，意思是对雕像所怀有的厌恶和抵触的情绪。2020 年 5 月 25 日，46 岁的非洲裔美国人乔治·佩里·弗洛伊德因遭受白人警察暴力执法而死亡。该事件激发了社会舆论的强烈愤慨，在美国乃至加拿大、英国等多个欧美国家掀起了反种族主义的浪潮。在不断升级的抗议游行示威中，与奴隶制度或种族歧视相关的历史人物的雕像和纪念碑成了抗议者反感的对象，在 estatuafobia 这一情绪的驱使下，包括美国第一任总统乔治·华盛顿和意大利航海家克里斯托弗·哥伦布在内的多位人物雕像被推倒或者破坏。

（9）pandemia（大流行）：英语中的 pandemic（大流行）一词和德语中的 Corona-Pandemie（新冠大流行）一词分别被美国韦氏出版公司和德语协会评选为 2020 年度热词。西班牙语中的 pandemia 与这两个词的词源相同，希腊语中的词缀 pan 意为“所有、每个”，而 demos 指“人口”，因此这三个词的字面意思都是“与所有人相关”，在医学领域专门指在多个国家大范围流行的传染性疾病。2020 年 3 月，世卫组织正式宣布新冠肺炎疫情已达到“大流行”级别。

（10）sanitarios（医护工作者）：新冠肺炎疫情的大规模暴发，使世界各国的医护工作者面临前所未有的巨大挑战。西班牙卫生部公布的数据显示，截至 2020 年 11 月 26 日，西班牙已有超过 86 000 名医护工作人员确诊感染新冠肺炎。① 在全球抗击疫情的背景下，世卫组织在 2020 年 4 月 7 日世界卫生日到来之际，向全球所有的医护工作者，尤其是奋战在抗疫一线的医务人员致敬。

（11）vacuna（疫苗）：西班牙皇家医药学院出版的《医学术语词典》对该词的定义为：由某种传染病的病原微生物毒素弱化或灭活后的整体或部分制成的悬浮液，作用于健康的易感人体后能激活对特定疾病的免疫力。自疫情蔓延以来，多个国家致力于新冠病毒疫苗的研发工作，2020 年 12 月，美国、德国、英国、中国参与研发的新冠疫苗先后获批上市。

（丁昕云）

① 信息来源：西班牙国家广播电视台官网（https://www.rtve.es）。

全球英语年度热词（2019—2020）

自2000年以来，全球语言监测所（本文简称“监测所”）开始追踪世界范围内互联网、社交媒体和纸质媒体上的英语使用趋势。截至2020年，该所已连续21年发布全球英语年度热词。

一 2019年

2019年12月17日，监测所宣布：2019年度英语世界最热词语为woke，最热短语为blue wave，最热名称是ICE。

（一）热门词语

（1）woke（觉醒）：在上一年的榜单中排名第5，指人们在面对由种族、性别、战争等因素引起的社会问题时所表现出的觉醒意识，隐含了使用者对社会公平和正义的追求。根据谷歌公司的全球书籍词频统计，该词的使用率自20世纪末起呈现大幅攀升趋势[①]，尤其在近10年中，常被用于重新审视种族平等、战争、女性主义等历史事件，是人们在后现代时期历史观的“顿悟”。[②]

（2）consequential（自大的）：本年度新增热词，常用于批评以总统为首的政府要员在行政表现和公众言论上的自大态度。

（3）migrants（移民）：在上一年榜单中排名第16，与之相关的话题是不断增加的全球大规模移民。

（4）opioids（阿片类药物）：在上一年榜单中排名第3。2016年的数据显示，自第二次世界大战以来，鸦片类药物导致的死亡人数超过战争、社会冲突和交通事故造成的死亡总人数。该数据发布后引发持续热议。

（5）collusion（勾结、共谋）：在上一年榜单中排名第11。2019年3月24

① 信息来源：谷歌全球书籍词频统计（https://books.google.com/ngrams）。

② 信息来源：美国全球语言监测网（https://languagemonitor.com）。

日，美国特别调查官罗伯特·穆勒的调查报告公布了主要结论：唐纳德·特朗普的竞选团队没有通俄行为。该报告公布未能平息美国政坛关于是否弹劾总统的争议。

（6）Anthropocene（人类世）：曾在2016年和2017年持续上榜，分别排在第15和第9。该词是一个尚未被正式认可的地质概念，用以描述在地球最晚近的地质年代，人们活动对地球环境有重要影响。

（7）heartbeat（心跳）：本年度新增热词。当地时间2019年5月24日，美国联邦法院做出裁决，驳回了密西西比州此前通过的“心跳法案”[①]，2019年通过类似法案的还包括俄亥俄州、路易斯安那州和密苏里州，这些州无一例外都由共和党人担任州长。围绕堕胎权的争议是近年来美国立法机关的核心问题之一，美国民众围绕堕胎禁令的抗议活动也一直在持续。

（8）the Moment（高光时刻）：该词是上一年度最热门的词语，指人生中的某个重要时刻，这一时刻往往伴随着名誉、荣耀以及极高的社会和媒体关注度。

（9）Nukes（核武器）：在上一年的榜单中排名第4。继2018年朝鲜核武器讨论之后，伊朗和俄罗斯的政治局面使得关于核武器的讨论在本年度继续保持热度。

（10）progressives（进步论者）：本年度新增热词。监测所在2019年度评选出最具上升趋势的词语woke，还评选出最具倒退趋势词语progress（进步），监测所主席及首席词语总分析师保罗·帕亚克对此评论道：“‘进步’这一概念在西方文明中具有举足轻重的影响力，启蒙思想家在其作品中蕴含的进步观点甚至影响了美国独立宣言的起草。”[②]但根据谷歌书籍词频统计显示，这个词语自20世纪60年代中期以来使用频率显著下降。

（二）热门短语

（1）Blue Wave（蓝波）：本年度新增的热门短语。2018年美国中期大选中，民主党占领上风，并赢得了国会的控制权。红州与蓝州是指美国近年来选举得票数分布的倾向，表示共和党和民主党在各州的势力：红色代表共和党，蓝色代表民主党。

（2）family separation（家庭分离）：在上一年的榜单中排名第6。作为一

① 该法案规定孕妇在胎儿有心跳后就不得堕胎。

② 信息来源：美国全球语言监测网（https://languagemonitor.com）。

项政策，美国政府自2014年开始分离非法越境寻求庇护的家庭，导致父母与孩子分离的悲剧，孩子们被贴上了“无人陪伴的未成年人”标签，被送入政府收容所抚养，而父母则被视为罪犯送进监狱。不仅美国，欧洲其他国家由于难民问题造成的家庭分离也不在少数。该项政策招致的指责从未停止。

（3）trade war（贸易战）：在上一年的榜单中排名第7，主要是指中美贸易摩擦，又称中美贸易争端。监测所将它和一个2009年以后开始受到关注的词语——the rising of China（中国的崛起）结合起来进行分析，认为中国的崛起是一个重要的地缘政治事件。

（4）fake news（假新闻）：在上一年的榜单中排名第8。虚假信息伪装的新闻报道、缺乏事实的政治演讲、植入式的信息资源，正在摧毁西方媒体曾经试图秉持的民主和秩序，人们愈发期待真相和事实。

（5）climate change（气候变化）：虽然该短语在2016年后持续两年未上榜，但关于气候问题的讨论在英语媒体世界仍然保持着极高的热度。气候变化还催生了一些新的词语，《柯林斯词典》和《牛津词典》在2019年的年度词语选拔中，将climate emergency（气候紧急状态）和climate strike（气候罢工）分别定为年度词语，因为它们在2019年的使用比上一年增加了100倍。

（三）热门名称

（1）ICE（美国移民与海关执法局）：该机构隶属于国土安全部，成立于2003年3月，是国土安全部体系中最大的机构，它是由前移民归化署的执法机构和前美国海关的执法机构合并而来，以便更好地执行移民归化署和海关的法律，防止恐怖分子的袭击。

（2）Women’s World Cup（女子足球世界杯）：2019年6月7日至7月7日，女足世界杯在法国举行。

2019年度词语大部分反映了当年重要的政治和社会事件，公民权利、医疗健康、环境保护等社会问题是人们持续关注的话题。除榜单中所列出的词语以外，micro-influencer（微网红）、gerrymander（为正当利益重新划分选取）、existential（存在主义）、they/them（作为单数人称代词用于非二元性别）也有较高热度，词典网站甚至将existential直接提名为年度词语[①]，认为该词贯穿于

① 信息来源：中国日报网英语点津栏目（https://language.chinadaily.com.cn）。

2019 年全年关于气候变化、枪支暴力、民主本质、甚至是娱乐现象的讨论，成为人们关注的焦点。they/them 随着上一年度热门词语 non-binary（非二元性别）[①]的有关话题成为使用趋势明显上升的词语。根据《韦氏词典》公布的数据，这一词汇在 2019 年的搜索量比 2018 年增加了 313%，该词典还为 they 添加了新定义，反映出它用于非二元性别单数人称指代的用法。they 用于中性单数人称代词的指代功能已有 600 多年历史，但在 2019 年的数据中，当出现和二元性别相关的话题时，they 的搜索量猛增。

二 2020 年

2020 年 11 月 24—29 日，监测所宣布 2020 年度的最热词语是 COVID-19，最热短语是 Work at Home, 最热名称是 WHO。在往年，监测所会分别公布年度词语、年度短语、年度名称的排名（通常为前 20 名），但今年该所将词语、短语和名称统一进行评选，并将排名延长至前 50 名。本文将对该名单中的主要热门词语、短语及名称进行介绍。

（一）热门词语

（1）COVID-19（新冠肺炎）：该词诞生于 2020 年 2 月。世界卫生组织总干事谭德塞 2020 年 2 月 11 日宣布，将新型冠状病毒感染的肺炎命名为“COVID-19”（Corona Virus Disease 2019）。其名称解释为：CO 代表冠状（Corona），VI 代表病毒（Virus），D 代表疾病（Disease），19 则因为疾病暴发于 2019 年。自世界卫生组织正式宣布该官方名称后，这个全新的词语迅速在英语世界广泛传播。

（2）COVID（新冠肺炎）：COVID-19 的简称。

（3）MAGA（让美国再次强大）：该词是 2016 年美国总统大选中特朗普的竞选口号 Make America Great Again 的缩写。在特朗普任期中，该词经常被用作特朗普及其支持者在社交媒体上发言的标签。

（4）coronavirus（冠状病毒）：指自然界存在的一大类病毒。该病毒最先是 1937 年从鸡身上分离出来，呈球形或椭圆形，具有多形性，整个病毒像日冕，

① 指一系列不完全是男性或女性的性别认同，这些身份在男性或女性的分类以外。

由此而得名。不同冠状病毒的棘突有明显差异。该词因新冠肺炎疫情，使用率迅速上升。

（5）Zoom（Zoom 视频会议软件）：新冠肺炎疫情迫使数百万人通过远程通信软件工作、学习，或与家人朋友“云端”见面。2020 年 4 月，Zoom 公司软件的使用量猛增了 30 倍。

（6）the virus（病毒）：COVID -19 的另一种表达。

（7）corona（冠状物）：新冠病毒的相关词语。

（8）progress（进步）：该词和上一年度排名第 10 的词语 progressives 相关。“进步”一词自启蒙运动以来一直积极地影响着社会政治思潮，但自 20 世纪 60 年代中期以来，该词的使用呈显著下降趋势。它出现在本年度全球新冠肺炎疫情暴发的语境中，有对经济发展、自由权利等作为社会进步表征的质疑。

（9）truth（真相）：2017 年最热词语。人们认为，西方媒体世界距离真相愈发遥远，新闻中往往充斥着虚假信息，为了自身利益和博取眼球发布未经证实的报道；政治领袖为了竞选成功抹黑对手。从近三年的榜单看，该词以及与之相关的 fake news（假新闻）在英语互联网、社交平台及媒体世界的热度持续不减。

（10）the pandemic（大流行病）：2020 年 3 月 11 日，世界卫生组织总干事谭德塞在日内瓦举行的新闻发布会上宣布将新冠肺炎疫情上调至“大流行病”级别。根据 2010 年世卫组织官网给出的定义，大流行病是指“一种人们没有免疫力的新疾病在世界范围内超出预期地传播”。传染病在英语中的表达从轻到重分别是 Sporadic（零星的）、Endemic（地方性的）、Hyperendemic（高度地方性的）、Epidemic（流行的）、Pandemic（大流行的）。通常情况下，当疫情在某个特定国家或特定地区变得相当普遍时，被视为一种流行病；而随着其在世界许多地方、许多大陆广泛传播时，就定性为全球性大流行病。

除了以上排名前十的热门词语以外，前 50 名的榜单中还包括一些入选上一年度榜单的词语，如 progressives（进步论者）、migrants（移民）、woke（觉醒），但更多的是和新冠肺炎疫情相关的词语，如 lockdown（封锁）、symptoms（症状）、quarantine（隔离）、outbreak（暴发）、shelter-in-place（原地隔离）、hand sanitizer（洗手消毒液）等。其中，lockdown 被认为改变了太多人的生活，被《柯林斯词典》选为年度词语。该词典将其定义为“对旅行、社交互动和公共空间出入实施严格限制”。来自柯林斯语料库的记录显示，2020 年，lockdown

的使用量增加了6000%。2019年，语料库记载了4000个使用lockdown的例子；2020年，该语料库收录的例子暴增至25万多。此外，人们还关注此次疫情引发的unemployment（失业）问题，以及政府应对此次大流行病的stimulus（指发放福利等经济层面上的刺激）。

（二）热门短语

（1）Work at Home（居家办公）：该词在本年度前50名总榜单中排名第1，成为年度最热词语（实际上是短语）。新冠肺炎疫情改变了人们的工作和生活方式。居家办公最初只是一部分企业在复工日期一再延迟、为了维持生存做出的临时举措，一开始属于小范围的活动。但随着疫情的全球蔓延，全球各大企业大都出台了员工居家办公的措施，各大互联网企业也纷纷推出了各种视频会议工作软件。

（2）new normal（新常态）：在总榜单中排名第8。新冠肺炎疫情下的各种社会现实，如居家办公、自我隔离、社交距离等防疫举措，正成为一种新的社会常态。

（3）trade war（贸易战）：该短语延续了前3年的热度，在本年度总榜单中排名第10。中美之间围绕关税的经济冲突仍然是人们关注的热点。

（4）Black Lives Matter（黑人的命也是命）：该短语作为黑人运动的标语之一，首次出现于2011年。2020年6月，非裔男子乔治·弗洛伊德因白人警察暴力执法而惨死，引发的抗议和骚乱蔓延到全美上百个城市，“Black Lives Matter”成为凝聚民众的口号之一，引发了一场声势浩大的示威运动。这场运动的焦点扩展到警察暴力、种族歧视、社会不公等一些长久存在的社会问题，引发美国社会各界对历史文化的反思。

（5）face mask（口罩）：随着新冠肺炎疫情的全球蔓延，能够有效阻断病毒传播的口罩成为全球重要商品。同时，关于是否佩戴口罩也成为社会热议话题。

除了上述排名前五的最热门短语以外，fake news（假新闻）和climate change（气候变化）依然延续了上一年度的热度，分列第17和第21位。此外，与新冠肺炎疫情相关的热门短语还包括essential workers（关键岗位工作人员）、social distancing（社交距离）、wet market（生鲜市场）等。

（三）热门名称

2020 年度英语世界的热门名称除了和疫情相关的组织机构名称，如在总榜单排名第 2 的 WHO（世界卫生组织）和排名第 38 的 CDC（疾病控制中心）以外，还包括本年度黑人运动相关的乔治·弗洛伊德（George Floyd），以及和美国大选相关的唐纳德·特朗普（Donald Trump）和乔·拜登（Joe Biden）。

2020 年度英语热词榜依旧用语言记录历史。监测所在年度报告中认为：新冠病毒几乎主宰了这一年社会生活的方方面面，这也在语言中体现出来[①]。《牛津英语词典》的年度报告同样写道：“今年英语世界中和新冠病毒有关的新词积累的速度确实是史无前例，在很多情况下，这些词还以史无前例的速度成了英语的核心部分。”[②]

（杭亚静）

① 信息来源：美国全球语言监测网（https://languagemonitor.com）。

② 信息来源：中国日报网英语点津栏目（https://language.chinadaily.com.cn）。

附　录

中国媒体有关世界语言生活文章选目（2019—2020）

本部分整理自2019年1月—2020年6月的中国媒体新闻报道，话题及内容均反映世界语言生活的动态，以期帮助读者了解中国媒体对国外语言生活的关注情况。文章按照发表的先后顺序排列，覆盖《人民日报》《光明日报》《解放日报》《环球时报》《中国社会科学报》等报纸媒体，以及参考消息网、中国新闻社、腾讯网等网络媒体。

一　2019年

《斯部长要中企增加泰米尔语标识》,《环球时报》1月2日

《英语语法教学重回澳课堂》,《中国社会科学报》1月4日

《漫步京都，念汉字之美》,《新民晚报》1月7日

《菲律宾，中国的“平价外教库”？》,《环球时报》1月8日

《中国帮瑞士拯救罗曼什语》,《环球时报》1月9日

《外语太蹩脚　法国人遭遇求职困境》,《新民晚报》1月10日

《英国九成简历拼写有误》,《环球时报》1月15日

《利物浦大学中文标“舞弊”被控歧视》,《环球时报》1月21日

《助外国人租房　日本公寓管理行业协会发行多语指南》，中国新闻社1月21日

《日本90岁老奶奶学英语迎奥运》，参考消息网2月18日

《日企劳动力短缺却不愿雇外国人？忧日语不好是主因》，中国新闻社2月20日

《发展旅游　哥斯达黎加国家培训学院教渔民说英语》，中国新闻社2月21日

《米盖尔·德·塞万提斯图书馆发布西班牙语版〈上海指南〉》，中国新闻社

2月21日

《美国学校外语课程逐年缩减》,《中国社会科学报》2月22日

《哈萨克斯坦货币禁印俄文》，参考消息网2月24日

《规范游客行为　荷兰羊角村编写中、荷、英三语手册》，中国新闻社2月26日

《〈卫报〉：英语学习热情消退令人担忧》,《社会科学报》2月28日

《意大利法院庭审翻译缺席　警察找中餐馆服务员帮忙》，中国新闻社3月6日

《英国议员警告称英国人外语能力“灾难性”下降》，参考消息网3月7日

《英文世界的中文词》，参考消息网3月13日

《菲中餐馆菜单需提供翻译　违法或被吊销营业执照》，中国新闻社4月4日

《“日式英语”令人一头雾水　或给东京备战奥运添堵》，参考消息网4月16日

《英王妃名字进词典引争议》,《环球时报》4月22日

《韦氏词典再收640个新词》,《环球时报》4月25日

《助失语人士正常说话　华裔学者领导研究开发语言合成器》，中国新闻社4月26日

《加强乌语地位，乌克兰新法案引争议》,《环球时报》4月27日

《把脑信号“译”成语音　新技术有望帮助失语人士》,《健康报》4月27日

《高架桥边的日本语言学校（手记）》,《环球时报》4月29日

《搜狗与阿布扎比媒体集团合作推出阿语AI合成主播》，中国新闻社5月5日

《巴西大学生拟开发APP将手语译成葡语　帮助听障人士》，中国新闻社5月7日

《意大利司机因手机翻译错误涉嫌行贿　在奥地利被起诉》，中国新闻社5月13日

《英语词典增收“素词”》，参考消息网5月15日

《日本新华侨报：日语学校为何会在日本野蛮生长？》，中国新闻社5月17日

《环球语，21世纪主流语言？》,《环球时报》5月17日

《日本人英文姓名或要“脱欧入亚”》,《新民晚报》5月22日

《美国人最愁拼写“beautiful”》,《环球时报》5月27日

《俄强力部门拒改“同志”为“先生”》,《环球时报》5月30日

《近半数智利人英语靠自学　看美剧是方式之一》，中国新闻社5月31日

《印度取消印地语强制教学》,《环球时报》6 月 4 日

《日本发生留学生失踪案　政府要求彻查留学生日语能力》，中国新闻社 6 月 12 日

《中文教学走向英国基层小区　双语幼儿园成中英交流侧影》，中国新闻社 6 月 13 日

《哈萨克斯坦发力推广“国语”》,《环球时报》6 月 14 日

《东京出租车司机忙着学外语　中国游客期待无障碍旅行》，中国新闻社 6 月 21 日

《海外学中文涌动“低龄潮”》,《人民日报（海外版）》7 月 5 日

《英首相热门人选约翰逊吁所有移民学英语　遭工党主席批》，中国新闻社 7 月 8 日

《美华裔遭种族攻击案举行调查会议　会上又现歧视语》，中国新闻社 7 月 11 日

《乌总统助理提议给俄罗斯改名》,《环球时报》7 月 12 日

《机器学习已能翻译失传已久的语言》,《中国科学报》7 月 18 日

《俄乌在安理会激辩乌新语言法》，参考消息网 7 月 18 日

《法国文化部长号召警惕“英语侵略”　民众：马克龙也说英语》，参考消息网 8 月 7 日

《德国五分之一小学生不会德语》,《环球时报》8 月 12 日

《日本新天皇学三门外语只为多交流》,《环球时报》8 月 15 日

《新西兰政府将拨款 1320 万新西兰元　支持移民学习英语》，中国新闻社 8 月 22 日

《华人翻译家施华谨荣获菲律宾“语言捍卫者”奖》，中国新闻社 8 月 22 日

《中国文学作品在阿拉伯国家受欢迎》,《中国文化报》8 月 29 日

《东京警察加强外语培训　奥运期间拟提升多语种应对能力》，中国新闻社 9 月 2 日

《斯里兰卡开通中文版电子签证服务》,《中国旅游报》9 月 6 日

《出国在外，英语不行靠科技》,《中国青年报》9 月 9 日

《日高考改革不考英语，考生不干了》,《环球时报》9 月 19 日

《成绩优异说英语不流利　中国学生疑因反差大遭美遣返》，中国新闻社 10 月 12 日

《首个中文版国际电工委员会国际标准发布》,《文汇报》10 月 23 日

《从德语兴衰解码欧洲历史》,《解放日报》10 月 26 日

《加拿大亚裔店员“讲中文”遭辱骂》,《环球时报》11 月 4 日

《机器人能考上大学吗？人工智能英语成绩达到东大标准》，中国新闻社 11 月 19 日

《法庭翻译不足　新西兰华裔吁对口译员设置从业标准》，中国新闻社 11 月 21 日

《纽约华人新移民家长与学校沟通　可要求翻译协助》，中国新闻社 11 月 22 日

《俄航天员沟通规定语速适当，少说废话》,《环球时报》11 月 25 日

《外语成利器　逾半数巴西人因不懂外语在职场受挫》，中国新闻社 12 月 2 日

《大马移民局：海关官员需加强外语能力，包括中英文》，中国新闻社 12 月 2 日

《十大流行语，看懂日本 2019》,《环球时报》12 月 4 日

《欧洲需要一门共同语言》，参考消息网 12 月 5 日

《全球姓氏现状追踪：“史密斯”为英语国家最常见姓氏》，中国新闻社 12 月 5 日

《意大利新生儿重名率创新高　华人意语名字逐年增多》，中国新闻社 12 月 23 日

二　2020 年

《多哥开设首个大学中文系》,《人民日报》1 月 3 日

《威尔士计划在中学开中文课》，参考消息网 1 月 15 日

《普京爱用双关语难倒翻译》,《环球时报》2 月 18 日

《哥斯达黎加推教育改革　计划 20 年内成为双语国家》，中国新闻社 2 月 20 日

《世界最大语言学数据库前景堪忧》,《中国科学报》2 月 24 日

《时隔四年　谷歌翻译终于迎来新语言支持》，腾讯网 2 月 27 日

《掌握 20 种语言方能走遍天下》,《中国科学报》2 月 27 日

《英国大学为防止中国留学生流失　降低英语成绩门槛》，中国新闻社 2 月 27 日

《伊朗紧急翻译中国抗疫书籍》,《环球时报》3 月 4 日

《英国“走”了，给欧盟留下了英语》,《光明日报》3 月 5 日

《莫斯科老年人学习中文以预防老年痴呆》，中国新闻社 3 月 16 日

《在伊朗上热搜的中国翻译小组》,《第一财经日报》3 月 18 日

《蒙古国将从 2025 年起全面恢复使用回鹘式蒙古文》,《环球时报》3 月 19 日

《西班牙马德里市民服务热线电话开通中文服务》，中国新闻社 3 月 20 日

《脑机接口技术诞生“脑活动翻译机”》,《科技日报》3 月 31 日

《中马合作在马开办中英翻译线上课程》，中国新闻社 4 月 26 日

《听障人士面临特殊难题》,《环球时报》4 月 29 日

《马斯克预言人类语言消失》,《环球时报》5 月 11 日

《抗击疫情亚太翻译云论坛倡议各国翻译工作者助力消除隔阂》，中国新闻社 5 月 12 日

《疫情促进语音技术开发》,《解放日报》5 月 16 日

《法国神父开创了手语教学》,《环球时报》5 月 26 日

《中俄联合培养首批俄翻译硕士毕业》，中国新闻社 6 月 1 日

《日本新华侨报：中国留学生建疫情资讯链接　提供多语种翻译》，中国新闻社 6 月 8 日

《曼城球星阿圭罗开网课教西班牙语》，中国新闻社 6 月 8 日

《反种族主义，美国十余座军事基地将改名》,《环球时报》6 月 10 日

《谷歌将禁用“黑名单”“白名单”》,《环球时报》6 月 10 日

《韦氏词典将更新“种族主义”定义》,《环球时报》6 月 11 日

《乌前总统争论中“忘记母语”》,《环球时报》6 月 12 日

《西方“黑翻译”陷害的不止华为》,《环球时报》6 月 12 日

《日本〈中文导报〉：语言学校探索线上线下结合教学模式》，中国新闻社 6 月 24 日

（杜宜阳）

国外语言生活大事记（2019—2020）

本部分内容的相关资讯均来自上海外国语大学中国外语战略研究中心建设的“语言生活国际媒体监测数据库”，覆盖28种语言的上万家权威媒体，由多语种工作团队负责翻译、整理、编校。调查范围为2019年1月—2020年6月。

一　2019年

1月1日，联合国宣布“2019国际本土语言年”正式启动。

1月3日，为推广阿拉伯语，进一步促进不同文化间的积极对话，奥地利首都维也纳举办首届阿拉伯语欧洲辩论锦标赛，参赛的选手来自15个欧洲国家。

1月7日，韩国提议重启朝韩民族大词典共同编撰会议。

1月9日，德国莱布尼茨德语研究院发布最新修订的《德语新词词典》。

1月14日，卡塔尔为保障阿拉伯语的使用，通过了第7/2019号法案。该法案共有15条内容，涉及教育、商业、行政等领域的语言使用问题，其中的第11条、第12条规定了违法的相应惩罚措施。

1月16日，突尼斯的“商标名与路名阿拉伯语化条例”正式施行两周后遭到激烈反对，舆论主张法语才是突尼斯的文化载体，阿拉伯语推广会加速城市伊斯兰化现象。

1月26日，法国文化部发布法语多方言键盘的使用指南。

1月31日，日本国土交通省出台针对访日游客的应灾多语指示方针。

2月2日，西班牙教育部拨款800万欧元强化英语教育。

2月5日，加拿大通过C-91土著语言法案，旨在保护与促进加拿大土著语言。

2月，哈萨克斯坦总统签署政令，此后新版货币将只印国语哈萨克语，但纪念币和用于投资类型的硬币仍可保留俄语字样。

2月9日，印地语将成为阿联酋阿布扎比法院的第三种官方语言。

2 月 13 日，韩国女性家庭部将修订《两性平等广播指南》，规范语言使用，尤其是性别标记性较强的表达。

2 月 20 日，日本政府宣布将放宽对外国劳工护理实习的日语要求条件。

2 月 21 日，喀山鞑靼民族运动组织上街游行，要求鞑靼斯坦共和国和俄罗斯联邦政府中小学恢复开设鞑靼语课程。

2 月 23 日，加拿大不列颠哥伦比亚省法语教育委员会通过建立法语小学的提案，9 月起正式招生。

2 月 27 日，英国科学院发布“英国要努力成为‘语言强国’”的声明，宣称英国在校生外语学习质量堪忧，敦促政府更新国家语言战略。

2 月，阿根廷发起旨在打破西班牙“语言统治权”的词典编纂活动。

2 月，韩国电子通信研究院首次发行泰语、马来语、印尼语语音数据库。

2 月 28 日，法兰西学术院为法语职业术语增添阴性形式。

3 月 1 日，澳大利亚护理和助产委员会提出的《英语技能注册标准（2019）》正式生效。

3 月 7 日，德语去性别化运动遭语言学界联名抵抗。

3 月 11 日，加拿大宣布将对《官方语言法》执行情况进行审查。

4 月 1 日，韩国宣布司法部外国人综合服务中心将增强第三方口译服务。

4 月 2 日，法国正式推行拉丁连体字母输入的多语通用键盘。

4 月，斯洛文尼亚手语被宪法确定为斯洛文尼亚的正式语言之一。

4 月，德国启动面向移民的语言能力提升计划。

4 月，俄罗斯教育部宣布，俄罗斯中学将取消第二外语课程。

4 月，爱尔兰教育和技能部成立爱尔兰语推广专项领导小组，学校早期教育将使用爱尔兰语教授包括体育课在内的其他科目。

4 月 18 日，阿尔及利亚阿拉伯语历史词典编写委员会宣布成立。

4 月 25—26 日，韩国文化体育观光部就推广公共语言召开韩国语共同研究会。

4 月，日本文化事务局计划参照《欧洲语言共同参考框架》为日语制定一个标准化的能力等级量表。

4 月，巴黎阿拉伯世界学院宣布推出国际认可的阿拉伯语等级证书，其作用等同英语的托福证书。

4 月，德国拟使用阿拉伯语注音方式提高难民德语水平。

5月，美国总统特朗普宣布移民体制进行改革，将对移民展开英语测试。

5月8日，QIOZ多语种学习平台在法国巴黎正式上线，该平台是针对15岁以上外来人口推出的基础外语免费教育网站，系巴黎大区迎接2024年奥运会的基础筹备工作之一。

5月10日，西班牙塞万提斯学院再次加入欧洲语言测试协会。

5月，就乌克兰语言立法问题，俄罗斯提议尽快召开联合国安理会会议。

5月，乌克兰新版《乌克兰语书写规则》定稿，俄罗斯姓氏书写形式将改变。

5月，尼日利亚开发出能翻译2000种非洲语言的数字平台“OBTranslate”。

5月21日，美国外语教学理事会发布《美国雇主语言技能价值研究报告》。

5月，日本外交部部长在例行新闻发布会上呼吁，外媒需遵守日本人姓名“先姓后名”的顺序，不要按照西方惯例来“同化”日文姓名格式。

6月3日，印度拟调整印地语法案，此前提议将印地语作为印度学校的第三种必修语言。为抗议该法案，印度南部泰米尔纳德邦等多个州爆发强烈抵制运动。

6月8日，梵蒂冈广播电台开始使用拉丁语播报新闻资讯。

6月10日，摩洛哥议会一致通过塔玛齐格特语通用法案。

6月14日，芬兰公共广播电台节目停止用拉丁语播报新闻。

6月21日，日本通过《日语教育推进法》。

7月15日，韩国宣布将为驾驶证改版，新版将采用韩文、英文对照的形式来印制持证人基本信息，方便国人出国驾驶。此前，韩国的国际版驾驶证需额外付费申领。

7月18日，韩国国立国语院颁布《家庭购物语言使用指南》，以规范家庭购物节目的导播、主持人等节目制作人的用语规范。

7月，冰岛《人名管理法》修订，除了旧有父称和母称的衍生姓之外，正式承认第三类姓氏。

7月22日，摩洛哥议会一致通过开放多语教学的法案。此后，中小学的多个科目将使用法语授课。反对声音表示，此举只是强化了法语教学，挑战了摩洛哥宪法中阿拉伯语的官方语言地位。

7月29日，塔吉克斯坦政府宣布，不懂国语的官员需额外学习国语，从而提高国家公务人员的国语水平。

8 月 1 日，吉尔吉斯斯坦教育和科学部举行例行新闻发布会，宣布自新学年起将增加中学七年级外语教学时长。

8 月 6 日，日本发布了关于医疗支援的民意调查结果，语言问题位居“在日外国人就医最为苦恼的问题”之首。

8 月 20 日，泛南非语言委员会（PanSALB）在约翰内斯堡宣布，斯瓦希里语将成为南部非洲发展共同体（SADC）的第四种工作语言。

8 月，玻利维亚推出用于旅游业的土著语言翻译手机应用程序“语言自游”。

8 月，按照《关于完善外语教育的规定》的要求，乌兹别克斯坦将成立 40 所外语学校。

9 月 2 日，喀麦隆政府宣布，非英语区公立学校一律免费接纳英语区暴乱出逃儿童入学。

9 月 4 日，加拿大总理针对加拿大移民部的法语政策召开修改会议，拟加大第 101 条法令的实施力度，提高法语地位，进一步强化移民法语教育。

9 月 24 日，韩国人权委建议为难民决议书提供多语翻译。

9 月，荷兰一项新教育规定引发争议，它要求强化留学生修读荷兰语课程的力度，从而缓解英语教育对荷兰语发展所带来的冲击。

10 月 3 日，法国国民教育部、法国外交部共同发布《海外法语教育计划（2020—2030）》。

10 月，西班牙巴斯克大区政府将五个 ISO 质量管理标准翻译成巴斯克语，供当地企业使用，以此推动巴斯克语在当地社会经济领域的传播。

10 月 11 日，塞万提斯学院在美国纽约发布学院 2019 年年鉴，公布最新全球西班牙语使用情况。

10 月 18 日，韩国广播通信审议委员会宣布将修订《广播语言准则》，这是自 2015 年颁布以来进行的首次修订。

10 月 29—31 日，非洲联盟在埃塞俄比亚总部举行跨境语言组织工作会议，正式宣布柏柏尔语委员会成为非洲联盟属下部门。

11 月 4 日，网站 jw.org 可翻译语种数目达到 1000 种（包括 100 种手语），网站还有相关语种的文章、视频和音频等内容。

11 月，国际奥委会全球数字媒体平台奥林匹克频道开始提供印地语制作的节目。

11 月 25 日，塞万提斯学院秘书长与英国文化教育协会首席执行官邓克然爵士在伦敦签署合作协议，旨在增强双边对话，推进双向的语言文化交流活动。

11月，联合国大会通过提案，将之后每年5月9日定为“国际葡萄牙语日”。

11月26日，朝韩《民族语大辞典》宣传馆在首尔市政厅市民厅开馆，此次宣传展览持续到2020年1月31日。

11月30日，法国多个城市的语言保护者们高举“为了让我们的语言活下去”的横幅，在巴黎街头开展和平游行。

12月4—8日，意大利罗马举行“越阅读越自由”全国中小出版社博览会，学者和作家纷纷呼吁以阅读的方式重拾意大利语。

12月5日，韩国教育部公布“教育国际化力量认证制度”三阶段评审计划。自2020年起，韩国政府将对外国留学生的语言研修课程情况、取得学位过程等进行系统化审查。

12月18—20日，韩国国立国语院召开新词讨论会，制定近期媒体热点外来词汇的释义和书写规范。

12月18日，各阿拉伯国家举行文化庆典活动迎接“世界阿拉伯语日”。

12月，俄罗斯阿尔泰共和国宣布将为无文字的土著语言建设语料库。

12月28日，荷兰政府宣布从2020年起，对外宣传一律改用正式国名Netherlands（尼德兰），而不再使用Holland（荷兰）一词。

二　2020年

1月6日，韩国亚洲发展基金会宣布，拟投入1500万韩元援助印度尼西亚少数民族吉阿吉阿族编撰用韩文表记、韩英双语注释的民族语言词典，项目预计三年完成。

1月，沙特阿拉伯麦加穆卡拉玛地区旅游和民族遗产总局通过了一项规定，今后当地游客住宿点和旅行社必须优先以阿拉伯语为第一服务语言与游客进行交流，专门监督小组每三天会随机抽查并进行录音。

1月，以色列高等教育委员会通过一项新改革方案，旨在提高以色列大学本科生的英语水平，使其更好地适应21世纪的劳动力市场。

1月，德国文化部发布“2020—2021年度教学规划”，再次延长“德语正字法”的教学课时。

1月16日，乌克兰通过了《普通中等教育法》。俄罗斯外交部在评价乌克

兰该教育法时指出，俄语受到了歧视。

1月16日起，根据《关于保障乌克兰语作为国语发挥功能的相关规定》，乌克兰境内的广告信息仅允许使用乌克兰语。

1月，西班牙加泰罗尼亚自治大区提高消防员的职业加泰罗尼亚语要求。

2月，立陶宛在官方层面提出"赋予英语官方地位"的提案，拟推进第二国语立法进程。

2月，澳大利亚政府发布2025年英语教学国际战略草案，希望使澳大利亚在五年内成为英语学习者的首选目的地。

2月19日，法国总统马克龙宣布，下学期开始启动外语教育改革，非法国政府派遣的外语教师将不得再教授语言文化课程。

2月22日，比利时教育部发布教师培养法，规定未来从事教师的大学生需熟练掌握法语。

3月，俄罗斯总统普京签署一项政令，乌克兰人和白俄罗斯人无须语言考试即可入籍俄罗斯。

3月20日，法国马约特省议会公布，马约特语将采用拉丁字母和阿拉伯—波斯字母书写。

4月，韩国国立国语院出版《选举广播语言指南》，这将为选举时的政策讨论、核对票数进行广播时应该遵守的语言规范做出指导性意见。

4月16日，微软翻译增加古吉拉特语、马拉地语、卡纳达语、马拉雅拉姆语和旁遮普语的实时翻译，微软目前支持的印度语言总数达到10种。

4月20日，日本开设家暴多语免费电话咨询窗口，英语、汉语、韩语、西班牙语、葡萄牙语、他加禄语、泰语、越南语的语音服务从5月1日起开通。

4月30日，法国发布第2020-498号法令，与突尼斯政府签订的小学阿拉伯语教学协议正式生效。从小学阶段开始教授阿拉伯语的要求在法国国内引起了巨大争议。

5月7日，俄罗斯教育部宣布成立俄语促进委员会。

5月14日，韩国道路公司和国立国语院签署业务协议，将共同编撰《建设词典》，以在道路建设领域营造规范的用语环境。

5月，德国统计数字显示，新冠肺炎疫情期间，低收入移民群体对母语咨询服务的需求持续升高，多个协会已着手开始提供多语种资讯服务。

5月27日，秘鲁庆祝本土语言日。

5月28日，加拿大公布新一轮移民改革方案，移民申请条件中新增配偶语言能力要求。

6月，加拿大决定在魁北克地区扩建几所英语国际学校，从而适应英语国家学生人数的增长，但引发巨大争议。

6月，韩国国立国语院公布新冠肺炎疫情相关新词的替代方案。据悉，之前的新词往往直接采用外来词音译形式，对国民的理解已造成一定困扰。

6月，爱沙尼亚内政部向有意加入该国国籍的人员提供免费语言培训，由培训承担部门与当事人签订协议，并鼓励他们早日学成爱沙尼亚语。

6月14日，加拿大最高法院裁定，不列颠哥伦比亚省违反了《加拿大权利宪章》，侵犯了该省居民自由接受该地本土语言教育的权利。

6月15日，西班牙最高法院禁止三地区间使用瓦伦西亚语进行行政事务。

6月16日，韩国国立国语院公布部分政府使用的手语表达。

6月17日，沙特阿拉伯教育部宣布将在各学段使用英语统编教材。

6月18日，法国30多个地区语言组织及两名议员集体向法国总统上书，要求加强土著语言教学，来缓解英语和法语对土著语言的冲击。

6月，德国多个联邦州发起"在养老院使用低地德语"的倡议。

6月，西班牙皇家语言学院公布，21世纪语料库（Corpes XXI）现收录词条超3.12亿。

6月26日，日本Sourcenext公司推出了一款名为PocketTalk（口袋说）的便携式双向翻译器，能够识别75种语言，其中56种语言可以完成语音和文字翻译，19种语言只提供文字翻译。据称，PocketTalk的翻译准确率超过谷歌翻译。

（赵 耀）

后　记

《世界语言生活状况报告（2021）》即将付梓，这是中国外语战略研究中心组织编写的第四部报告，是中国学者观察和研究世界语言生活的又一部成果。

本书的观察时段是 2019 年 1 月至 2020 年 6 月，首次从时间上实现了年度报告所需的及时性。全书的结构也做出了新的调整，取消了此前的“事件篇”，使各部分的特点更加突出，同时增强了深度观察的“专题篇”。经过多轮审阅与打磨，最终收入报告 45 篇。“政策篇”主要围绕正式发布的语言政策展开，“动态篇”呈现新趋势和新发展，“专题篇”聚焦在应急语言方面，“报告篇”收入重要的年报或专题报告，“语词篇”以年度词语中折射丰富的社会生活，“附录”做了“瘦身”，只保留了大事记和媒体动态。由于年度报告的性质使然，本书对来自世界各地的语言生活现象进行了“深描”式呈现，这项工作的背后是长期以来的理论思考和方法探索。在持续不断的观察和比较中，我们也发现了大量研究线索，对事实的分析和判断能力也在不断提升。

我们为拥有一支精诚合作的团队感到无比骄傲！担任今年语种主持人的杜宜阳（中文）、马嫣（英语）、阿依西仁・居马巴依（俄语）、刘洪东（法语）、曹羽菲（西班牙语）、郭瀚（德语）、孔令涛（阿拉伯语）、尹悦（朝/韩语）、陈林俊（日语）、赵蓉晖（其他语种），担任栏目主持人的董洪杰（政策篇）、冯健高和张琛（动态篇）、马嫣（专题篇）、陈林俊（报告篇）、郭瀚（语词篇）、赵耀（附录）都非常出色地完成了任务。团队成员相互支持，开展了多轮研讨和审稿，他们的才华、使命感和严谨务实的工作作风，让我们看到了美好的未来。

感谢为本书把关的评审专家们！他们的学术素养和专业精神，不仅保证了本书的质量，更为所有作者和工作人员树立了令人尊敬的榜样。陆俭明、周庆生、文秋芳三位专家参与了本书的终稿审订。北京语言大学李宇明、中国社会科学院黄行、武汉大学赵世举、中国传媒大学侯敏、暨南大学郭熙、北京外国语大学戴曼纯、南京晓庄学院方小兵、首都师范大学王春辉、扬州大学何山华等专家参与了本书的多轮审稿工作。商务印书馆的周洪波、余桂林、朱俊玄、王飙等对本书从内容到规范提供了专业指导。

感谢教育部语言文字信息管理司给予我们的信任和帮助！特别感谢本书的副主编武春野、主编助理张勇晨、学生助理赵耀，他们自始至终对此书报以热忱，保证本书的编写工作井井有条、有序推进。

和这样的团队一起工作，是人生中巨大的快乐和财富！

本书得到教育部语言文字信息管理司、教育部哲学社会科学重大课题攻关项目“世界语言政策综合资源库建设及比较研究”（15JZD047）、教育部哲学社会科学研究重大课题攻关项目“新时代国家语言文字事业的新使命与发展方略研究”（18JZD015）、“高等学校学科创新引智计划”（B20081）、“上海领军人才培养计划”（2017）支持，特此致谢！

赵蓉晖

2021 年 4 月 21 日于上海

《中国语言文字事业发展报告（2021）》目录

《中国语言生活状况报告（2021）》目录

《中国语言政策研究报告(2021)》目录

图书在版编目(CIP)数据

世界语言生活状况报告.2021/国家语言文字工作委员会组编;赵蓉晖主编.—北京:商务印书馆,2021
(语言生活皮书)
ISBN 978-7-100-19897-4

Ⅰ.①世… Ⅱ.①国…②赵… Ⅲ.①社会语言学—研究报告—世界—2021 Ⅳ.①H0

中国版本图书馆CIP数据核字(2021)第079001号

本书得到教育部语言文字信息管理司、教育部哲学社会科学重大课题攻关项目“世界语言政策综合资源库建设及比较研究”(15JZD047)、教育部哲学社会科学研究重大课题攻关项目“新时代国家语言文字事业的新使命与发展方略研究”(18JZD015)、“高等学校学科创新引智计划”(B20081)、“上海领军人才培养计划”(2017)支持,特此致谢!

世界语言生活状况报告(2021)
国家语言文字工作委员会　组编
赵蓉晖　主编

商务印书馆出版
(北京王府井大街36号　邮政编码100710)
商务印书馆发行
北京中科印刷有限公司印刷
ISBN 978-7-100-19897-4

2021年5月第1版　　开本787×1092 1/16
2021年5月北京第1次印刷　　印张21¼
定价:78.00元